AF816123

डॉ. अम्बेडकर और उनका आन्दोलन

श्री नटराज प्रकाशन

ए-507/12, साउथ गामड़ी एक्स. दिल्ली-53

डॉ. अम्बेडकर
और उनका आन्दोलन

डॉ. आर.पी. वर्मा
'डी.लिट्'

श्री नटराज प्रकाशन
दिल्ली-110053

प्रकाशक
श्री नटराज प्रकाशन
ए-507/12, साउथ गामडी एक्स. दिल्ली-110053
फोन न. 011-22941694

ISBN : 978-81-89997-98-4
© : लेखक

मूल्य : 395.00 रुपए
प्रथम संस्करण : 2011

शब्द-संयोजन : प्रिंस कम्प्यूटर्स, दिल्ली-110094
मुद्रक : सलमान ऑफसेट, दिल्ली-110053

भारत में मुद्रित : Dr. Ambedkar Aur Unka Andolan By Dr. R.P. Verma, *'D.Lit'*

श्री नटराज प्रकाशन, ए-507/12, साउथ गामड़ी एक्स, दिल्ली-110053 से टी. एस. राघव द्वारा प्रकाशित, प्रिंस कम्प्यूटर्स द्वारा पृष्ठ सज्जा, क्वालिटी प्रिंटर्स द्वारा आवरण सज्जा तथा सलमान ऑफसेट प्रेस, मौजपुर, दिल्ली-110053 द्वारा मुद्रित।

माननीय

श्री जुगुल किशोर जी

राज्य सभा सदस्य (सांसद)

को

सासृद्धा सादर

समर्पित

—डॉ. आर.पी. वर्मा

'डी. लिट्'

देखने जाने के लिए कहता तो वे बहाना बना देते फिर कभी-कभी यह भी कह देते, मैं यहाँ अमेरिका में पर्यटन देखने नहीं आया। मैं यहाँ पढ़ने आया हूँ। जिस उद्देश्य की पूर्ति करने के लिए मैंने अपनी मातृभूमि छोड़ी है उसी लक्ष्य को पूरा करना है। यदि ऐसा न हुआ तो इससे बढ़कर मेरा दुर्भाग्य क्या होगा? ऐसा सुनकर साथी लोग उनका मुँह ताकते रह जाते। उनकी समझ में नहीं आता था कि अम्बेडकर क्या बनना चाहता है?

आखिर वह दिन भी आ गया। जब भीमराव अम्बेडकर को डॉक्टर ऑफ फिलॉसफी की उपाधि मिल गयी थी। छात्रों ने भीमराव को दावत दी तथा उपहार भी दिये। सभी लोग उनकी इस उन्नति से बेहद प्रसन्न थे और प्रसन्न हृदय से बधाई दे रहे थे।

अब दोस्तों ने पूछा—"आगे क्या करने का विचार है?" इस पर भीमराव उत्तर देते-"मैं डॉक्टरेट की उपाधि चाहता हूँ।

अब भीमराव का विचार बना कि वे अमेरिका छोड़ देंगे। थीसिस लिखने के लिये वे लन्दन जायेंगे। वहाँ रहकर कानून पढ़ेंगे। बैरिस्टर बनकर भारत आयेंगे। फिर उनका भारत में कितना सम्मान होगा, सभी लोग उनकी प्रशंसा करेंगे।

अम्बेडकर हर विषय की नई-नई पुस्तकें बराबर खरीदते रहते थे इसलिये एक लाइब्रेरी से उनकी साख बन गयी थी। उनके दोस्तों ने सलाह दी कि वे पुस्तकें भी अपने साथ ले जायें। वे लन्दन में आकर रहने लगे। रियासत बड़ौदा लिख दिया कि उनकी मासिक छात्रवृत्ति अब लंदन भेजी जाये।

लंदन अमेरिका जैसा नहीं था। वहाँ भारतीयों को इज्जत की निगाहों से नहीं देखा जाता था। हिन्दुस्तानी लोगों के लिये कहा जाता था कि वे लोग तो अंग्रेजों के गुलाम थे। अम्बेडकर इसको अपना और अपने देश का अपमान समझते थे, परन्तु उनकी यहाँ पढ़ाई पूरी करनी थी। इसलिये मौन रहते और उनकी बातों को नजरअन्दाज कर देते। कभी-कभी उनकी बात सुनकर आगे चल दिया करते थे।

एक दिन भीमराव अम्बेडकर सड़क पर जा रहे थे, तभी एक सी.आई.डी. इन्सपेक्टर ने उन्हें रोक लिया और अपने सिपाहियों को आदेश दिया कि—"यह इण्डियन है, इसकी तलाशी लो।" भीमराव की तलाशी ली गयी। जब कुछ भी वस्तु सन्तोषजनक न मिली तो उनको छोड़ दिया गया। भीमराव खामोशी के साथ लौट आये।

भूमिका

अम्बेडकर की जिन्दगी एकदम सादा थी। उनके विचार ऊँचे थे और चरित्र ही उनका बल था। वे ऊँचे ओदहे पर पहुँच गये थे। वे कानून मंत्री थे। मगर उन्हें पद का लालच नहीं था। वह तो केवल जनता के सेवक थे। उन्होंने अपने सिद्धान्त की रक्षा के लिये मंत्री पद को भी ठुकरा दिया था। स्वतंत्र भारत के संविधान पर अम्बेडकर की गहरी छाप पड़ी थी। उसका नाम स्वर्णिम अक्षरों में अंकित हो गया है, जब तक संविधान रहेगा तब तक लोग अम्बेडकर को याद करेंगे। उनकी इच्छाशक्ति प्रबल थी। वे अपनी धुन के, इरादे के पक्के थे। फ्रांस के नेपोलियन ने एक बार कहा था–''जो मूर्ख होते हैं, वे ही 'असम्भव' में विश्वास करते हैं।

उन्होंने कभी पीछे मुड़कर नहीं देखा। सदा उन्होंने अपने लक्ष्य को ध्यान में रखा। इसलिये वे आगे बढ़ते ही रहे। रास्ते में जो रुकावटें आयीं उन्हें अम्बेडकर ने हटा दिया। बड़ी-से-बड़ी मुश्किल से टकराकर वह आगे बढ़ते रहे।

अम्बेडकर कर्मठ थे। उनका ऐसा मत था मनुष्य अपने भाग्य का स्वयं निर्माता होता है। वे हरि नाम को याद करते थे या नहीं, निश्चित रूप से नहीं कहा जा सकता। वे देवी-देवताओं, स्वर्ग-नरक आदि बातों में यकीन नहीं रखते थे।

उन्हें साधु-सन्तों के प्रति कोई विशेष भक्ति नहीं थी। वे इस लौकिक जीवन को सुखी देखना चाहते थे। उन्होंने जिन्दगी में कभी हिम्मत नहीं हारी। हमेशा हौसले के साथ आगे बढ़ते रहे। कोई भी बाधा उनका रास्ता रोकने में असमर्थ थी। वह रुकने वालों में से नहीं थे।

उनके रास्ते में अनेक आँधियाँ व तूफान आये, लेकिन अम्बेडकर में चंचलता नहीं आयी। अस्थिरता नहीं आयी। वे हमेशा तने रहे। कभी भी

झुके नहीं, लड़खड़ाये, मगर गिरे नहीं। वे खड़े रहे। उनमें स्वाभिमान था, वे कोशिश करते रहे। वे अपने रास्तें पर चलते रहे। कभी धीरे, कभी तेज, लेकिन चलते ही रहे। परेशानियाँ एवं विरोधों से जूझते रहे। उन्हें इन सब में कामयाबी भी मिली और वह जीते भी। जो लोग उनका विरोध करते थे बाद में उन्होंने उनके कार्य को सराहा भी।

उनके जीवनकाल में उन्हें सभी अम्बेडकर साहब कहने लगे। धीरे-धीरे समाज में उनकी इज्जत भी होने लगी। उन्हें बहुत ज्यादा सम्मान भी प्राप्त होने लगा था। उन्हें मान-पत्र भी दिये जाने लगे थे। उनके सम्मान में बहुत-सी सभाएँ भी आयोजित की जाने लगीं। उन्हें सभा में माला पहनाई जातीं, फूल दिये जाते। चारों ओर उनकी जय-जयकार होने लगी। हर कोई उनका गुणगान करता। कितने ही लोगों ने बाबा साहेब कहकर पुकारना शुरू कर दिया। हर कोई उन्हें सम्मान की दृष्टि से देखते थे। जहाँ भी जाते लोग उनका भव्य स्वागत करते। मृत्यु उपरान्त भारत सरकार ने उन्हें 'भारत रत्न' से सम्मानित किया।

डॉ. अम्बेडकर का मूलभूत सिद्धान्त था—"सादा जीवन उच्च विचार।" उनसे मिलने के लिए जो कोई छोटा या बड़ा आदमी आता था, वह सबसे बड़े प्रेम से मिलते थे। वह घर के अन्दर जिस कपड़े में रहते थे उसी तरह से सीधे मिलने के लिए बाहर चले आते थे। उनके अन्दर कोई दिखावापन नहीं था। उनका पहनावा एवं रहन-सहन एक साधारण आदमी की तरह था। महाराजा कोल्हापुर का वे अपने आवास पर बिना किसी औपचारिकता के स्वागत करते थे।

अम्बेडकर जी तीन महापुरूषों को अपना आदर्श मानते थे—गौतम बुद्ध, कबीर और महात्मा ज्योतिबा फुले। भगवान बुद्ध से उन्होंने आध्यात्मिकता तथा छुआछूत विरोध की शिक्षा प्राप्त की। इसी से प्रभावित होकर अपना धर्म परिवर्तन करके बौद्ध धर्म स्वीकार कर लिया एवं आम जनता को भी इसके लिए प्रेरित करके धर्म परिवर्तन करवाया। इनके पिता जी एवं पूरा परिवार कबीर के प्रभाव से वे धार्मिक स्वभाव के थे। इनके पिता जी एवं पूरा परिवार कबीर पंथी था। इसी से वह निडर एवं निष्पक्ष थे। अपनी कोई भी बात वे निर्भीकतापूर्ण तरीके से कहते थे तथा किसी से नहीं डरते थे। महात्मा ज्योतिबा फूले के प्रभाव से वह ब्राह्मणवाद के विरुद्ध खड़े हुये तथा सामाजिक न्याय हेतु संघर्ष किये।

अप्रैल, सन् 1926 में जियूदी नामक गाँव में एक सभा को सम्बोधित करते हुए डॉक्टर अम्बेडकर ने अछूतों को सुझाव दिया कि वे अपनी बस्ती अलग बसाने के लिए सरकार से भूमि की माँग करें। इस प्रकार सभी महार एक जगह एक ही स्थान पर इकट्ठा रह सकते हैं।

इसी परिप्रेक्ष्य में जिला कुलाबा के दलितों ने मार्च, सन् 1927 में महाड़ नामक क्षेत्र में अपने समाज की एक विशाल कांफ्रेंस को आयोजित करने की योजना बनायी। उनका सभा आयोजित करने का लक्ष्य यही था कि सरकार के सामने अपनी माँग पेश करें।

कार्यकर्त्ताओं ने पूरे दो महीने अटूट मेहनत से स्थानीय देवता वीरेश्वर के नाम पर विशाल सुसज्जित पंडाल का निर्माण कराया। इसी पंडाल के अन्दर उन्होंने इस सभा को आयोजित करने की योजना बनायी थी।

अपने अध्यक्षीय भाषण में मनीषी अम्बेडकर ने सबसे पहली बार स्वयं पर अछूतपन की मार का वर्णन करते हुए कहा था–"एक वक्त था, जब कि हमें, जिन्हें अछूत कहकर पुकारा जाता था और अब भी पुकारा जाता है, बहुत प्रगतिशील थे, दूसरी उन्नत जातियों से भी बहुत आगे। देश के इस भाग में हमारे ही लोगों का शासन था। दबदबा था। उन्हें काफी सम्मान की दृष्टि से देखा जाता था, उन्हें पूरा अधिकार प्राप्त थे।"

उन्होंने फिर से अछूतों के पतन का वर्णन करते हुए कहा–"सेना हमें अपना जीवन-स्तर ऊँचा करने का अवसर प्रदान करती थी। हमें अपनी वीरता, बुद्धि और योग्यता दिखाने का अवसर मिला था। उस समय अछूतों से सेना में मुख्य अध्यापक होते थे। सैन्य-शिविरों में प्रारम्भिक शिक्षा अनिवार्य एवं प्रभावोत्पादक थी। अंग्रेज सरकार ने अछूतों को सेना में भर्ती न करने के निर्णय से अछूतों से द्रोह किया।"

अम्बेडकर ने फिर प्रेरणाभरे स्वर में कहा–"हम जब तक तीन प्रकार के सुधार नहीं कर लेते, जब तब उन्नति की कल्पना नहीं कर सकते, अपने विचारों को हमें सुसंस्कृत करना चाहिये। हमारी वाणी में बल होना चाहिये। शरीर में ताकत और हौसला होना चाहिये। तभी हमें मान-सम्मान और अधिकार की प्राप्ति हो सकती है।"

डॉ. अम्बेडकर ने दीक्षा-भूमि नागपुर में बौद्ध धर्म ग्रहण करते हुए उद्घोष किया–"मैं असमानता और उत्पीड़न पर आधारित अपने पुरातन

हिन्दू धर्म का बहिष्कार करता हूँ। आज मेरा नया जन्म हुआ है। अब मेरा अवतारवाद में कोई विश्वास नहीं रह गया है। यह भी कहना एक भ्रम के अलावा कुछ नहीं कि महात्मा बुद्ध विष्णु के अवतार थे। मैं अब हिन्दू देवी-देवताओं की पूजा नहीं करूँगा। मैं श्राद्ध भी नहीं करूँगा। मैं बुद्ध के अष्टांगिक मार्ग का पूर्णतया पालन करूँगा। बौद्ध धर्म ही सच्चा धर्म है और मैं इसके तीन मूल सिद्धान्त प्रज्ञा, करूँणा और शील का पालन करूगा'' इसके बाद पांच लाख लोगों ने सामूहिक रूप से स्वेच्छा से बौद्ध धर्म में दीक्षा ग्रहण की।

माननीय विधायक अमेरिका प्रधान सादात विधान सभा गाजीपुर, प्रो. हरिशंकर मिश्र व मेरी पत्नी डॉ. (श्रीमति) रेखा वर्मा आदि विद्वानों द्वारा बाबा साहब डॉ. भीमराव अम्बेडकर पर शोधपूर्ण कार्य करने का प्रोत्साहन मिला। मेरी पत्नी एक बौद्धिष्ट हैं। विशेष रूप से मेरे इस कार्य को पूरा करने में उनका भरपूर सहयोग मिला। मैं आभारी हूँ श्री नटराज प्रकाशन के स्वामी राघव जी व आर.पी. तिवारी जी का जिन्होंने मेरी इस पुस्तक को यथा शीघ्र प्रकाशित करने का जिम्मा लिया। जिससे यह पुस्तक पाठकों को जल्द उपलब्ध हो सकी।

मार्च 2011 **डॉ. आर.पी. वर्मा**

'डी. लिट्'

अनुक्रम

डॉ॰ भीमराव अम्बेडकर व्यक्तित्व एवं कृत्तित्व

जब भारत अंग्रेजी राज्य के शिकन्जे में जकड़ा हुआ था, उसी समय में डॉक्टर भीमराव अम्बेडकर का जन्म 14 अप्रैल, सन् 1891 ई॰ को महाराष्ट्र की धरती नत्लगिरी जिले में मऊ नामक ग्राम में हुआ था। यह स्थान इन्दौर नगर के पास है। भीमराव के पिता का नाम सूबेदार मेजर रामजी राव मालोजी अम्बेडकर और माता का नाम भीमाबाई था। भीमाबाई अब तक तेरह बच्चों को जन्म दे चुकी थीं।, परन्तु चार बच्चों को छोड़कर सभी का देहान्त हो चुका था। तब भीमराव अम्बेडकर पाँचवें बालक के रूप में जन्में थे। महाराष्ट्रीय परम्परा के अनुसार श्रीमती भीमाबाई और सूबेदार मेजर रामजी राव मालोजी अम्बेडकर के घर में पैदा होने वाले चौदहवें पुत्र-रत्न से कबीले में खुशियाँ ही-खुशियाँ गूंज उठी थीं–और इन खुशियों का सिलसिला लगभग एक सप्ताह तक चला; क्योंकि रामजी राव के बहुत-से बच्चे जन्म लेने के बाद मृत्यु को प्राप्त हो गये थे। इसलिये भीमराव अम्बेडकर के जन्म पर खूब खुशियाँ मनाई गयीं। उनके केवल दो भाई व दो बहनें मन्जुला और तुलसी थीं। ये सब इनसे बड़े थे। भीमराव इनकी सबसे छोटी सन्तान थी।

महाराष्ट्रीयन परम्परा के अनुसार इनका नामकरण किया गया। महार स्वामी ने बालक को आशीर्वाद दिया और इनका नाम भीम सकपाल रखा। ये अपने बचपन में काफी सुन्दर थे, शायद महारों में इनके बराबर कोई सुन्दर बालक नहीं जन्मा था।

पड़ोसियों ने भीम सकपाल के जन्म पर रामजी राव श्रीमती भीमाबाई को बधाई दी। पड़ोसियों ने भीम सकपाल की बढ़-चढ़ कर प्रशंसा करते हुए कहा–"इसका माथा बता रहा है कि यह बहुत योग्य पुत्र होगा। यह बच्चा बहुत होनहार होगा। जगत में अपना नाम रोशन करेगा। इसका भविष्य बड़ा उज्ज्वल होगा, ये आपका नाम रोशन कर देगा"

अपने पुत्र की प्रशंसा सुन-सुन कर रामजी राव व श्रीमती भीमाबाई की खुशी का ठिकाना न था। वे बार-बार मन्द-मन्द मुस्करा रहे थे और भविष्य के नये-नये सपने संजो रहे थे।

19वीं सदी का अन्त चल रहा था। मिलिट्री में सूबेदार के पद पर होने के बावजूद भी इन दिनों रामजी राव की आर्थिक स्थिति ठीक नहीं थी, क्योंकि उन्हें वेतन कम मिलता था। लेकिन सस्ते का जमाना होने के कारण गृहस्थी का खर्चा-पानी किसी तरह ठीक-ठाक सा चल रहा था। उनकी पत्नी कैसी-न-कैसे गुजारा कर लेती थीं।

मिलिट्री की नौकरी अधिक समय तक नहीं हुआ करती। रामजी राव को 15 वर्ष में ही सूबेदार पद से मुक्त कर दिया गया। नौकरी से रिटायर होने पर रामजी राव घर आने के पश्चात् सोचने पर मजबूर हो गये कि अब क्या काम किया जाय? कहीं भी कोई आशा दिखाई नहीं दे रही थी, घर की गाड़ी चलाना भी आवश्यक था। रामजी राव को चारों ओर अन्धकार-ही-अन्धकार दिखाई दे रहा था।

भीमाबाई भी इस समय घर के खर्चे-पानी की वजह से बेहद परेशान थीं। उनकी समझ में नहीं आ रहा था कि अब घर का खर्चा-पानी कैसे चलेगा? यही सोच-सोच वह आधी हो रही थीं।

रामजी राव जब सोच-सोचकर परेशान हो गये और कुछ भी समझ में न आया तो उन्होंने अपने मऊ गाँव को छोड़ने की योजना बनायी और वहाँ से सतारा जाकर रहने लगे। क्योंकि वहाँ रहकर उन्हें काफी परेशानी का सामन करना पड़ रहा था इसीलिये उन्होंने सतारा में रहने की योजना बनायी।

सतारा में आकर रामजी राव दिन भर नौकरी के लिए इधर-उधर भटकते रहे परन्तु नौकरी कहीं न मिली। नौकरी न मिलने के कारण उनको निराशा ने आ घेरा। वे चिन्तित हो उठे कि शायद नौकरी न मिले। अगर नौकरी नहीं मिली तो उनके परिवार का क्या होगा? सभी लोग भूखों मर जायेंगे।

सतारा में आये हुए लगभग एक माह हो चुका था परन्तु उनके पास एक भी पैसा न था। जो कुछ साथ लाये थे वो भी खत्म हो चुका था। एक दिन वे अपनी पत्नी से बोले—"क्या हम लोग मऊ गाँव ही लौट चलें?"

"क्यों क्या हुआ, यहाँ आपको कोई आपत्ति है?" उनकी पत्नी ने चिंतित स्वर में पूछा।

"मुझे लगता है कि यहाँ कोई न नौकरी मिलेगी।" उनका स्वर निराशा से परिपूर्ण था।

इस पर उनकी पत्नी ने बड़ी विनम्रतापूर्वक जवाब दिया—"हिम्मत हारने से काम नहीं चलेगा। आदमी को कोशिश-पर-कोशिश करनी चाहिए। कामयाबी जरूर मिलेगी। मन छोटा मत करो। भगवान पर भरोसा रखो। आपकी नौकरी जरूर लगेगी, भगवान कभी-कभी परीक्षा भी लेता है।"

इस तरह भीमाबाई ने पति को बहुत समझाया। रामजी राव में साहस भर दिया। अगर इन्सान कोशिश करे तो उसके लिए कोई काम मुश्किल नहीं है। बस उसे बराबर अपनी कोशिश जारी रखनी चाहिये। इस प्रकार भगवान भी मदद करता है।

यह सत्य भी है। यदि मनुष्य दृढ़ निश्चय कर लेता है तो उसे मन्जिल अवश्य मिलती है।

रामजी राव की कोशिश शायद रंग लाने को थी। एक दिन वे एक कम्पनी में गये। कम्पनी के मालिक को जो बैठा था नमस्ते की। उसने रामजी राव से आने का कारण पूछा, तो उन्होंने बताया कि उन्हें नौकरी की तलाश है, वे उसी की खोज में भटकर रहे हैं। उन्होंने अपना सारा हाल सुनाया।

रामजी राव का हाल सुनने पर मालिक को उन पर तरस आ गया, वह व्यक्ति दयालु था। उसने रामजी राव से कहा—"तुम मिलिट्री में सूबेदार थे। तुम्हें पचास रुपये वेतन मिलता था। उतना तो मैं नहीं दे पाऊँगा।"

"तो फिर कितना दे सकते हैं?" उन्होंने उत्सुकता भरे स्वर में पूछा।

"मैं चालीस रुपये तक दे सकता हूँ। देख लो, सोच लो अगर तुम्हारा काम चल सकता है तो मेरे यहाँ स्टोरकीपर की जगह खाली है। मैं तुम्हें नौकरी दे दूँगा।"

रामजी राव ने नौकरी करने के लिए हाँ कर दी। इस मुसीबत की समय उन्हें चालीस रुपये भी बहुत लग रहे थे।

भीमाबाई ने यह बात सुनी, तो खुशी का ठिकाना न रहा। वह ईश्वर को धन्यवाद देते हुए कहने लगीं—"भगवान सबका भला करता है। वह

गरीबों की सुनता है। उसने हमारी भी सुन ली, मैंने आपसे पहले ही कहा था कि वह जरूर हमारी परीक्षा ले रहा है।"

किसी तरह भीमाबाई घर की गाड़ी चला रही थीं। वह एक-एक दिन गिन-गिनकर काटतीं। मन में हमेशा यही सोचा करती थीं, कब महीना पूरा होगा और कब बेतन मिलेगा। क्योंकि चालीस रुपये में पूरे महीने गुजारा करना उन्हें बहुत मुश्किल पड़ता था।

इस तहर रामजी राव गाँव की दुनिया को छोड़कर अब सतारा शहर की दुनिया में आ गये और अब यहीं आकर बस गये थे।

अब भीम सकपाल भी धीरे-धीरे बड़ा होने लगा था। अब वह पाँच वर्ष का हो गया था, तो माँ को उसे पाठशाला भेजने की चिन्ता होने लगी। वह पति से रोज कहती, तो यही उत्तर मिलता—"मैं सोचता हूँ. ...अब लड़के को स्कूल भेजना चाहिये लेकिन मेरे सामने दो परेशानियां हैं—पहली तो ये कि हम जाति से महार हैं, स्कूल में लड़के का दाखिला बड़ी मुश्किल से होगा। इस दक्षिण भारत में छुआछूत को बहुत माना जाता है। अछुतों को लोग तालाब व कुएं से पानी तक नहीं भरते देते। उनसे नफरत करते हैं।"

"मुझे इसकी बहुत फिक्र हो रही है, आप कुछ भी करके इसका दाखिला कराइये।" भीमाबाई बोलीं। फिर रामजी राव पुनः बोले—"दूसरी समस्या ये कि-सकपाल के दाखिले में रुपया भी खर्च होगा।"

सकपाल की माँ ने कहा—"कुछ भी हो तुम सूबेदार थे और ऐसा कैसे हो सकता है कि तुम्हारा बेटा बिना पढ़ा ही रह जाये, सब लोग क्या कहेंगे, तुम कुछ भी करके इसका दाखिला जरूर करवा दो।"

जब रामजी राव सकपाल को लेकर जिस पाठशाला में जाते और अपने को महार बताते तो तभी उसका दाखिला लेने को मास्टर मना कर देते, कहते—स्कूल में अछूतों के बालकों को दाखिला नहीं दिया जाता। यहाँ सभी बच्चे उच्च श्रेणी के हैं।

कई दिनों तक लगातार वे सकपाल को लेकर जाते और निराश होकर लौट आते, परन्तु उनकी पत्नी निराश होने वाली नहीं थीं। वह अत्यन्त साहसी महिला थीं। वह अपने पति को समझातीं और कहतीं—"दूसरे स्कूलों में जाओ। किसी न किसी को तो दया आ ही जायेगी और वह लड़के को दाखिला दे देगा। हमारा बेटा अनपढ़ नहीं रहेगा, हम उसे कुछ भी करके पढ़ायेंगे, आगे बढ़ायेगे।"

रामजी राव तंग आ गये थे। अपनी कम्पनी से उन्हें छुट्टी रोज-रोज नहीं दे सकता। तुम्हारे जाने से मुझे परेशानी होती है, इसलिये मैं रोज-रोज का यह झंझट नहीं पाल सकता।"

लेकिन खुशामद करके वे मालिक से छुट्टी ले लेते। उन्हें सकपाल का दाखिला कराने की लगन लगी थी।

एक दिन वे ऐसे स्कूल में पहुँचे जहाँ का हैडमास्टर दयालु था। रामजी राव की कहानी सुनने पर कहने लगा।–"मैं दाखिला तो कर लूंगा, लेकिन तुम महार हो, अछूत हो, सब लड़कों के साथ तुम्हारा लड़का नहीं बैठ सकता।"

रामजी राव ने पूछा–"यदि मेरा लड़का दूसरे लड़कों के साथ नहीं बैठेगा, तो वह पढ़ेगा कैसे? ये आप कैसी बातें कर रहे हैं मास्टरजी! मैं तो बड़ी उम्मीदें लेकर आपके पास आया था।"

"एक तरीका है इसका।" हैडमास्टर ने कहा।

"क्या?" उन्होंने उत्सुकता से पूछा।

"तुम्हारा लड़का अपने घर से एक टाट लेकर आया करेगा और जहाँ दरवाजे के बारह लड़के जूते उतारते हैं वहाँ बिछाकर बैठ जाया करेगा। इसे यह भी समझा देना कि किसी को न छुए। क्योंकि यह महार है।"

"समझा दूंगा हैडमास्टर साहब! सकपाल का दाखिला कर लीजिये.. आपकी बड़ी कृपा होगी। मैं आपका उपकार कभी नहीं भूलूंगा, आपने मुझ पर बड़ी दया की जो मेरे बेटे का दाखिला कर लिया।"

भीमराव का नाम स्कूल में लिख लिया गया। वे रोज समय से पढ़ने जाते और अपनी टाट दरवाजे के बाहर बिछाकर बैठ जाते। सभी लड़के अपनी-अपनी कुर्सियों पर बैठते।

लड़के हँसी उड़ाते। वे आपस में कहते, भीमराव महार है महार। यहाँ पढ़ने आया है, यह अछूत है, इसे छू मत लेना-वरना हम लोग अपवित्र हो जायेंगे।

भीमराव अभी मात्र पाँच वर्ष के ही थे, लेकिन अच्छी तरह जानते थे कि लड़के उनका अपमान करते हैं। मगर वे किसी को जवाब नहीं देते। बस स्वयं मन लगाकर पढ़ते। वे पढ़ाई में तेज चलने लगे और इसी कारण वे सभी अध्यापकों के प्रिय बन गये। सभी अध्यापक उनसे अपार स्नेह करते और हर बात अच्छी तरह समझाते।

बाल्यकाल की घटनाओं का प्रभाव अमिट होता है। उनका प्रभाव बालक पर सदा ही रहता है। बालक भीमराव जब छः साल के हुए—एक बार अपने बड़े भाई के साथ बैलगाड़ी से किसी अन्य गाँव को जा रहे थे। गाड़ीवान को इनके विषय में कुछ ज्ञान नहीं था कौन महार है, कौन क्षत्रिय है अथवा कौन ब्राह्मण है-यह किसी के माथे पर लिखा भी नहीं होता। देखने में सभी मानव एकसमान हैं। बातों ही बातों में उन्होंने गाड़ी वाले को बता दिया कि हम महार हैं बस फिर क्या था, गाड़ी वाले ने उन दोनों भाइयों को अपमानित करके अपनी गाड़ी से उतार दिया। बेचारे दोनों भाई पैदल ही दूसरे गाँव की ओर चल पड़े।

रास्ते की थकान और अपमान—इन दोनों की गहन छाप बालक भीमराव के मन-मस्तिष्क पर बैठ गयी। थके-मान्दे दोनों बालक घर आकर पिता से लिपटकर रो पड़े। चलते-चलते उनके पैरों में छाले पड़ गये थे। भूख और थकान से उनकी बुरी हालत थी।

माता-पिता को जब गाड़ीवान द्वारा कही गयी बातों का पता चला तो वे बहुत दुःखी हुए। दोनों की आँखों से आँसू छलक पड़े। उन्होंने अपने दोनों बेटों को गले से लगा लिया और कहा—

"बेटा! यह दुनिया वही करती है, जिसे परमात्मा करने की आज्ञा नहीं देता। चिन्ता मत करो। बड़े होकर खूब पढ़ना-लिखना। इसके पश्चात् अपने अपमान का बदला उन्हें अच्छे कामों को दिखाकर लेना। जब यह दुनिया वाले तुम्हारे सामने ही अपना सिर झुकायेंगे।"

बालकों की समझ में अच्छे कामों का अर्थ तो समझ नहीं आया, मगर हाँ वे इतना जरूर समझ गये कि पढ़ना-लिखना अच्छी बात है।

अब भीमराव पाँचवीं कक्षा में आ गये। उनका गणित बहुत अच्छा था, उन्हें हमेशा पूरे नम्बर मिलते थे। वे सभी विषय ध्यान लगाकर पढ़ते। पढ़ाई में जरा भी लापरवाही नहीं दिखाते। स्कूल में जाकर वे एक मिनट के लिए भी नहीं खेलते थे, बल्कि हर समय किताब पर ही उनकी दृष्टि रहती।

प्रधानाचार्य उनसे बहुत खुश रहते। वे दूसरे मास्टरों से कहते कि यह भीमराव अछूत है, लेकिन पढ़ने में बहुत अच्छा है। ऐसा लगता है कि यह खूब पढ़ेगा और पढ़-लिखकर योग्य बनेगा।

रामजी राव और भीमाबाई भी बहुत खुश थे। दोनों भविष्य के सुन्दर-सुन्दर सपने देखते। वे आपस में एक-दूसरे से कहते कि-हमारा भीम खूब पढ़ेगा। उसका पढ़ाई में मन लग रहा है। वह बहुत होनहार है। एक दिन वह बहुत नाम कमायेगा।

रामजी राव की पत्नी को एक दिन अचानक ही ज्वर आ गया और काफी दिन तक उतरा नहीं। कई दिनों तक तो दवा भी नहीं दी गयी। सोचा जा रहा था कि यूँ ही ठीक हो जाये। क्योंकि उस समय अछूतों को देखने भी कोई वैद्य नहीं आते थे।

मगर बुखार अपने-आप नहीं उतरा तो पड़ोसियों को चिन्ता होने लगी, अगर भीमाबाई को दवा न दी गयी, तो वह मृत्यु को प्राप्त हो जोयें। वह बहुत ज्यादा कमजोर हो गयी थीं। दिन-प्रतिदिन उनकी हालत गिरती ही जा रही थी।

पड़ोसी दुःखी होकर बैद्य को बुलाने गये लेकिन वैद्य ने आने को मना कर दिया और कहने लगा–"मैं अछूतों के घर नहीं जाता–और सभी लोग निराश होकर वापस लौट आते। कोई भी वैद्य आने को तैयार नहीं था। न ही उनका इलाज करता हूँ।"

बहुत कठिनाइयों के बाद एक बूढ़े वैद्य को दया आ गयी। वह रामजी राव के साथ उनके घर आ गया।

वैद्य ने आकर भीमाबाई की नाड़ी देखी। भीमाबाई को दवा दी। मगर उस दवा से भीमाबाई को जरा भी आराम नहीं हुआ। उनकी बीमारी बढ़ती ही चली गयी। दिन-प्रतिदिन उनकी दुर्बलता भी बढ़ती जा रही थी, बीमारी से सूखकर काँटा हो गयी थीं।

करीब एक माह तक भीमाबाई पलंग पर रहीं। तबियत दिन-पर-दिन बढ़ती गयी और एक दिन वह इस संसार को छोड़कर चल बसीं।

भीमराव के सिर से माँ का साया उठ गया था। रामजी राव पर तो जैसे दुःखों का पहाड़ टूट पड़ा। वे कलेजा पकड़कर ही रह जाते। उनको पत्नी की कमी नाकाबिले-बर्दाश्त हो रही थी।

वे सोचने लगे–मैं घर का काम करूँगा या नौकरी करूँगा। ये दोनों ही काम मेरे लिए कठिन हैं। दोनों काम एक साथ नहीं हो सकते। व बड़ी दुविधा में फँस गये थे।

मगर मजबूरी में करना पड़ा—सवेरे वे नौकरी पर जाते। जब लौटते तो रात हो जाती। वे रात को खाना बनाते, तभी सब बच्चे खाते। थोड़ा-सा वे सवेरे के लिए रख देते। भीमराव उसे खाकर पढ़ने चले जाते।

भीमराव को माता की मृत्यु का बहुत दुःख हुआ। दिन भर वे उदास रहते, जब माँ की याद आती तो रोने लगते। रोता देख रामजी राव उन्हें छाती से लगा लेते। समझते—"सन्तोष करो बेटा, तुम्हारी माता अब लौटकर नहीं अयेंगी। मन पढ़ाई में लगाओ। वही काम आयेगी तुम्हारे। इस प्रकार रोने-धोने से क्या होगा, जो होना था, वो हो चुका है।"

भीमराव घर से थोड़ा-सा बासी खाना खाकर जाते तो उन्हें दोपहर में भी भूख लगती तो वह बिलखकर रह जाते। एक दिन पिता से बताने पर पिता ने कहा—"आधी छुट्टी में रोटी खाने घर आ जाया करो। मैं तुम्हारे लिये रोटियां सेंककर रख जाया करूँगा। यहाँ आलमारी से निकालकर खा लिया करना।"

भीमराव आधी छुट्टी में घर आने लगे। जब वे घर से लौटते तो देर हो जाती। शिक्षक उन पर बिगड़ते। उन्हें हैडमास्टर की भी डाँटें खानी पड़ती। लेकिन वे भी क्या कर सकते थे, बचपन में भूख भी कुछ ज्यादा ही लगती है—और भीमराव से भूख बर्दाश्त नहीं होती थी।

कई दिन हो गये इस तरह चलते हुए। एक दिन हैडमास्टर ने उन्हें बहुत ही डाँटा और कहा—"तुम भविष्य में अगर यही करोगे, तो स्कूल से तुम्हारा नाम काट दिया जायेगा। फिर आराम से अपने घर बैठना, स्कूल आने की कोई जरूरत नहीं पड़ेगी।"

भीमराव यह सुनकर सहम गये। उन्होंने निश्चय कर लिया कि आधी छुट्टी में अब वे घर नहीं जायेंगे। वे भूखे रहकर ही पढ़ने लगे। सारा दिन भूख को बर्दाश्त करना बच्चे के लिए काफी मुश्किल काम होता है।

परिवार की आर्थिक स्थिति ठीक नहीं थी, और सिर में माँ का साया भी उठा गया था। भीमराव बहुत दुःखी रहते। उन्हें भूखे रह-रहकर पढ़ाई करनी पड़ती। क्योंकि वे पढ़-लिखकर कुछ बनना चाहते थे इसलिये ऐसी स्थिति में भी ध्यानपूर्वक पढ़ रहे थे। कभी-कभी तो उन्हें भूख के मारे चक्कर भी आ जाता था, मगर वह किसी से कुछ नहीं कहते थे, कोई शिकायत नहीं करते थे, क्योंकि उन्हें डर था कि अगर खाना खाने घर गया तो नाम काट दिया जायेगा।

स्कूल का हैडमास्टर ब्राह्मण जाति का था, लेकिन दया का सागर उसमें उमड़ा पड़ा था। हैडमास्टर को बालक भीमराव पर तरस आ गया। जब भीमराव पूरे दिन भूखे रहकर पढ़ते तो हैडमास्टर का दिल पसीज जाता, उससे देखा नहीं जाता, वह भीमराव को रोटियाँ बनाकर खाने के लिए दूर से ही फेंक देते और दाल-सब्जी दोने में रख देते। भीमराव को वह पीने के लिए अपने ही मटके का पानी देते। इस प्रकार भीमराव की भूख की समस्या का समाधान तो हो चुका था।

भीमराव को अछूत होते हुए भी हैडमास्टर बहुत ही प्यार करते थे। अब भीमराव ने आधी छुट्टी में घर जाना बन्द कर दिया। हैडमास्टर उनको खाने के लिए भोजन देते और बड़े ही स्नेह व प्यार से खिलाते। भीमराव को लगता जैसे हैडमास्टर उनके पिता हों और उनका लालन-पालन कर रहे हों।

ये सब देखते हुए कक्षा के दूसरे छात्र भीमराव से जलने लगे। वे लोग आपस में कानाफूसी करते हुए एक-दूसरे से कहते—"हमारे हैडमास्टर का भी दिमाग खराब हो गया है—एक महार को प्यार करते हैं। जिसके लोटे का पानी कोई भी नहीं पीता, उसे वे अपने मटके का पानी देते हैं। इनका शायद दिमाग खराब हो गया है। लगता है यह सबका धर्म भ्रष्ट करवाकर ही छोड़ेंगे।"

छात्रों की बातें सुनकर भी भीमराव अनजाने रहते, परन्तु वे अच्छी तरह जानते थे कि वे सब मेरे विषय में बातें करते रहते हैं। वे धर्म व समाज को नहीं मानते थे। उन पर तो केवल पढ़ाई का भूत सवार था। उन्हें बस यही लगन थी कि किसी तरह प्राइमरी स्कूल की शिक्षा पूरी हो जाये तो किसी हाईस्कूल या इण्टर कॉलिज में दाखिला लेकर आगे की शिक्षा शुरू करूँ।

यही कारण था कि भीमराव उनकी बातें अपने कानों से सुनते और सुनकर उन्हें भूल जाते। जो आँखों से देखते उसे भी भुलाने की कोशिश करते, उनका यही सिद्धान्त था और उसी पर वे पूरी तरह अडिग थे, कि इधर-उधर कहीं भटक न जायें। उनके दिमाग में सिर्फ एक ही बात हर समय घूमती रहती की पढ़-लिखकर बड़ा आदमी बनना।

भीमराव अपने परिवार की स्थिति देखकर भी अत्यन्त दुःखी रहते। भीमराव के सामने अपनी व अपने परिवार दोनों की समस्या खड़ी थी।

वे रोज देखते कि पिता को कितना कष्ट सहना पड़ता है। माता की कमी भी उन्हें दुःखी कर देती, मगर वे हमेशा खामोश रहते-किसी से कुछ नहीं कहते, उनकी यही आदत बन गयी। वह सारे दुःख अपने मन-ही-मन में समेट लेते, पिता पर जाहिर नहीं होने देते, क्योंकि उन्हें दुःखी देखकर पिता भी दुःखी हो जाते थे।

परेशानियाँ तो जैसे उनके साये के पीछे लगी हुई थीं। एक घटना और ऐसी घटी जिसने भीमराव को और भी चिंतित कर दिया। समय ने उनके साथ कैसा अन्याय किया था! उनके पिता की वो नौकरी भी खत्म हो गयी, जो परिवार के खाने-पीने का सहारा थी। मालिक को घाटा होने लगा तो उसने कम्पनी बंद कर दी। रामजी राव भी अब घर पर ही आकर बैठ गये। अब तो उन्हें और भी तंगी का सामना करना पड़ गया।

परन्तु उन्होंने साहस न छोड़ा। वे काफी कमजोर व बूढ़े हो गये थे लेकिन वे रोज दूसरी नौकरी की तलाश में निकल जाते। इधर-उधर भटकते लेकिन उन्हें कहीं नौकरी नहीं मिलती। मगर उन्होंने उम्मीद का साथ नहीं छोडा। वह हर दिन नई नौकरी की तलाश में निकल जाते और शाम को घर में वापस आते।

इन्हीं परिस्थितियों के चलते भीमराव ने प्राइमरी पाठशाला की पढ़ाई प्रथम श्रेणी में पूरी कर ली थी। यह पढ़ाई उन्होंने बड़े परिश्रम और लगन के साथ पूरी की थी।

अब भीमराव को नये स्कूल में दाखिला लेना था, परन्तु दाखिले के लिये रुपयों की जरूरत थी। उनके पास एक सौ पैसा नहीं था, इस बात से उनके पिता बहुत दुःखी थे। उनकी समझ में नहीं आ रहा था कि भीमराव का दाखिला कैसे कराया जाये? उसके लिए रामजी राव प्रयास करने लगे। उनको रात-दिन बस एक ही चिन्ता लगी थी कि उसका एडमिशन हो जाये।

रामजी राव की समझ में एक योजना बड़ी देर बार आयी-उन्होंने सोचा, सेठजी से कुछ रुपया ब्याज पर ले लिया जाये। यही सोचकर वे सेठ की कोठी पर गये और सेठ से रुपये माँगे। लेकिन वहाँ जाकर भी कोई फायदा नहीं हुआ, उन्हें वहाँ से भी निराश का मुख देखना पड़ा।

सेठजी ने रुपये देने से साफ इन्कार कर दिया। सेठजी ने कहा—"मैं सोने या चाँदी की जेवर गिरवी रखकर ही रुपया देता हूँ। जेवर ले आओ, उसे गिरवी रख जाओ और रुपया ले जाओ।"

रामजी राव ने अपनी परिस्थिति के बारे में सेठ को बताया मगर सेठ जरा भी नहीं पसीजा। अब रामजी राव परेशान हो गये और घर वापस आये। घर में सोने-चाँदी की तो कोई चीज नहीं थी। पीतल की एक बड़ी-सी परात घर में थी, उसी परात को लेकर रामजी राव सेठ के घर पुनः वापस गये और विनयी स्वभाव में कहने लगे–"सेठजी मेरे पास कोई भी जेवर अलावा मेरे पास और कुछ भी नहीं है"

सेठजी ने उस परात को उलट-पलट कर ध्यानपूर्वक देखा और रामजी राव से बोले–

"ठीक है, मैं अभी तुम्हें पचास रुपये देता हूँ, लेकिन एक बात है।"

"क्या?" उन्होंने आश्चर्य से पूछा।

"अगर तुमने एक साल के भीतर यह परात नहीं छुड़ाई तो यह मेरी हो जायेगी।" उसने अपनी शर्त बतायी।

"कैसे?" वह हैरानी से उसका चेहरा देख रहे थे–"ये क्या कह रहे हैं सेठजी! मेरी समझ में कुछ नहीं आ रहा है?"

"भाई, इसका ब्याज और रुपया एक साल के अन्दर नहीं दे पाते तो परात हमारी हो जायेगी।" उन्होंने समझाया।

रामजी राव बोले–"सेठजी, समझ गया। अब मुझे समझाने की आवश्यकता नहीं है। मुझे आपकी शर्त मंजूर है।"

"समझ गये न अच्छी तरह?" सेठ ने फिर पूछा।

"हाँ, अच्छी तरह समझ गया।" रामजी राव ने सहमति जताई।

"तो फिर यही लिखकर मुझे दे दो और रुपया ले जाओ।" सेठ जी ने प्रस्ताव रखा।

"बहुत अच्छा।" उन्होंने नम्रतापूर्वक कहा।

रामजी राव ने लिखकर दे दिया और रामजी राव रुपया लेकर घर आ गये।

दूसरे दिन भीमराव का दाखिला नये स्कूल में हो गया था। यह एल फिस्टन हाईस्कूल था। भीमराव इसी में पढ़ने लगे। प्राइमरी स्कूल के हैडमास्टर ने उनके नाम के साथ अम्बेडकर जोड़ दिया था, इसलिये अब उन्हें अम्बेडकर कहा जाने लगा। अब वे स्वयं भी अपना नाम भीमराव अम्बेडकर लिखने लगे थे।

अब भीमराव अम्बेडकर पढ़ाई में तल्लीनता के साथ लग गये। वे हमेशा पढ़ाई में ही व्यस्त रहते। कभी भी समय बर्बाद नहीं करते। न ही वे किसी के घर जाते न किसी को अपने घर बुलाते। वे हमेशा समय का सदुपयोग करते थे अपना समय कभी भी बेकार नहीं जाने देते थे। वे अपना ज्यादातर समय पढ़ाई में ही व्यतीत करते थे।

एक दिन भूगोल का घंटा चल गया था। अध्यापक कुर्सी पर बैठे थे। उन्होंने भीमराव अम्बेडकर को बुलाया और कहा—"भीमराव, श्यामपट पर जाओ और भारत का मानिचित्र बनाओ।"

भीमराव ने सुना तो वे श्यामपट की ओर जाने लगे। लड़कों का खाना श्यामपट के पास रखा था। भीमराव अम्बेडकर को श्यामपट की ओर जाते हुए देखकर लड़के सब-के-सब जोर से चिल्लाये—"भीमराव महार है। यह श्यामपट की तरफ जा रहा है। यह अछूत है। हम सबका खाना वहाँ रखा है। यह छू लेगा। उसे अपवित्र कर देगा। हम लोग फिर क्या खायेंगे? यह तो अछूत है, इसका वहाँ जाना ठीक नहीं है, इसे जाने से रोकना होगा।"

हिम्मत करते हुए एक लड़का सामने आ खड़ा हुआ। वह अकड़कर कहने लगा—"भीमराव, रुक जाओ, तुम महार हो, हमारा भोजन छू लोगो। हम पहले अपना भोजन हटा लें। उसके बाद श्यामपट पर जाओ। तुम्हारे वहाँ जाने से खाना अपवित्र हो जायेगा।"

भीमराव रुक गये। लड़कों ने अपना खाना हटा लिया। उसके बाद भीमराव अम्बेडकर ब्लैकबोर्ड पर गये और भारत का मानचित्र बनाया।

मन-ही-मन भीमराव को बहुत दुःख हुआ कि हम महार हैं, इसलिये उनका कदम-कदम पर अपमान होता है। हर कोई उनका अपमान करता है।

एक बार प्रारम्भिक शिक्षा समाप्त करने के पश्चात् भीमराव ने अपने पिता से कहा था—"पिताजी! अब मैं दीदी के पास बम्बई (मुम्बई) जाकर रहूँगा।"

"क्यों बेटा! क्यो बात है, ये अचानक तुम्हें बम्बई (मुम्बई) जाने की क्या सूझी?" उन्होंने प्रेमपूर्वक पूछा।

फिर रामजी राव ने अपने पुत्र की ओर आश्चर्य से देखा, वे समझ नहीं पा रहे थे कि बच्चा क्या कहना चाह रहा है?

भीमराव ने अपने लाल-लाल होठों पर फूल खिलाकर सहज भाव से कहा—"मैंने सुना है कि बम्बई में ऊँच-नीच का भेदभाव नहीं है। शहर में सभी लोग मिल-जुलकर रहते हैं, एक साथ खाते-पीते हैं, उठते-बैठते हैं— इसलिये मैं वहाँ जाना चाहता हूँ।"

रामजी राव समझ गये कि भीमराव के मस्तिष्क में गाड़ीवान की बातें अभी तक जमी हुई हैं। उन्होंने बम्बई भेज दिया। वह सोच रहे थे वहाँ जाकर अम्बेडकर इन अपमान की बातें को भूल जायेगा।

बम्बई की चहल-पहल और रौनक देखकर भीमराव को बड़ी खुशी हुई। उसके मन में कमल का फूल खिल उठा। यहाँ सब लोग एक-से दिखाई देते हैं। गाँव की भाँति छोटे मन के लोग यहाँ नहीं होंगे, परन्तु बालक भीमराव का सपना एकदम टूट गया। जब वह रेस्टोरेंट में चाय पीने के लिए घुसा, तो चाय वाले ने पूछ लिया—

"तुम लोग कौन ठाकुर हो बेटे?" चाय वाले ने बड़े नम्र स्वर में उसकी ओर देखते हुए पूछा।

भीमराव झूठ बोलना नहीं जानता था। उसने अपने विषय में सच-सच बता दिया। चाय वाले ने उसे घूरकर देखा और तुरन्त दुकान से उतर जाने को कहा दिया। अभी वह पूरी बात समझ भी नहीं पाये थे कि उसने आकर जोर से धक्का मारा।

भीमराव सकपकार पीछे हटा। नीचे नल के पानी से कीचड़ हुई पड़ी थी वह उसमें जा गिरा। दुकानदार ने जोरदार ठहाका लगाया। भीमराव को लगा जैसे चाय वाले ने उसको थप्पड़ मारा हो। वह मन-ही-मन क्रुद्ध हो उठा, लेकिन वह चाय वाले का क्या बिगाड़ सकता था। खून का घूंट पीकर वह अपने घर वापस चल पड़ा। लेकिन उन्हें बहुत जयादा अपना अपमान महसूस हो रहा था, निराश होकर वह घर आ गये।

ऐसी अनेक घटनायें उनके जीवन में घटित हुईं और उनके आधार पर ही उनका उच्च शिक्षा प्राप्त करने का संकल्प दृढ़ होता चला गया। चाय की दुकान की भाँति एक बार नाई ने भी उसको अपनी दुकान से धकेल दिया था—इन बातों से उनके हृदय पर कैसा आघात लगा होगा, इसका अनुमान लगाना सहज सम्भव नहीं। इस अपमान को वही महसूस कर सकते हैं, जिन्हें ऐसे अपमान को सहना पड़ा है।

अब वे स्कूल में ध्यान लगाकर पढ़ने लगे। अपने अपमान को सहते गये और सन्तोष करके रह गये और सोचने लगे—उन्हें शिक्षा प्राप्त करनी है। आदमी जब कोई नेक काम करने के लिए चलता है तो उसमें परेशानियाँ आती हैं। अपने उद्देश्य को मुझे पूरा करना है। मैं किसी से कुछ भी नहीं कहूँगा—यह बात उनके मन में अच्छी तरह से घर कर चुकी थी।

स्कूल का हैडमास्टर भी दयालु था। एक दिन भीमराव से उसने पूछा—"ओ भीम तू तो महार है। पढ़-लिखकर तू क्या करेगा?"

भीमराव ने उत्तर दिया—"छुआछूत को दूर करूँगा, पढ़कर वकील बनूँगा और अछूतों के लिये नया कानून बनाऊँगा, जो सरकार को मानना पड़ेगा। इस प्रकार मेरे द्वारा गरीबों और अछूतों का उद्धार होगा।"

हैडमास्टर चौंककर रह गये और उन्हें हँसी आ गयी। वे भीमराव का मुँह देखने लगे। लड़का महत्वाकांक्षी है, उनकी समझ में आ गया। भीमराव से उन्हें स्नेह था, वे जानते थे कि लड़का होनहार है और कुछ बनकर रहेगा। कुछ करके दिखायेगा। लोग सच ही कहते हैं कि हीरा कोयले से ही निकलता है और कीचड़ में ही कमल खिलते हैं।

हैडमास्टर की दृष्टि में उस दिन से भीमराव का स्थान ऊँचा हो गया। भीमराव का वो अधिक-से-अधिक ध्यान रखते। उनसे ज्यादा स्नेह रखते और उनकी हर बात का भी ध्यान रखते।

जब हाईस्कूल का परिणाम घोषित हुआ तो भीमराव ने हाईस्कूल प्रथम श्रेणी में पास कर लिया था। घर में खुशियाँ मनाई गयीं। पर भीमराव को एक नई चिन्ता ने आ घेरा था कि आखिर अब आगे पढ़ाई कैसे होगी? क्योंकि उनकी आर्थिक स्थिति बहुत ज्यादा खराब थी और एडमिशन में पैसा भी काफी लगता।

भीमराव ने संकल्प कर लिया था कि वे बड़ी-से-बड़ी पढ़ाई करके, खुद को, कुल को और जाति को ऊपर उठायेंगे। भीमराव आगे कॉलेज में दाखिला लेना चाहते थे परन्तु पैसा नहीं था तभी उनको अपने एक अभिन्न मित्र की याद आयी वह जाति का ईसाई था और उसका नाम कैलुस्कर था। वह हमेशा भीमराव को उदास देखता था। एक बार उसने भीमराव से उसकी उदासी का कारण पूछ ही लिया। तब भीमराव ने उसे अपनी बात बतायी—उन्होंने बताया कि वे आगे पढ़ना चाहते हैं लेकिन घर में पैसा नहीं है, कॉलिज में दाखिला कैसे लूँ? और उनको पढ़ना भी जरूर है, क्योंकि जो उन्होंने सपना देखा है वह अधूरा ही रह जायेगा।

इस पर कैलुस्कर ने बताया–"महाराज गायकवाड़ बहुत ही दयालु पुरुष हैं उनके दरवाजे पर जो भी पहुँचा है, कभी खाली हाथ नहीं लौटा। वे उसकी धन से अवश्य सहायता करते हैं। तुम भी उनके पास जाकर अपनी स्थिति बताओ वे तुम्हारी भी सहायता कर देंगे। एक बार आजमा लेने में कौन-सा हर्ज है, हो सकता है कि तुम्हारा काम हो जाये।"

भीमराव की समझ में कैलुस्कर की बात आ गयी। बम्बई में ही बड़ौदा नरेश की अपनी कोठी थी। उनके सामने भीमराव जाकर खड़े हो गये। दोनों हाथ जोड़कर, सिर झुकरकर उनको प्रमाण किया।

"युवक तुम कौन हो और कहाँ से आये हो?" महाराज उन्हें देखकर काफी हद तक प्रभावित हुए थी।

"राजा साहब, मैं एक गरीब विद्यार्थी हूँ। फर्स्ट डिवीजन में हाईस्कूल पास किया है और कॉजिज में दाखिला लेना चाहता हूँ। घर की आर्थिक स्थिति ठीक नहीं है। पिता बहुत गरीब हैं। ऐसी स्थिति में दूसरे कॉलिज में एडमिशन के लिए काफी पैसे की जरूरत पड़ेगी, अगर आप....।"

बड़ौदा नरेश अधेड़ थे। चालीस साल की उम्र को पास कर चुके थे। दुनिया का उन्हें तजुर्बा था। वे आदमी को देखते ही उसकी असलियत पहचान जाते थे। कुछ देर तक वे मौन रहे। भीमराव से फिर उनके घर का हाल पूछने लगे।

फिर भीमराव ने अपने घर के विषय मे विस्तार से बताया। इससे बड़ौदा नरेश को उनसे सहानुभूति हुई और उन्होंने मन-ही-मन फैसला किया कि इस लड़के की सहायता करनी चाहिये।

राजा साहब बोले–"भीमराव, मैं तुमसे बहुत खुश हूँ। तुम महार हो तो क्या, तुम एक योग्य विद्यार्थी हो। मैं दुनिया और समाज को नहीं जानता। मैं तुम्हारी धन से सहायता करूँगा। कॉलिज में तुम दाखिला ले लो और दिल लगाकर अपनी पढ़ाई पूरी करो।"

भीमराव ने दोनों हाथ बाँधकर महाराज को प्रणाम किया। तभी बड़ौदा नरेश पुनः बोले–"पच्चीस रुपये महीने की छात्रवृत्ति तुम्हें खजाने से मिलेगी और हर महीने मिलती रहेगी–जब तक तुम पढ़ोगे।"

भीमराव अब जमीन पर झुक गये। राजा साहब को उन्होंने फिर से प्रणाम किया और उनके मुँह से श्रद्धाभरा स्वर निकल गया–"महाराज गायकवाड़ की जय हो। बड़ौदा नरेश की जय हो। बड़ौदा नरेश की जय

हो। ईश्वर करे, यह गद्दी हमेशा आबाद रहे। लोग आपकी हमेशा जय-जयकार करते रहें और आपका सम्मान भी इसी प्रकार बना रहे।''

चलते समय बड़ौदा नरेश ने भीमराव को सौ रुपये दिलवाये और स्नेहपूर्वक कहा—''ये रुपये तुम्हारे दाखिले और किताबों के लिए हैं। पच्चीस रुपये तुम्हें एक महीने बाद छात्रवृत्ति के मिल जायेंगे। जाओ, मेरी शुभकामनाएँ तुम्हारे साथ हैं, ईश्वर तुम्हारा कल्याण करें।''

भीमराव आवश्यकता से अधिक श्रद्धाविभोर हो गये थे। राजा साहब ने उन्हें आशीर्वाद दिया कि तुम कुछ करके दिखाओ और ईश्वर तुम्हें कामयाबी दे और हमेशा गरीबी और दलितों का उद्धार करो।

जो आशीर्वाद बड़ौदा नरेश ने उन्हें दिया था, उसे पूरा कर दिखाने के लिये भीमराव चल पड़े। अब उनका सिर्फ एक ही लक्ष्य था—ज्यादा-से—ज्यादा तालीम हासिल करना।

अब भीमराव ने कॉलिज में दाखिला ले लिया और वे फर्स्टईयर में पढ़ने लगे। दाखिला लेने में उन्हें कोई परेशानी नहीं आयी थी और महाराज के दिये सौ रुपये भी उनके पास थे।

भीमराव को वहाँ कॉलिज में दाखिला लिये दूसरा ही दिन हुआ था। वहाँ एक बाग था, जहाँ आम के अनेक वृक्ष थे। प्रायः भीमराव वहाँ खाली घण्टे में बैठ जाया करते थे। वहाँ बैठकर उन्हें बड़ी शान्ति मिलती थी, कभी-कभी बैठकर स्टडी भी किया करते थे। एक बार आम के बाग में कोयल की 'कुहू-कुहू' मन में संगीत घोल रही थी। कौन था ऐसा जो मीठी-मीठी हवा, भीनी-भीनी सुगन्ध और पपीहे की पुकार में डूब न जाता। भीमराव ने गर्दन उठाकर ऊपर की ओर देखा। कोयल उड़ गयी और पपीहा बैठा रहा। जल्दी से भीमराव ने जेब में से लड्डूओं की थैली निकाली और चुपके-चुपके खाने लगा। ऐसा जाने उसके मन में क्या डर था कि जो उसे छिपकर कलेवा लेना पड़ रहा था। तभी घण्टी बजी। कॉलिज के एक कक्ष से कुछ लड़के निकले और सीधे भीमराव के सामने जाकर खड़े हो गये। भीमराव उन्हें देखकर सकपका गया। उसने लड्डूओं वाली थैली पीठ के पीछे छिपा ली। उन्हें डर था कि कहीं ये लड्डू देखकर यह लड़के उनके हाथ से थैली न छीन लें, और हुआ भी यही।

चम्मत ने आगे बढ़कर भीमराव के हाथ से थैली ,छीन ली। बोला—''ओह! ये लड्डू चोरी-चोरी खाय जाय रहे हैं।'' भीमराव ने सिर

नीचे झुका लिया, क्योंकि वह अछूत थे औ उनको खाने के लिए नहीं कह सक़ते थे, उनकी समझ में नही आ रहा था कि वह क्या करें।

चम्पत ने सारे लड्डू लड़कों में बाँट दिये। भीमराव ने दो बार कुछ कहना चाहा लेकिन शब्द मुँह से न निकल सके। वह चाहकर भी कुछ न कह सके, क्योंकि उनके अल्फाज उनका साथ नहीं दे रहे थे और फिर उन्हें अपने अपमान का भी डर था।

चम्पत ने भीमराव की ठोड़ी पर दो अंगुलियाँ रखीं। ठोड़ी को ऊपर उठाकर बोला—

"क्यों दोस्त नाराज हो गये क्या?"

"नहीं, यह बात नहीं है दोस्त!' भीमराव के मन में कुछ अजीब-सी हलचल हो रही थी। वह कुछ और ही कहना चाहता था। बड़ी मुश्किल से उसने अपना मुँह खोला—"बाह यह है कि ये लड्डू मेरी माँ ने बनाये थे।" उन्होंने बहाना बनाया।

"तभी हम सोच रहे थे, इन लड्डूओं में ममताभरी मिठास क्यों है?" सभी लड़के एक साथ बोले।

भीमराव ने गम्भीर भाव से कहा—"शायद तुम लोग नहीं जानते कि मैं अछूत हूँ।" कहकर उन्होंने अपना सिर झुका लिया। अब उन्हें पूरा अन्देशा था कि सभी लड़के उनका अपमान करेंगे।

"अब क्यों मसखरी कर रहा है?" शील बोला—"अछूत वह होता है जिसके शरीर पर मक्खियाँ भिनभिनाती हैं। तू तो हम सब की तरह सूटेड-बूटेड है। चल उठ, क्लास का समय हो गया है।"

भीमराव ने सब लड़कों को वहीं रोककर कहा—

"दोस्तो! मैं वास्तव में अछूत जाति का हूँ। मेरी माँ अशिक्षित है। बेचारी ने रूखी-सूखी रोटियाँ इकट्ठी करके, उसमें तेल और गुड़ डालकर इन लड्डूओं को बनाकर मुझे दिया है। इनकी सूरत अच्छी दिखाई दे, इसलिये इनमें चने और मूँगफली भी डाली हैं। माँ की भेंट तुम लोगों के सामने इसलिए नहीं खाता कि कहीं तुम मेरा राज न जान जाओ कि हम इतने पतित हैं। अब जब तुमने लड्डू खा ही लिया है तो मुझे सब कुछ कहना ही पड़ा। अब मैं तुम लोगों से यह बात नहीं छिपा सकता था।"

सब लड़के भीमराव को आश्चर्यचकित होकर देखने लगे। तभी चम्पत ने कहा—"भीमराव! तू अपना मन छोटा क्यों करता है? ऊँच-नीच,

छोटा-बड़ा छूत-अछूत ईश्वर के बनाये हुए नहीं है। इन कुविचारों को हमने अपने स्वार्थ के लिया बनाया है। तू तो हमारी कक्षा का मेधावी छात्र है। याद रख आज के बाद तेरे मुँह से ऐसे शब्द कभी नहीं निकलने चाहिये। तू भी हमारी तरह यहाँ का स्टूडेंट है, हमारा अच्छा दोस्त है, हम सब तुझको बहुत चाहते हैं, तुझसे बहुत स्नेह रखते हैं।''

भीमराव ने चम्पत को भीगी आँखों से देखा। उसके भीतर किसी ने कहा—''तू महार कबीले का व्यक्ति है तो क्या हुआ, महाराष्ट्र का यह महार परिवार किसी दिन ऊँचा परिवार बन सकता है। तू शूद्र नहीं है, शूद्र वह होता है जिसके विचार छोटे होते हैं। लेकिन तेरे विचार तो बहुत ऊँचे हैं।, तेरी कल्पनायें बहुत बड़ी हैं।''

अब भीमराव के पिता भी गाँव से बम्बई आ गये थे, क्योंकि सतारा की नौकरी कब की छूट गयी थी। वे बेकार बैठे थे। उनके पास कोई काम नहीं था। खर्च और पैसे की समस्या हमेशा सामने बनी रहती थी। एक दिन पिता के मुख पर चिन्ता की उठाती हुई रेखाओं को देखते हुए भीमराव ने पिता से पूछा—''पिताजी, आप इतने दुःखी क्यों हो? क्या बात है आप मुझे बताइये, मैं भी तो आपका पुत्र हूँ इसलिये मुझे यह जानने का अधिकार है।''

रामजी राव कुछ देर शान्त रहने के पश्चात् बोले—''बेटा, कमाई एक पैसे की भी नहीं है और खर्चा बराबर हो रहा है आखिर ऐसे कब तक चलेगा। मैं इतना कमजोर और बूढ़ा हो गया हूँ की अब पहले जैसी ताकत मेरे में नहीं रही है। मैं अब तुमको कमाकर नहीं खिला सकता, अब मेरी बूढ़ी हड्ड़ियों में जान भी नहीं है।''

भीमराव ने कुछ सोचकर पिताजी से कहा—''मैं अब कॉलेज जाना बन्द कर दूँगा पिताजी।''

''क्यों?'' वह घबरा गये और बोले—''क्या बात है बेटा! तुम कॉलिज क्यों नहीं जाना चाहते हो मुझे बताओ?''

''मैं नौकरी करूँगा।''

''नौकरी।''

''हाँ नौकरी।'' उन्होंने कहा''

''नौकरी कहाँ मिलेगी तुम्हें?''

''फौज में''

"क्या!"

"हाँ पिताजी।"

"मिलिट्री में नौकरी करोगे?"

"पिताजी आप भी तो मिलिट्री में सूबेदार थे।"

"क्या तुम्हें सेना की नौकरी मिल जायेगी?"

"क्यों नहीं!"

"मगर कैसे?" उन्होंने आश्चर्यचकित होकर पूछा, वह बड़ी गौर से उनका चेहरा देख रहे थे।

"बी॰ए॰ मैं कर चुका हूँ। एम॰ए॰ प्राइवेट कर लूँगा। बी॰ए॰ मैंने 1913 ई॰ में प्रथम श्रेणी में पास कर लिया है। इसलिये मैं जानता हूँ कि मुझे नौकरी मिल जायेगी।"

"तो जाओ....मेरा आशीर्वाद तुम्हारे साथ है।"

भीमराव ने पिताजी के चरण स्पर्श किये और वहाँ से चल दिये। सीधे वे सेना के भर्ती दफ्तर में आ गये।

उनसे पूछा–"तुम क्या चाहते हो?"

भीमराव ने इस पर बताया, वे मिलिट्री में नौकरी करना चाहते हैं, इसलिये आये हैं। क्या उन्हें मिलिट्री में नौकरी मिल सकती है?

जब उन्होंने अपनी योग्यता के बारे में बताया कि वे बी॰ए॰प्रथम श्रेणी में पास हैं, तो उनकी परीक्षा ली गयी। वे उस परीक्षा में उत्तीर्ण हो गये। सारे प्रश्नों के उत्तर उन्होंने तुरन्त दे डाले।

उन्हें लेफ्टीनेन्ट का पद दे दिया गया और बड़ौदा रियासत में उन्हें भेजा जायेगा। वह वही बड़ौदा राज्य था, जिसकी कृपा से वह बी॰ए॰ की परीक्षा उत्तीर्ण कर पाये थे। यहीं वह महाराज रहते थे जिन्होंने इनकी छात्रवृत्ति बाँधी थी।

घर में खुशियाँ मनायी गयीं। रामजी राव को भी बहुत खुशी हुई।

भीमराव ने अब पढ़ना छोड़ दिया और बड़ौदा रियासत में जाकर सेवा करने लगे। रात-दिन वह मेहनत और लगन के साथ अपने काम में जुटे रहते और सोचते कि गरीबों व दलितों का उद्धार कैसे हो?

उसके बाद रोज रामजी राव के पास मंगनी वाले आते। वे कहते–'तुम्हारा बेटा अब नौकरी करने लगा है, उसकी शादी कर डालिये।"

कहा जाता है कि जब भीमराव पढ़ रहे थे तभी इनकी मंगनी पक्की

हो गयी थी लेकिन विवाह करने के लिए भीमराव ने इन्कार कर दिया था। इसलिये मंगनी टूट गयी थी। क्योंकि भीमराव अभी शादी के बंधन में नहीं बंधना चाहते थे, इस प्रकार इनकी तरक्की में बाधा उत्पन्न हो सकती थी।

जब भीमराव छुट्टी पर घर आये तो उन्हें शादी के लिए तैयार कर लिया गया। बम्बई में ही विवाह पक्का हुआ 16 वर्ष की आयु में अप्रैल, 1906 ई॰ में श्री भीखू बालंगकर की पुत्री सौभाग्यकांक्षिणी से ही विवाह हो गया।

उस आयु में कौन किशोर विवाह के असली महत्व को समझता है, अनेक अल्पज्ञ किशोर अपना आवश्यक कार्य भूलकर नवपरिणीता के मोहजाल में फँस जाया करते हैं; किन्तु भीमराव अम्बेडकर अपने मार्ग से जरा भी विचलित न हुए। उन्होंने पिताजी की आज्ञा का पालन करते हुए विवाह करना आवश्यक समझा तो वह किया, परन्तु इसके साथ ही उन्होंने उच्च शिक्षा प्राप्त करना भी अति आवश्यक समझा। वह अपने लक्ष्य पर दृढ़तापूर्वक अड़े हुए थे।

उनकी पत्नी रामाबाई ब्याह कर ससुराल आ गयीं। पत्नी का स्वभाव सरल था। उसे पाकर भीमराव अम्बेडकर फूले नहीं समाये। उनकी दृष्टि में वह एक योग्य पत्नी थीं। एक किसी भी काम में अम्बेडकर को नहीं टोकती थीं, न ही उनसे किसी बात की कोई शिकायत करती थीं।

रामाबाई को भी अपने पति पर गर्व था। वे शिक्षित थे ग्रेजुएट। और फौज में लेफ्टीनेन्ट के पद पर नियुक्त थे। इसके साथ-साथ अपनी पत्नी का पूरा ख्याल भी रखते थे।

भीमराव शादी के बाद नौकरी पर चले गये और पत्नी रामाबाई ससुराल में रहने लगीं। उन्हें भीमराव से कोई शिकायत नहीं थीं। वह तो बस उनकी खुशी में खुश रहने वाली स्त्री थीं।

भीमराव के पिता रामजी राव एक दिन अचानक बीमार पड़ गये। कुछ दिनों तक तो किसी ने गौर नहीं किया, लेकिन बीमारी दिन-प्रतिदिन बढ़ती ही जा रही थी।

रामजी राव की बीमारी का इलाज करते रहने के बावजूद भी ठीक होने का नाम नहीं ले रही थी। बीमारी बढ़ती ही जा रही थी। वे चारपाई से लग गये थे।

जब रामजी राव की हालत बहुत खराब हो गयी तो उन्होंने भीमराव अम्बेडकर को तार भेजा कि तार मिलते ही घर चले आओ, पिताजी की हालत अच्छी नहीं है। किसी भी डॉक्टर, वैद्य की दवा में उन्हें फायदा नहीं पहुच रहा है।

भीमराव ने तार हाथ में लिया। वे बड़े अफसर के पास पहुँचे। उसे तार दिखाया और विनम्र स्वर में कहा—"साहब, मुझे छुट्टी चाहिये। मेरे पिताजी सख्त बीमार हैं, इसलिये ये तार आया है। मेरा जाना वहाँ बहुत जरूरी है। अगर आप छुट्टी देंगे तो बड़ी कृपा होगी।"

अफसर ने बताया—"लेकिन अभी तुम्हें छुट्टी नहीं मिलेगी।"

भीमराव ने विनम्रता से पूछा—"क्यों?"

"तुम्हारी नौकरी को अभी एक साल भी नहीं हुआ है। तुम न जाने इसी बीच में कितनी छुट्टियाँ ले चुके हो। अब छुट्टी नहीं मिलेगी। घर के लिये पत्र लिख दो कि तुम वहाँ नहीं आ सकते, क्योंकि तुम्हारी छुट्टी कैंसिल कर दी गयी है।"

"पत्र!" भीमराव ने विनम्रतापूर्वक कहा।

"हाँ।"

"मैं पत्र नहीं लिखूँगा।"

"क्यों?"

"मेरे पिता बीमार हैं। वे बूढ़े हैं। मैं उन्हें देखने जाऊँगा। न जाने उनकी कैसी हालत है?" वह बोले।

"और मैंने कह दिया है कि छुट्टी नहीं मिलेगी।" अफसर का लहजा सख्त था—"जाओ जाकर काम देखो।"

"तो आप छुट्टी नहीं देंगे?" भीमराव का स्वर उग्र हो उठा।

"नहीं।"

"तो मैं अभी त्याग पत्र देता हूँ।"

"यह तुम्हारी मर्जी।"

"ऐसी नौकरी मुझे नहीं चाहिये। अपने पिता को देखने में जरूर जाऊँगा। नौकरी तो फिर भी मिल जायेगी।" उन्होंने दृढतापूर्वक कहा।

भीमराव ने यह कहकर त्याग पत्र लिख दिया। अपने हथियार और वर्दी सामने रख दी। उसी समय उनका इस्तीफा मन्जूर कर लिया गया। वे घर के लिए रवाना हो गये। इस समय सिर्फ उन्हें अपने पिताजी की

ही चिन्ता थी, नौकरी की चिन्ता उन्हें तनिक भी नहीं थी।

रामजी राव ने भीमराव को देखने के लिए आँखें खोल दीं। पुत्र को उन्होंने अपने करीब बुलाया और सिर पर हाथ फेर दिया और सहानुभूति भरी दृष्टि से उन्हें निहारने लगे।

अभी तक रामजी का राव का इलाज वैद्य द्वारा चल रहा था पर उससे कोई फायदा नहीं हो रहा था। इसलिये भीमराव अम्बेडकर एक डॉक्टर को ले आये। डॉक्टर ने भीमराव के पिता की बीमारी चैक की। खाने के लिए दवा दी और इन्जेक्शन लगाया। फिर उसके बाद वह कुछ जरूरी हिदायतें व तसल्ली देकर चला गया।

डॉक्टर का इलाज काफी दिनों तक चलता रहा मगर रामजी राव की हालत में कोई सुधार नहीं आ रहा था। एक दिन बुरा समय सामने आ ही गया। काल ने आ घेरा। रामजी राव मृत्यु को प्राप्त हो गये। भीमराव के सिर पर दुःखों का पहाड़ टूट पड़ा। उन्हें पिता की मृत्यु का बहुत दुःख हुआ। लगभग एक महीने तक वे दुःखी मन से घर में बैठे रहे। आज उनके सिर से पिता का साया भी उठ चुका था और वह अनाथ रह गये थे।

भीमराव अत्यन्त दुःखी थे। नौकरी भी छूट गयी थी और पढ़ाई भी पूरी नहीं हुई थी। पेट पालने के लिये भी कुछ-न-कुछ करना जरूरी था, क्योंकि वह अकेले नहीं थे, उनके साथ उनकी पत्नी की जिम्मेदारी भी उनसे जुड़ी थी आखिर पेट भरने का प्रबन्ध तो करना ही था।

ऐसी स्थिति में उन्हें अपने मित्र कैलुस्कर की याद आयी। वे अपने मित्र कैलुस्कर से जाकर मिले। कैलुस्कर ने भीमराव की परेशानियाँ सुनकर—इस बार भी अच्छा सुझाव रखते हुए बताया—"बड़ौदा नरेश ने एक योजना बनायी है। योग्य छात्रों को बे बुला रहे हैं। पढ़ने के लिए अपने खर्चे से अमेरिका भेजेंगे। वहाँ जाकर छात्र ऊँची शिक्षा प्राप्त करेंगे। बड़ौदा नरेश हर महीने उन छात्रों को छात्रवृत्ति देंगे, जो अमेरिका भेजी जायेगी। तुम भी उनके पास जाओ और अपनी समस्या बताओ। मुझे विश्वास है वे अवश्य ही तुम्हारी सहायता करेंगे। पहले भी तुम जाकर उन्हें आजमा चुके हो।"

यह बात भीमराव की समझ में आ गयी। वे महाराजा गायकवाड़ की कोठी पर गये और कोठी में पहुँचते ही नरेश को प्रणाम किया। महाराज

ने भीमराव को पहचान लिया। वे प्रसन्न होकर बोले–"भीमराव ठीक तो हो? कैसे आये हो?"

"महाराजा दया है आपकी।" उन्होंने कहा।

इसके पश्चात् भीमराव ने अपनी कहानी सुनानी शुरू की–बी.ए.के बाद में फौज में लेफ्टीनेंट हो गया था। पिता को देखने आने की वजह से नौकरी से त्याग पत्र दे दिया। पिताजी की मृत्यु हो गयी। अब बहुत दुःखी व परेशान हूँ। नौकरी नहीं रही। पिताजी नहीं रहे और पढ़ाई भी पूरी न हो सकी। फिर पत्नी की जिम्मेदारी भी अब उन्हीं के ऊपर आ गयी है, पेट भरने का कोई तो साधन हो।

भीमराव ने महाराजा से कहा–"मैंने सुना है आप उच्च शिक्षा के लिए कुछ छात्रों को अमेरिका भेजना चाहते हैं। तो मैं भी उन छात्रों में सम्मिलित होना चाह रहा हूँ। इसलिये सेवा में हाजिर हुआ हूँ। महाराजा की सहायता चाहता हूँ। अगर आप इस समय मेरी मदद कर दें तो मैं आपका यह उपकार कभी नहीं भुला सकता।"

महाराजा गायकवाड़ ने भीमराव की सभी बातें ध्यानपूर्वक सुनी, तो उनके हृदय में भीमराव के लिए दया का सागर उमड़ पड़ा। तब उन्होंने प्यार से कहा–"तुम अपना प्रार्थना-पत्र दे दो। साथ ही फॉर्म भी भर दो। अच्छी शिक्षा पाने के लिये मैं तुम्हें अमेरिका भेजूँगा। तुम अमेरिका में पढ़ोगे और हर महीने तुम्हें छात्रवृत्ति मिलेगी-जो इतनी होगी, जिससे तुम्हारी पढ़ाई सरलतापूर्वक होती रहे।"

किन्तु महाराजा ने भीमराव के समाने पढ़ने के लिए एक शर्त यह रखी कि वहाँ से उत्तीर्ण होने के बाद आकर दस वर्ष तक बड़ौदा राज्य की सेवा करनी होगी। अगर तुम्हें हमारी शर्त मंजूर हो तो बताओ, केवल इसी शर्त पर तुम्हें वहाँ पढ़ने भेजा जा सकता है।

भीमराव ने प्रार्थना-पत्र दे दिया। शिक्षा मन्त्री के सामने शपथ ग्रहण कर प्रतिज्ञा-पत्र पर हस्ताक्षर कर दिये। उन्हें भला इस बात से क्या इन्कार हो सकता था, और वह नरेश की काफी इज्जत करते थे।

प्रतिज्ञा-पत्र इस बात का था कि शिक्षा प्राप्त करके अमेरिका से लौटने के बाद दस वर्ष तक रियासत बड़ौदा की सेना करेंगे।

भीमराव अम्बेडकर घर आये और जल्दी-जल्दी अमेरिका जाने की तैयारी करने लगे। 4 जून, 1913 ई. को जलपोत द्वारा भीमराव बम्बई

(मुम्बई) से अमेरिका के लिए रवाना हो गये। उनके सामने सिर्फ एक ही लक्ष्य था कि अमेरिका जाकर अपनी पढ़ाई पूर करें।

घर में खुशियाँ मनायी गयीं—और यह मंगल कामना की जाने लगी कि भीमराव सफल होकर अमेरिका से लौटें। वे वकालत पढ़कर बैरिस्टर बनकर आकर बम्बई में अपनी वकालत चलायें। इस प्रकार अछूतों और दलितों का उद्धार हो सकता है।

भीमराव की पत्नी रामाबाई को सबसे अधिक खुशी हुई कि उनका पति अमेरिका पढ़ने के लिए गया है वहाँ से कामयाब होकर वापस आयेगा और फिर हमारे घर की निर्धनता दूर हो जायेगा। हम भी दूसरे लोगों की तरह धनवान बन जायेंगे और सम्मान के हकदार भी।

इधर भीमराव अम्बेडकर अमेरिका आ गये।

जुलाई, सन् 1913 में उन्होंने कोलम्बिया विश्वविद्यालय में राजनीति शास्त्र में प्रवेश ले लिया। पढ़ाई शुरू हो गयी। वे मन लगाकर पढ़ने लगे। वे पॉलिटिकल साइंस पढ़ते। मोरिल फिलॉसफी पढ़ते, सोशियोलॉजी और इकोनॉमिक्स भी पढ़ते। रात-दिन बड़ी मेहनत और लगन के साथ उन्होंने स्टडी करना आरम्भ कर दिया।

उन्होंने सोचा था कि रुपये की समस्या का थीसिस लिखेंगे। इस पर डॉक्टरेट लेंगे। इसके बाद कानून पढ़ेंगे और बैरिस्टर बनेंगे।

भीमराव को अमेरिका बहुत पसंद आ गया था। वहाँ छुआछूत का कोई भेदभाव नहीं था। अम्बेडकर को लगा जैसे वे स्वर्ग में आ गये थे। यहाँ सभी को समान दृष्टि से देखा जाता था। न कोई अछूत था न कोई ब्राह्मण। कोई भी इस बात को नहीं जानता था।

भीमराव ने अपने अमेरिका साथियों से पूछा—"यहाँ कोई भारतीय है या नहीं?"

इस पर सहपाठियों ने बताया—"बहुत-से इण्डियन छात्र इस विश्वविद्यालय में पढ़ते हैं।"

भीमराव का परिचय कई भारतीय विद्यार्थियों में कराया गया। वे उनसे मिलकर बहुत खुश हुये। भीमराव ने वहाँ एक कमरा ले रखा था। वे सुबह जल्दी उठकर पढ़ते और रात को भी देर तक पढ़ते। वे दोपहर का खाना सभी के साथ बैठकर मेस में खाया करते। खाना साथ-साथ खाकर उन्हें बड़ी खुशी होती और सोचते, काश हमारे देश में भी छुआछूत का

भेदभाव न होता। सभी लोग एक समान होते, सभी के साथ एक जैसा बर्ताव किया जाता तो कितना अच्छा होता!

जब भीमराव देर रात तक पढ़ते तो यह देखकर उनके साथियों को आश्चर्य होता और वे कह देते कि ज्यादा पढ़ने से दिमाग कमजोर हो जाता है। इसलिये थोड़ा कम पढ़ा करो, थोड़ी-बहुत देर आराम भी किया करो और कुछ समय दोस्तों के साथ गुजारा करो।

इस पर भीमराव हँसकर उत्तर देते–"यदि पढ़ाई में मन नहीं लगाऊँगा तो भारत से अमेरिका आने की सारी मेहनत बेकार चली जायेगी। मेरा आने का मकसद सिर्फ पढ़ाई करना है।"

सभी छात्र भीमराव की तारीफ करते नहीं थकते। वे आपस में कहते कि भीमराव कितना मेहनती लड़का है हमेशा पढ़ता रहता है, पढ़ाई से कभी नहीं ऊबता। एक-न-एक दिन ये बहुत बड़ा आदमी बनेगा, बहुत नाम कमायेगा, सभी लोग उसको सम्मान की दृष्टि से देखेंगे।

विश्वविद्यालय में ही भीमराव अम्बेडकर की भेंट नवल भटेना से हो गयी। नवल भटेना भी भारतीय छात्र था और पढ़ाई में भी बहुत अच्छा था। बातों-ही-बातों में दोनों का परिचय हो गया और बातचीत का सिलसिला आरम्भ हो गया।

नवल भटेना बम्बई (मुम्बई) का रहने वाला था। पढ़ाई में होशियार था, इसलिये प्रोफेसर उससे सदा खुश रहते थे। उसकी प्रशंसा भी करते थे।

नवल भटेना भीमराव से मिलकर खुश हुआ और उसने भीमराव से कहा–"तुम मेरे कमरे में आओ। हम दोनों साथ-साथ पढ़ेंगे औद एक-दूसरे की सहायता भी करेंगे।"

अम्बेडकर ने नवल भटेना से कहा–"अमेरिका में आकर मैंने एक नया पाठ पढ़ा है। यहाँ सब लोग मेल-मिलाप से रहते हैं, आपस में कोई भेदभाव नहीं है, कोई जाति-पाँति का बोलबाला नहीं है।"

इस पर नवल भटेना ने कहा–"अमेरिका उन्नतिशील राष्ट्र है। यहाँ एक ही जाति है, जिसे अमेरिकन कहा जाता है। यहाँ सबको एक तरह से जीने का अधिकार है। कोई आदमी छोटा-बड़ा नहीं है, कोई यहाँ जाति-पाँति को नहीं मानता।"

नवल भटेना के साथ भी वे अध्ययन में लगे रहते। उनके अध्ययन में कोई कमी नहीं आयी। उनका कोई साथी या मित्र उन्हें कभी चलचित्र

देखने जाने के लिए कहता तो वे बहाना बना देते फिर कभी-कभी यह भी कह देते, मैं यहाँ अमेरिका में चलचित्र देखने नहीं आया। मैं यहाँ पढ़ने आया हूँ। जिस उद्देश्य की पूर्ति करने के लिए मैंने अपनी मातृभूमि छोड़ी है उसी लक्ष्य को पूरा करना है। यदि ऐसा न हुआ तो इससे बढ़कर मेरा दुर्भाग्य क्यों होगा? ऐसा सुनकर साथी लोग उनका मुँह ताकते रह जाते। उनकी समझ में नहीं आता था कि अम्बेडकर क्या बनना चाहता है?

आखिर वह दिन भी आ गया। जब भीमराव अम्बेडकर को डॉक्टर ऑफ फिलॉसफी की उपाधि मिल गयी थी। छात्रों ने भीमराव की दावत की वह उपहार भी दिये। सभी लोग उनकी इस उन्नति से बेहद प्रसन्न थे और प्रसन्न हृदय से बधाई दें रहे थे।

अब दोस्तों ने पूछा–"आगे क्या करने का विचार है?" इस पर भीमराव उत्तर देते-"मैं डॉक्टरेट की उपाधि चाहता हूँ।

अब भीमराव का विचार बना कि वे अमेरिका छोड़ देंगे। थीसिस लिखने के लिये वे लन्दन जायेंगे। वहीं रहकर कानून पढ़ेंगे। बैरिस्टर बनकर भारत आयेंगे। फिर उनका भारत में कितना सम्मान होगा, सभी लोग उनकी प्रशंसा करेंगे।

अम्बेडकर हर विषय की नई-नई पुस्तकें बराबर खरीदते रहते थे इसलिये एक लाइब्रेरी से उनकी साख बन गयी थी। उनके दोस्तों ने सलाह दी कि ये पुस्तकें भी अपने साथ ले जायें। वे लन्दन में आकर रहने लगे। रियासत बड़ौदा लिख दिया कि उनकी मासिक छात्रवृत्ति अब लंदन भेजी जाये।

लंदन अमेरिका जैसा नहीं था। वहाँ भारतीयों को इज्जत की निगाहों से नहीं देखा जाता था। हिन्दुस्तानी लोगों के लिये कहा जाता था कि वे लोग तो अंग्रेजों के गुलाम थे। अम्बेडकर इसको अपना और अपने देश का अपमान समझते थे, परन्तु उनको यहाँ पढ़ाई पूरी करनी थी। इसलिये मौन रहते और उनकी बातों को नजरअन्दाज कर देते। कभी-कभी उनकी बात सुनकर आगे चल दिया करते थे।

एक दिन भीमराव अम्बेडकर सड़क पर जा रहे थे, तभी एक सी.आई. डी. इन्स्पेक्टर ने उन्हें रोक लिया और अपने सिपाहियों को आदेश दिया कि–"यह इण्डियन है, इसकी तलाशी लो।" भीमराव की तलाशी ली गयी। जब कुछ भी वस्तु सन्तोषजनक न मिली तो उनको छोड़ दिया गया। भीमराव खामोशी के साथ लौट आये।

एक दिन अचानक भीमराव को एक बड़ौदा रियासत का पत्र मिला जिसमें लिखा था, भीमराव तुम्हें जो छात्रवृत्ति भेजी जाती थी उसका समय अब समाप्त हो गया है इसलिये तुम पढ़ाई बन्द करके फौरन वापस लौट जाओ। रियासत बड़ौदा पत्र में यह भी लिखा था कि–तुमने जो प्रतिज्ञा-पत्र पर हस्ताक्षर किये थे, उनके अनुसार तुम्हें भारत आकर रियासत बड़ौदा की दस साल तक सेवा करनी है। इसलिये तुरन्त अपनी पढ़ाई को छोड़कर यहाँ पहुँच जाओ।

भीमराव ने बहुत सोचा, अन्त में ये नतीजा निकाला कि भारत जाना जरूरी है। पढ़ाई बन्द हो रही थी इस बात का बहुत दुःख था मगर कर्त्तव्य सबसे पहले था। क्योंकि बड़ौदा नरेश की शर्त को वह भूले नहीं थे, उन्हें अच्छी प्रकार अपना एग्रीमेंट याद था।

भीमराव ने भारत जाने की तैयारी कर ली। उन्होंने सोचा, दस साल तक बड़ौदा रियासत की सेवा करेंगे बाद में लंदन जायेंगे, वहाँ जाकर वकालत पढ़ेंगे और रुपये की समस्या पर थीसिस लिखेंगे।

अम्बेडकर ने अपनी सारी किताबें जलपोत के द्वारा बम्बई के लिए भेज दीं। किताबों का बीमा भी करा लिया जिससे वे सुरक्षित पहुँच सकें। फिर उन्होंने वहाँ से अपना बोरिया-बिस्तर बाँध लिया और भारत के लिये रवाना हो गये।

अम्बेडकर जब बम्बई पहुँचे तो उन्हें खुशी नहीं हुई, परन्तु उसकी पत्नी खुश हो गयीं। परिवार के सभी लोग खुश हुए। सभी लोग उनके आने की खुशी मना रहे थे।

अभी अम्बेडकर के घर आये दो दिन ही हुए थे, और वे बड़ौदा जाने की तैयारी कर रहे थे-तभी उन्हें समाचार मिला कि वे जो पुस्तकें उन्होंने जहाज में भेजी थीं वो जहाज डूब गया है। अम्बेडकर को बहुत दुःख हुआ और उनकी पत्नी रोने लगीं। उनके रोने की आवाज सुनकर पड़ोस की औरतें भी आ गयीं। उन्होंने रामाबाई को सहानुभूतिपूर्वक चुप कराया। काफी देर तक बैठी सान्त्वना देती रहीं।

अब भीमराव के पास बड़ौदा जाने के लिए रुपये चाहियें, वेतन एक महीने बाद मिलेगा, तब तक खर्च कैसे चलेगा?"

इतना सुनकर रामाबाई ने अपने गले से सोने का हार उतारकर देते हुए कहा-"इस हार को गिरवी रख दो, तुम्हारा काम चल जायेगा और घर का

भी खर्चा चलता रहेगा। जब इकट्ठे हो जायेंगे तो छुड़ा लेना। यह चीजें इसीलिये होती हैं। ताकि परेशानी में काम आ सकें?"

भीमराव ने हार नहीं लिया। उन्होंने रामाबाई से कहा—"मैं वा मर्द नहीं हूँ जो औरतों का जेवर बेचूँ या गिरवी रखूँ। इस काम से मेरे मान-सम्मान व खुद्दारी को ठेस लगती है। मैं तुम्हारा हार नहीं लेकर जाता।"

"आखिर इसमें हर्ज ही क्या है?"

"हर्ज बहुत बड़ा है।"

"क्या हर्ज है मुझे बताइये?" रामाबाई बेचैनी भरे स्वर में बोली—"आखिर मैं आपकी पत्नी हूँ। परेशानी के समय आपकी सहायता करना मेरा कर्त्तव्य है।"

"मैं अधर्म करूँगा, पाप कमाऊँगा। मुझे भगवान पर भरोसा है मेरी मदद वो ही करेंगे। लेकिन भगवान के लिये यह अपना हार अपने गले में ही रहने दो, मैं इसे नहीं लूँगा।"

अभी वो दोनों बातें कर ही रहे थे कि तभी बाहर से पोस्टमैन ने आवाज दी। भीमराव ने जाकर पूछा तो डाकिये ने बताया मनीऑर्डर आया है। थॉमस बुक कम्पनी ने दो हजार रुपये मनीऑर्डर भेजा है। आप हस्ताक्षर करके यह मनीऑर्डर ले लिजिये।

मनीऑर्डर के साथ एक पत्र भी था जिसमें लिखा था—"तुम्हारी पुस्तकें जिस जहाज में आ रही थीं वह जहाज डूब गया है लेकिन उन पुस्तकों का बीमा था, इसलिए मुआवजा तुम्हें भेजा जा रहे हैं—ये दो हजार रुपये मुआवजे की रकम है"

अम्बेडकर की खुशी का ठिकाना न रहा। भीमराव ने रुपये लाकर पत्नी के हाथ पर रख दिये और कहा, इसमें से पाँच सौ रुपये मैं अपने साथ बड़ौदा ले जाऊँगा। पन्द्रह सौ रुपये में तुम घर का खर्च चलाना।

अम्बेडकर ने आने वाले दिन ही राजा को सूचना भेज दी थी कि वे अमुक तिथि में बड़ौदा आ रहे हैं। इसलिये उन्हें जल्दी-से-जल्दी बड़ौदा के लिये रवाना होना पड़ा।

महाराजा गायकवाड़ भीमराव से प्रसन्न थे। उन्होंने अपने कर्मचारियों को आज्ञा दी कि-"डॉक्टर भीमराव अम्बेडकर बम्बई से बड़ौदा आ रहे हैं उनका स्वागत करने के लिए सब स्टेशन पर पहुँचो और फूल-मालायें

पहनाकर हर्ष ध्वनि करते हुए उन्हें यहाँ लाओ। वे बहुत योग्य आदमी हैं।"

इस पर सभी अधिकारियों और कर्मचारियों ने आपस में सलाह की कि—"हम लोग ऊँची जाति के होकर एक महार का स्वागत करें—ये हमारा अपमान है। हम अछूतों को महत्व नहीं देते। हम सब लोग ऊँची जात के हैं फिर हम उसे लेने क्यों जायें!"

अंत में यह निश्चय किया गया कि भीमराव को स्टेशन पर लेने कोई नहीं जायेगा। हम राजा की यह आज्ञा नहीं मानेंगे, चाहे हमें इसके लिए दण्डित ही क्यों न होना पड़े।

भीमराव स्टेशन पर उतरे और अकेले ही राजमहल की ओर पैदल चल दिये।

उनमें श्रद्धा उमड़ पड़ी थी और वे सोच रहे थे कि महाराज गायकवाड़ के दर्शन करके वे अपने को धन्य समझेंगे। आखिर उन्हीं की दया से वह यहाँ तक पहुँचे हैं।

भीमराव अम्बेडकर जैसे ही महाराजा के पास पहुँचे, उन्होंने दोनों हाथ जोड़कर और सिर झुकाकर महाराजा को प्रणाम किया।

"आयुष्मान हो भीम! कहो अच्छे तो हो? तुम्हारी पढ़ाई कैसी रही? कहीं कोई दिक्कत तो नहीं आयी?"

"सब आपकी दया और आशीर्वाद है।" भीमराव ने सम्मान के साथ नम्र स्वर में कहा।

"कहो अमेरिका कैसा लगा? वहाँ जाकर तुम्हारा दिल लग गया था या अपने देश की याद आ रही थी?"

"वह मेरा देश तो नहीं है पर अच्छा है।"

"और लन्दन?"

"लन्दन हमें अपना गुलाम समझता है इसलिये उसमें और अमेरिका में अन्तर है। अमेरिका में कोई भेदभाव नहीं है, वहाँ की हुकूमत इण्डियन लोगों को सम्मान की दृष्टि से देखती है।"

महाराजा अब आगे बोले और कहने लगे—"तुम अपने रहने का प्रबन्ध किसी जगह कर लो, क्योंकि अब तुम्हें दस साल तक बड़ौदा में ही रहना है। रिसासत की सेवा करनी है। तुम रिसायत की सेवा करोगे और मैं तुम्हारा विशेष ध्यान रखूँगा। अगर तुम्हें किसी चीज की

आवश्यकता हो तो मुझे फौरन बता देना।''

भीमराव को रियासत बड़ौदा में बहुत ऊँचे पद पर नियुक्त किया गया था। वे सैन्य-सचिव के पद पर नियुक्त हुए थे। तब उनका वेतन दो हजार रुपये मासिक था। उस जमाने में इतना वेतन पाकर भीमराव गद्‌गद्‌ हो गये, उनकी खुशी का कोई ठिकाना नहीं था।

इनकी सेवा से पूरी रियात बहुत खुश थी। लोग यही कहते कि जब से यह नया सैन्य-सचिव आया है, तब से हम बहुत सुखी हैं, परन्तु साथ ही उन्हें ये भी कहा जाता था कि भीमराव इन्सान होने से पहले महार है। वह अछूत है—इसलिये हम उनके साथ काम नहीं कर सकते।

भीमराव सैन्य-सचिव की कुर्सी पर जाकर बैठते। उन्हें ऊँचे-से-ऊँचे अधिकार प्राप्त थे, परन्तु जो चपरासी फाइल देने आता तो वह दूर से ही फेंककर चला जाता और अगर चपरासी फाइल लेने आता तो उसे दूर से ही माँगता। एक चपरासी का ऐसा बर्ताव देखकर उन्हें काफी दुःख पहुँचा था।

वे समझते थे कि महार होने के नाते उनका तिरस्कार हो रहा है। दिन यूं ही बीतते चले जा रहे थे और भीमराव इन बातों पर ध्यान नहीं देते थे, क्योंकि तिरस्कार सहने की आदत तो उन्हें बचपन से ही पड़ चुकी थी, इसलिये उन्होंने इस बात को गम्भीरता से नहीं लिया।

एक दिन अम्बेडकर ने एक चपरासी से कहा—''एक गिलास ठण्डा पानी पिलाओ चपरासी! बड़े जोर से प्यास लगी है। प्यास के मारे मेरा गला सूखा जा रहा है।''

''सर पानी?'' उसने पूछा।

''हाँ पानी।''

''मगर यहाँ कोई पानी पिलाने वाला नहीं है।''

''ये क्या कह रहे हो तुम? उन्हें एकाएक गुस्सा आ गया था लेकिन वह अपने गुस्से पर काबू पाये रहे।

''हाँ सर! यहाँ पानी कौन पिलायेगा।'' उसने कहा।

''तो क्या यहाँ पानी पिलाने का कोई प्रबन्ध नहीं है?''

''प्रबन्ध तो है सर!'' चपरासी ने हिचहिचाते हुए बताया। उसकी समझ में नहीं आ रहा था कि अम्बेडकर को कैसे बताये कि वह महार को पानी नहीं पिला सकता।

"मुझे पानी चाहिये।"

"मगर आपको पानी नहीं मिलेगा।"

"क्यों?" अम्बेडकर ने हैरानी से उसकी ओर देखा-"ये क्या कह रहे हो तुम, क्यों पानी नहीं मिलेगा?"

"इसलिये कि आप अछूत हैं और मैं अछूत को पानी नहीं पिला सकता। इस प्रकार मेरा धर्म भ्रष्ट हो सकता है।"

"क्या!" वह आश्चर्यपूर्वक उसका मुँह ताकते रह गये और इस अपमान के घूँट को सहन कर गये।

"हाँ बाबूजी! शूद्रों को पानी पिलाने के लिए हमारे दफ्तर में कोई प्रबन्ध नहीं है।" उसने बताया।

"मैं शूद्र हूँ,"

"क्षमा कीजिये बाबूजी आप शूद्र हैं।"

"तो क्या मैं इन्सान नहीं हूँ? शूद्र इंसान नहीं होते ? उन्हें भी तो भगवान ने अपने हाथों से बनाया है।"

"आप इन्सान हैं, लेकिन छोटी जाति के-और हम लोग आपसे बड़ी जात के हैं सर, इसलिये क्षमा करना मैं आपको पानी नहीं पिला सकता।"

"यह छोटी जाति क्या होती है?"

"जैसे आप महार हैं। ना तो आपको कोई छुयेगा और न आपको कोई पानी पिलायेगा।" चपरासी ने कहा।

"तो क्या मैं इस्तीफा दे दूँ?"

"यह आपकी मर्जी।" चपरासी ने नम्रतापूर्वक कहा और लापरवाही जताते हुए वहाँ से चला गया।

भीमराव अम्बेडकर ने चपरासी की बातें सुनीं तो वे पूरी तरह सन्नाटे में आ गये। उन्हें ऐसा लगने लगा जैसे यहाँ वे किसी जंगल से पकड़कर लाये गये हैं और इन्सान नहीं हैं। उन्हें वहाँ एक-एक पल रहना मुश्किल लग रहा था। उनका दिल चाह रहा था कि फौरन यह स्थान छोड़ दें।

भीमराव को समय-समय पर यही कहा जाता कि तुम महार हो महार। भीमराव मेस में खाना खाने जाते तो कोई उन्हें अपने पास नहीं बैठने देता। सब यही कहते तुम महार हो। हमसे दूर रहो, हमारे साथ बैठने की कोशिश मत करना।

रियासत की प्रजा में हलचल मची थी-लोग एक-दूसरे से कहते–"राजा साहब ने भी अंधेर मचा रही है। एक महार को सेना के ऊँचे पद पर बैठा दिया। क्या यह उनकी समझदारी है? हम लोगों का तो यहाँ नौकरी करना भी दूभर हो रहा है। समझ में नहीं आता क्या करें?"

जब भीमराव को कहीं रहने के लिये जगह नहीं मिल रही थी तो वे एक सराय में रहने के लिये गये और एक कमरा किराये पर ले लिया। वहीं अपना सामान रख लिया।

वहाँ कुछ दिनों तक लोगों को पता नहीं चल सका कि भीमराव महार हैं। जब पता चला कि भीमराव महार हैं तो सभी लोग उन्हें पीटने को तैयार हो गये। उन्होंने उनको बहुत उल्टा-सीधा कहा और काफी अपमान भी किया। भीमराव को यहाँ भी बहुत अपमान सहना पड़ा।

लोगों का कहना था कि–"जब तुम महार हो, तो हमारी सराय में क्यों आये? तुमने हमें अछूत कर डाला। फौरन यहाँ ये चले जाओ वरना हड्डी-पसली तोड़ दी जायेगी। शर्म नहीं आती, हमारा धर्म भ्रष्ट करने यहाँ आ गये हो।"

भीमराव ने सराय खाली कर दी। उन्होंने दुःखी होकर बड़ौदा नरेश को पत्र लिखा–

"प्रतिज्ञा-पत्र के अनुसार मैं दस साल तक रियासत बड़ौदा की सेवा करना चाहता हूँ, मगर मेरे रहने का कोई भी प्रबन्ध नहीं हो रहा है। जहाँ भी जाता हूँ लोग दुत्कार कर भगा देते हैं और कहने लगते हैं कि तुम अछूत हो, तुम महार हो। दफ्तर का यह हाल है कि चपरासी मुझे नहीं छूते। वे दूर से फाइन फेंककर भाग जाते हैं। उनसे पानी पिलाने को कहो तो जवाब देते हैं कि यहाँ कोई भी पानी पिलाने वाला नहीं है, अपना साथी साथ लाया करो। इस तरह मैं यहाँ कैसे रहूँगा और रियासत की सेवा किस तरह करूँगा? आपसे निवेदन है कि मेरी बात को समझने की कोशिश करें और कोई-न-कोई निर्णय अवश्य लें।"

राजा साहब न पत्र पढ़ा तो सन्नाटे में आ गये और भीमराव का मुँह देखने लगे और कुछ देर सोचकर बोले–

"तुम रियासत के दीवान के पास जाओ। वे तुम्हारे रहने की व्यवस्था कर देंगे और चपरासियों को भी समझा देंगे। फिर वो तुम्हारा अपमान नहीं करेंगे और तुम वहाँ आराम से रहोगे।"

भीमराव दीवान के पास गये और अपनी पूरी कहानी सुना दी। तब वे बोले–"तुम्हारी समस्या बहुत जटिल है भीमराव! सबसे बड़ी समस्या तो ये है कि तुम महार हो और ऐसी स्थिति में यहाँ के लोगों को समझाना काफी मुश्किल है।"

"आप मेरी सहायता कीजिये।"

"मैं सबको नाराज करके तुम्हारी सहायता नहीं कर सकता हूँ।"

भीमराव की समझ में कुछ नहीं आया। उन्होंने वहीं पर त्याग पत्र लिखा और रियासत के दीवान को दिया और कहा–"इस त्याग पत्र को ले जाकर बड़ौदा नरेश को दे देना।"

अब अम्बेडकर सोचने लगे कि मुझे बम्बई चलना चाहिये। जैसा परिवार के लोग कहेंगे वैसा करूँगा। यहाँ में और ज्यादा दिन तक नहीं ठहर सकता। कदम-कदम पर लोग मेरा अपमान करते हैं।

भीमराव बम्बई आ गये। उन्होंने रामाबाई को सब हाल बताया। घर में खलबली मच गयी कि भीमराव की नौकरी छूट गयी है। ऐसी हालत में घर का खर्च कैसे चलेगा?

अब भीमराव अकेले थे। उनके चारों ओर घना अन्धकार छाया हुआ था, लेकिन वे तनिक भी विचलित नहीं हुए। अपने भविष्य की योजना बनाने लगे। तभी उन्हें अपने मित्र कैलुस्कर की याद आयी। वह भीमराव का अच्छा मित्र था। भीमराव उसी के पास गये। मुसीबत के दिनों में वह कई बार उनके काम आया था।

कैलुस्कर को जब सारा हाल मालूम हुआ तो उन्होंने भीमराव के कन्धे पर हाथ रख दिया और हिम्मत बंधाते हुए कहा–"दोस्त, निराश होने की कोई जरूरत नहीं है। तुम्हें ठोकर-पर-ठोकर लग रही हैं, इसका मतलब यह है कि तुम्हारे अच्छे दिन आने वाले हैं। मैंने आज अखबार में पढ़ा है।"

"क्या?"

"बम्बई कॉलिज में एक प्रोफेसर की जगह खाली है।"

"अच्छा! ये तो बहुत अच्छी खबर है, अगर ये नौकरी मुझे मिल जाये तो बहुत ही अच्छा रहेगा।"

"वहाँ के लिए प्रार्थना-पत्र दे दो। इसके अलावा एक काम और करना पड़ेगा तुम्हें।"

“वह क्या?”

“प्रार्थना-पत्र देने के साथ ही प्रिंसिपल से भी मिल लो। यह तुम्हारे लिये बहुत अच्छा रहेगा।”

भीमराव अम्बेडकर कैलुस्कर की ओर देखने लगे। उनके चेहरे पर घबराहट के भाव थे।

तभी कैलुस्कर के मुँह से फिर निकल गया—“घबराते क्यों हो? मैं तुम्हारे साथ चलूँगा, मुझे यकीन है वह जगह तुम्हें जरूर मिल जायेगी। पद भी अच्छा है और पद के हिसाब से तुम्हें पैसा भी अच्छा मिलेगा। इस प्रकार तुम्हारी परेशानी भी दूर हो जायेगी।”

दूसरे दिन वो दोनों बम्बई कॉलिज में पहुँचे। भीमराव ने प्रार्थना-पत्र दिया। भाग्य उनका साथ दे रहा था। उसी दिन इंटरव्यू हो गया। वे इंटरव्यू में पास हो गये और उन्हें प्रोफेसर की नौकरी मिल गयी।

कैलुस्कर को बहुत खुशी हुई। कैलुस्कर ने भीमराव को बधाई दी।

डॉक्टर भीमराव अम्बेडकर बम्बई कॉलिज में अर्थशास्त्र और राजनीतिशास्त्र के प्रोफेसर नियुक्त किये गये थे। नौकरी पाने के बाद उन्हें थोड़ी राहत मिल गयी।

दूसरे दिन से वे पढ़ाने लगे। छात्र उनकी पढ़ाई से बहुत खुश हुए। उनके पढ़ाने का ढंग अच्छा है। सभी विद्यार्थी ध्यानपूर्वक उनकी बात सुनते और उनका बड़ा सम्मान भी करते थे।

एक दिन भीमराव ने मिट्टी के घड़े में रखा पानी गिलास भरकर ले लिया और उसे पीने लगे, तभी एक गुजराती प्रोफेसर ने आकर उन्हें रोक दिया।

वह लाल-पीला होकर कहने लगा—“तुम महार हो। तुम्हें मिट्टी का घड़ा नहीं छूना चाहिये था। जब अछूत हो तो माँग लेते।”

अम्बेडकर के पास कोई जवाब नहीं था। वे चुपचाप खड़े थे। इतने में और भी प्रोफेसर वहाँ आ गये। वे सब अम्बेडकर पर बिगड़ने लगे और घड़े को उठाकर फोड़ दिया गया। अम्बेडकर वहीं खड़े अपमान की मार को सहते रहे और उनकी बातें सुनते रहे।

अम्बेडकर से कहा—“आगे से अपने पीने के लिये पानी साथ लेकर आना। घड़ा छूने की जरूरत नहीं है और माँगने पर भी चपरासी पानी नहीं देगा।”

भीमराव ने प्रोफेसरों से माफी माँगते हुय कहा–"आज से मैं घड़ा नहीं छुऊँगा। अपने साथ पानी लाऊँगा।" यह कहकर वे घर आ गये। मगर उन्हें अपने अपमान का बहुत दुःख था।

भीमराव अम्बेडकर की पत्नी रामाबाई गर्भवती थी। उनके प्रसव का समय निकट आ गया था। पीड़ा अधिक होने पर उन्हें अस्पताल ले जाया गया, अस्पताल में उन्होंने शिशु को जन्म दिया। इस तरह भीमराव अम्बेडकर अब पिता बन गये। पुत्र का नाम यशवंतराय रखा गया।

अम्बेडकर अपनी हालत से संतुष्ट नहीं थे। वे सोचने लगे–यह नौकरी छोड़ देंगे। लंदन जायेंगे और वहाँ जाकर पढ़ेंगे। कानून की अधूरी छोड़ी हुई पढ़ाई पूरी करेंगे और अपने सपने को साकार करेंगे, जो उन्हांने बहुत पहले देखा था, अछूतों और दलितों की सहायता का।"

भीमराव के पास केवल पाँच हजार रुपये थे। पाँच हजार का प्रबंध और करना था। ऐसी स्थिति में पाँच हजार का प्रबन्ध करना उनके लिये काफी मुश्किल काम था। वह बड़ी दुविधा में फँसे थे।

भीमराव की समझ में नहीं आ रहा था कि रुपये का प्रबन्ध कैसे करें? किससे जाकर माँगें, ऐसे आड़े समय में कौन उनके काम आ सकता है? उनकी किसी से माँगने की हिम्मत भी नहीं पड़ रही थी।

एक दिन कैलुस्कर ने उन्हें उदास देखकर पूछा तो उन्होंने मन की बात बता दी। तभी अम्बेडकर का साथी नवल भटेना भी वहाँ आ गया। उसने भीमराव की परिस्थिति को समझा और हँसकर बोला–"जो तुम्हारे पास घर में पाँच हजार रुपया है, वह भाभी को दे दो मुझ से दस हजार रुपये ले लो और लंदन चले जाओ और वहाँ जाकर सबसे पहले अपनी पढ़ाई पूरी करो, यहाँ की चिन्ता बिल्कुल मत करना, हम लोग भाभी का ख्याल रखेंगे।"

इस पर भीमराव ने जवाब दिया–"मैं तुम्हारा यह रुपया समय आने पर लौटा दूँगा भटेना। तुमने मेरा बहुत साथ दिया है। मैं तुम्हारा अहसान जिन्दगी भर नहीं भूलूंगा। कभी समय पड़ा तो अपने प्राण देकर भी तुम्हारे इस अहसान को उतारने की कोशिश करूँगा।"

इस तरह लंदन जाने की बात पक्की हो गयी।

दूसरे दिन नवल भटेना आये और उन्होंने भीमराव को खुशखबरी सुनाई कि–"कोल्हापुर के राजा ने तुम्हारे लिये पाँच हजार रुपये का चैक

भेजा है।" यह सुनकर भीमराव अम्बेडकर की प्रशंसा का कोई ठिकाना नहीं रहा, उन्होंने तुरन्त ही अपने जाने की पूरी तैयार कर ली।

सन् 1920 के जुलाई माह में वह लंदन के लिये रवाना हो गये।

सितम्बर, सन् 1920 में वह लंदन 'स्कूल ऑफ इकोनॉमिक्स एण्ड पॉलीटिकल साइन्स' में अपना अधूरा काम पूरा करने में लग गये। 'डी. एस.सी.' की डिग्री प्राप्त करने की इच्छा हुई।

अम्बेडकर सुबह छः बजे लंदन म्यूजियम पहुँच जाते और शाम पाँच बजे तक आते। वह बड़ी मेहनत और लगन के साथ अपनी पढ़ाई पूरी करने में जुट गये, रात-दिन वह स्टडी में लगे रहते।

एक अंग्रेज महिला के सेमी बोर्डिंग हाऊस में वह पेईंग गेस्ट के रूप में थे। वहाँ वे केवल रहने का किराया देते थे, खाना बाहर करते थे-वह भी कन्जूसी से। आना-जाना पैदल होता था। साथ ही वह 'इण्डिया ऑफिसस लाइब्रेरी', 'लंदन यूनिवर्सिटी लाइब्रेरी' और लंदन की अन्य लाइब्रेरियों के चक्कर लगाकर अपनी थीसिस की सामग्री एकत्रित करते थे।

वे रात-दिन पढ़ाई में लगे रहे। यह देखकर बोर्डिंग हाऊस की संचालिका हैरान थीं। पर वह उनकी खूब प्रशंसा करती थी और उन्हें सम्मान की दृष्टि से देखती थीं। पहली बार उन्होंने इतना मेहनती विद्यार्थी देखा था।

"लगता है, एक दिन तुम बड़े आदमी बनकर रहोगे और भारत का नाम रोशन करोगे।" वह अक्सर यही कहा करती थीं। सुनकर अम्बेडकर मुस्करा दिया करते थे।

लंदन में विट्ठल भाई पटेल से उनका परिचय हो गया था। दोनों मिलकर अछूतों की समस्या पर विचार किया करते थे।

अम्बेडकर का कार्यक्षेत्र काफी विस्तार पा गया था। इसलिये अक्टूबर, सन् 1922 में उनका स्वास्थ्य खराब हो गया था। वह बीमार होकर भी अपने काम के प्रति चिन्तित रहते थे। वह जान चुके थे कि सवर्ण जाति के बीच वह अपनी योग्यता और सक्षमता की स्थापना करके ही अपनी जाति के लिए कुछ बेजोड़ काम कर सकते हैं।

उधर भारत में 'तिलक स्वराज्य फण्ड' में अछूतों के उद्धार के लिए काँग्रेस पैसा इकट्ठा कर रही थी। तिलक का स्वर्गवास हो चुका था।

अम्बेडकर के लिए यह एक दुःखभरा समाचार था। वैसे गाँधीजी का प्रभाव भारत में दृढ़ हो रहा था और उनके द्वारा अछूतों के लिए कई कदम भी उठाये गये थे। रोजाना अम्बेडकर को यह सूचनायें मिलती रहती थीं, उन्हें भारत की स्थिति की, हर पल जानकारी रहती थी।

'द एक्ट ऑफ 1979' के द्वारा पहली बार दलित वर्ग के अस्तित्व को पहचाना गया था। चौदह नॉन-ऑफिसियल मेम्बरों में, जिनको गवर्नर जनरल ने केन्द्रीय लेजिस्लेटिव असेम्बली के लिए मनोनीत किया था।

अम्बेडकर लंदन में रहकर भी भारत की गतिविधियों से बराबर सम्पर्क बनाये हुए थे। क्योंकि वह वहाँ पढ़ने जो गये थे तो सिर्फ भारत में सुधार लाने के लिये, वहाँ के छोटे लोगों को सम्मान दिलाने के लिये।

'द प्रोवेन्सियल डिसेन्ट्रलाट्रेशन ऑफ इम्पीरियल फाइनेंस इन ब्रिटिस इण्डिया' पर अम्बेडकर को 'मास्टर ऑफ साइंस' की उपाधि जून, सन् 1921 में मिली थी। अक्टूबर, सन् 1922 में 'द प्रॉब्लम ऑफ द रूपी.' लंदन विश्वविद्यालय में प्रस्तुत थी।

उनका कार्य लगभग पूरा हो चुका था। अतः उन्होंने यूरोप के जगद्विख्यात केन्द्र की ओर ध्यान दौड़ाया। मई, सन् 1922 के मध्य में वह बोन विश्वविद्यालय, जर्मनी में प्रवेश का प्रबन्ध कर लंदन वापस लौट आये। वहाँ आकर उन्होंने अपनी पढ़ाई फिर से आरम्भ कर दी।

लंदन में अब उनके पास कोई काम नहीं था। अतः वह बोन विश्वविद्यालय, जर्मनी में अध्ययन हेतु लौट आये।

जर्मनी में आये उन्हें नौ माह भी नहीं हुए थे कि प्रोफेसर एडविन केनन का लंदन के लिए बुलावा आ गया। उन्हें फिर वापस लंदन लाटना पड़ा।

लंदन पहुँचने पर पता चला कि ब्रिटिश इम्पीरियलिस्टिक एग्जामिनरों ने उन्हें बिना निष्कर्षों के बदले हुए पुनः थीसिस लिखने की सलाह दी।

कुछ दिनों पर्वू उन्होंने छात्र संघ के सामने अपना 'रेस्पोन्सिबिलीटीज ऑफ इरेसपोन्सिबिल गवर्नमेंन्ट इन इण्डिया' लेख पढ़ा था। प्रो॰ हेरल्ड जे॰ लास्की जैसे लंदन स्कूल ऑफ साइंस के विद्वान् ने भी इस लेख को क्रांतिकारी प्रस्तुति बताया था।

परन्तु थीसिस को पुनः लिखने के लिये न तो अब उनके पास समय था और न धन, जो कुछ शेष रह गया था, उससे उन्हें गुजारा करना था। घर पर पहले से ही आर्थिक स्थिति खराब थी। इस कारण वह बम्बई लौट

आये। उन्हें अपनी पत्नी और बच्चे की बहुत चिन्ता सता रही थी, वह सोच रहे थे कि न जाने मेरे पीछे उनकी क्या हालत होगी?

अप्रैल, सन् 1923 में बम्बई लौटने के बाद उनका मन थीसिस में ही उलझा हुआ था। उनके दो मन हो रहे थे कि थीसिस लिखें या न लिखें। फिर उन्होंने थीसिस लिखना आरम्भ कर दिया।

कुछ समय पश्चात् उनकी थीमिस को स्वीकार कर लिया गया और इस शोध कार्य पर उनकी तारीफ भी की गयी।

इस प्रकार अपने कठोर परिश्रम और अध्ययन के बल पर अछूत कुल में जन्म लेने के बावजूद, वो अपमान, तिरस्कार और लांछनाए सहन कर अम्बेडकर ने पी-एच॰डी॰, डी॰एस॰सी॰ और बालं एंट लॉ की उच्चतम डिग्रियाँ प्राप्त कर लीं। उन्होंने अपनी जिन्दगी में जो सपना देखा था वे पूरा हो गया था।

जितना वह पढ़ना चाहते थे, पढ़ चुके थे, उतना पढ़ लिया था। अब उनको अपना लक्ष्य पूरा करना था। उनके सामने उपेक्षित और गरीबी से संघर्ष करते दलितों और अछूतों की समस्या थी। अब भीमराव अपने को उन लोगों की सेवा के योग्य समझ रहे थे और सोच रहे थे कि उन्हें उनका अधिकार कैसे दिलाया जाये?

अब वह दलितों के अधिकारों के लिए संघर्ष करने के लिए तैयार थे। शिक्षा पूरी करने के पश्चात् भीमराव ने अब इस विषय में अपना ध्यान लगाना आरम्भ किया। अब उन्हें अपना सबसे बड़ा मकसद पूरा करना था।

डॉ. अम्बेडकर को प्रभावित करने वाली घटनायें

डॉ. अम्बेडकर को प्रभावित करने वाली निम्नलिखित घटनाएं हैं।

1. एक बार भीमराव अकेले अपने स्कूल जा रहे थे। उनके बड़े भाई भी साथ में नहीं थे। रास्ते में बड़ी तेजी से बरसात होने लगी। भीमराव ने पास के एक मकान की दीवार के साथ खड़े होकर बरसात से बचना चाहा। मकान की मालकिन यह जानती थी कि उसके मकान की दीवार के साथ खड़े होने वला बालक अछूत है। उसने ऐसा धक्का मारा कि अम्बेडकर कीचड़ में जा गिरे और उनके कपड़े खराब हो गये।

2. कोई नाई उनके बाल नहीं काटता था। यह काम उनकी बहन करती थी।
3. एक बार भीमराव को बड़े जोर से प्यास लगी थी। उन्होंने एक कूएँ से पानी निकालकर पी लिया। पास रहने वाले लोगों को जब पता चला कि वह बालक महार है तो उनको बड़ी निर्दयता से पीटा और वे केवल रोते रहें।
4. जब वह छोटे थे, अपेन बड़े भाई के साथ गोरे गाँव अपने पिताजी से मिलने जा रहे थे। वे पड़ाली से मसूर स्टेशन तक पहुँचे। चलते-चलते थक गये। उनके पिता को उनके आने की खबर नहीं थी इसलिए वे स्टेशन पर लेने नहीं आये। उन्होंन स्टेशन मास्टर से किसी सवारी की व्यवस्था करने को कहा। स्टेशन मास्टर ने एक बैलगाड़ी की व्यवस्था की दी, जो गोरे गाँव जा रही थी। स्टेशन मास्टर ने पैसे तय कर के दोनों भाईयों को बैलगाड़ी में बैठा दिया। बातचित के दौरान, बैलगाड़ी के मालिक को जब पता चला कि गाड़ी में बैठे दोनों बालक महार हैं, तो उसने उनको बैठगाड़ी से उतार दिया और दूने पैसे देने पर भी न बिठाया। वह बैलगाड़ी को उतना तेज दौड़ाकर ले गया कि दोनों भाई पीछे रह गये। उसने समझा था कि महार बच्चों के बैठने से उसकी बैलगाड़ी अपवित्र हो गई है। पूरे रास्ते भर उनको कहीं किसी ने पानी नहीं पिलाया। तब डॉ. अम्बेडकर को पता चला कि यह व्यवहार उनके महार होने के कारण ही था।
5. जिस स्कूल में वे पढ़ते थे, वहां का भी माहौल कुछ ऐसा ही था। वहाँ उन्हें बच्चों के साथ बैठने नहीं दिया जाता था। वह अन्य छात्रों के साथ न तो घुल-मिलकर बैठ पाते थे और न खेल पाते थे। वह समझ गये थे कि पढ़ाई में अच्छा होने व साफ सुथरे कपड़े पहनने के बावजूद भी लोग उनसे अछूत होने के कारण घृणा करते थे।
6. अम्बेडकर व उनके भाई साहब संस्कृत पढ़ना चाहते थे किन्तु एक ब्राह्मण अध्यापक ने उन्हे पढ़ने के लिए संस्कृत नहीं दी। अतः उन्हे फारसी पढ़नी पढ़ी।
7. जब वह बम्बई में पढ़ रहे थे, एक होटल में उनको चाय तक नहीं दी गयी।

उपरोक्त सभी घटनाओं ने उनको झकझोर दिया तथा इससे भीमराव इतना प्रभावित हुये कि उन्होंने अछूतों के उत्थान के लिए संघर्ष करने का दृढ़ संकल्प किया। अब वे हर काम को एक चुनौती के रूप में स्वीकार करने लगे तथा उसमें सफल होने के लिए दिन-रात कठिन परिश्रम करने लगे। अम्बेडकर के ऊपर उनके अमेरीकन अध्यापक जॉन देवे (श्रवीद क्मअमल) का भी बहुत गहरा प्रभाव पड़ा था तथा वे उनसे हमेश प्रेरणा लेते थे।

अछूतोद्धार हेतु अम्बेडकर का संघर्ष

महाराजा बड़ौदा एवं अम्बेडकर के बीच हुये समझौते के तहत बड़ौदा स्टेट में उन्हें नौकरी करनी पड़ी तथा उन्हें मिलिट्री-सचिव का पद दिया गया। एक तरह से उन्हें राज्य का वित्त मंत्री बनाया गया था। उनके सम्मान में महाराज बड़ौदा ने अधिकारियों को आदेश दिया कि उनकी अगवानी करके दरबार में ले आया जाय, लेकिन कोई अधिकारी उनकी अगवाई के लिए नहीं गया क्योंकि वे अछूत थे। यही नहीं, उनको किसी भी होटल या हास्टल में ठहरने नहीं दिया गया। एक पारसी होटल में एक अछूत की हैसियत से उन्हें किसी तरह रूकने दिया गया। कार्यालय में भी उनके साथ अछूतों जैसा ही व्यवहार होता था जैसे चपरासी फाइलें उनकी मेज पर फेंक कर चला जाता था तथा पानी तक नहीं पिलाता था। अमेरीका व इंग्लैण्ड में स्वतंत्रतापूर्वक रहने के बाद उन्हें यहाँ इस छूआछूत जैसे असहय वातावरण में रहना बहुत कठिन सा हो गया। उन्होंने इसकी शिकायत महाराज बड़ौदा से लिखित रूप में की लेकिन राज्य का दीवान ने उनकी कोई भी मदद नहीं किया। इस विषम व कष्टकर माहौल से तंग आकर उन्होंने बड़ौदा छोड़ने का निर्णय ले लिया तथा नवम्बर, 1917 में बड़ौदा छोड़कर बम्बई आ गये।

डॉ. अम्बेडकर ने उसी समय "स्माल होल्डिंग्स इन इंडिया एण्ड देयर रिमैडीज" नामक विषय पर एक ब्राउचर प्रकाशित किया। महाराष्ट्र की सभी पद्दलित जातियों ने दो सभायें बम्बई में नवम्बर माह में ही आयोजित की थीं। एक सभा में प्रस्ताव पास किया कि सरकार पद्दलितों को उनकी जनसंख्या के आधार पर विधान सभाओं और संसद में अपना प्रतिनिधि स्वयं चुनकर भेजने का अधिकार दे। दूसरे प्रस्ताव में कांग्रेस

लीग योजना का समर्थन किया गया। यह भी कहा गया कि पद्दलितों पर रीति-रिवाज व धर्म के नाम पर जो आयोग्यतायें थोपी गई हैं, उसे उठाई जाये। दूसरे सभा में प्रस्ताव पास करके सरकार से अपील की गयी कि सवर्ण हिन्दूओं को राजनैतिक सत्ता हस्तांतरित न किया जाये तथा पद्दलितों को अपना प्रतिनिधि चुनने का स्वयं अधिकार दिया जाये।

अखिल भारतीय पद्दलित सभा की प्रथम सभा 23 व 24 मार्च 1918 को बड़ौदा के महाराज सयाजीराव गायकवाड़ की अध्यक्षता में सम्पन्न हुई। इसमें दलितों के सभी बड़े-बड़े नेता शरीक हुये तथा छूआछूत को समाप्त करने के लिए लम्बा-चौड़ा भाषण भी दिये। लोकमान्य तिलक ने तो यहाँ तक कह डाला कि "वह भगवान को स्वीकार नहीं करेंगे यदि छूआछूत कायम रही।" लेकिन डॉ. भीमराव अम्बेडकर को सवर्णो द्वारा शुरू किये इस अभियान पर सन्देह था। उनका मानना था कि सर्वण कभी भी पूर्णतया दलितों के शुभ चिन्तक व उद्धारक नहीं बन सकते।

कुछ सयम तक उन्होंने दो-तीन बच्चों को घर पर पढ़ाने का काम शुरू कर दिया तथा स्टाक व शेयर में कन्सल्टेंट का काम भी प्रारम्भ किया परन्तु अछूत होने के कारण सवर्ण ग्राहक इनके पास नहीं जाते थे इसलिए यह काम उन्हें छोड़ना पड़ा। उन्होंने नवम्बर, 1918 में सैयदन्हम कॉलेज में पॉलिटीकल इकॉनामी प्रोफेसर के पद पर नौकरी कर ली। वह इतना बढ़िया पढ़ाते थे कि दूसरे कॉलेजों को छात्र-छोड़कर यहाँ आने लगे। यह सब होने के बाबजूद भी उन्हें यहाँ भी सवर्ण प्रोफेसरों व छात्रों के छुआछूत का शिकारहोना पड़ा। सवर्ण हिन्दू प्रोफेसर अपने लिए रखे गये घड़े से पानी नहीं पीने देते थे। 11 नवम्बर, 1918 से 11 मार्च, 1920 तक इस कॉलेज में उन्होंने कार्य किया। इसके बाद कोल्हापुर के महाराज साहू जी के आर्थिक सहयोग से वे आगे की पढ़ाई करने के लिए लन्दन चले गये।

डॉ. अम्बेडकर ने एक समाचार पत्र "मूक नायक" निकालना प्रारम्भ किया जिसमें सिर्फ पद्दलितों के बारे में ही खबरें छपती थीं। उन्होंने पहले अंक के सम्पादकीय में लिखा कि "तत्कालीन समाचार-पत्र कुछ विशेष जातियों की ही खबरे देता हैं तथा उन्होंने यहाँ तक कह डाला कि बिना राजनैतिक सत्ता व ज्ञान प्राप्त किये गैर ब्राह्मण व दलित कभी उन्नति व विकास नहीं कर सकते।"

21 मार्च, 1920 को कोल्हापुर में वहाँ के महाराज की अध्यक्षता में सभा हुई जिसमें महाराज साहू जी ने अध्यक्षीय भाषण में कहाकि "अम्बेडकर में राष्ट्रीय नेता बनने की प्रतिभा, योग्यता एवं क्षमता है।" इस सभा की सबसे बड़ी विशेषता यह थी कि इसमें "अन्तर्जातीय भोज" भी किया गया।

नारायण चन्दावरकर के सहयोग से संचालित संस्था "डिप्रैस्ड क्लासेज मिशन" एवं शिन्दे की अम्बेडकर ने मई, 1920 की नागपुर की सभा में खुलकर विरोध एवं आलोचना किया। वे शिन्दे की दृढ़तापूर्वक आलोचना करते रहे तथा उनके विरूद्ध प्रस्ताव भी पास करवाया। उन्होंने जोर देते हुय कहा कि "उन व्यक्तियों तथा संस्थाओं को अछूतों की बात कहने का कोई हक नहीं है, जो अछूत नहीं है।" इस प्रकार डॉ. अम्बेडकर ने नागपुर की सभा में भविष्य के कार्यक्रम की रूपरेखा एवं आधार शिला रक्ख। उन्होंने अपने पत्र में खुलकर लिखा कि यदि अछूत ब्राह्मणों के अधिकारों को चुनौती देते हैं तो वह उनका जन्तसिद्ध अधिकार है जो सर्वथा उचित है। उन्होंने आगे कहा कि यदि भारत में स्वराज्य आता है तो "भारत के संविधान में अछूतों के मौलिक अधिकार अवश्य शामिल किया जाना चाहिए।"

ब्राह्मणों एवं सवर्ण समाज से उनको घृणा एवं द्वेष अत्यधिक था। एक बार सैयन्दहम कालेज में आयोजित सभा में भाषण देने हेतु उनको निमंत्रण मिला लेकिन उन्होंने इसे स्वीकार नहीं किया। डा.उस.वी. कटेकर, मराठी का शब्द कोष लिख रहे थे, सहायता हेतु उन्होंने अम्बेडकर से आग्रह किया लेकिन इन्होंने इसके लिए मना कर दिया क्योंकि कटेकर सवर्ण जाति के थे। इस प्रकार अम्बेडकर के अन्दर सवर्णो के प्रति द्वेष की ज्वाला धधक रही थी क्योंकि उनके अत्याचार से वे ग्रस्त हो चुके थे।

डॉ. अम्बेडकर हमेशा दलितों के उत्थान के बारे में सोचा करते थे। वह अछूत, मजदूर व आम आदमी के बारे में सोचते थे कि कैसे इनको न्याय मिलेगा तथा इनका जीवन किस प्रकार से सुखमय हो सकता है, कैसे इनको भरपेट भोजन मिल पायेगा। यहीं कारण था कि वे भूखे रहकर भी ईमानदारी से उनके उत्थान हेतु दिन-रात परिश्रम करते रहते थे जोकि बहुत ही अनोखी बात थी।

डॉ. अम्बेडकर की आजीविका एवं क्रान्तिकारी कदम,

लन्दन में डी.एस.सी. की उपाधि प्राप्त करने के बाद अम्बेडकर भारत लौट आये तथा अपने गृहस्थ जीवन की शुरूआत किये। उनके घर की आर्थिक स्थिति अच्छी नहीं थी फिर भी वे नौकरी करना नहीं चाहते थे क्योंकि नौकरी करने पर वे बंधनों में बंध जाते तथा अपनी जाति का यानि अछूतों का उद्धार न कर पाते, उनकी सेवा न कर पाते। अतः उन्होंने नौकरी न करके बैरिस्टरी करने का फैसला किया।

परन्तु बैरिस्टरी करने के लिए सनद की जरूरत थी तथा उसे लेने के लिए भी पैसे की आवश्यकता थी। उस समय आर्थिक स्थिति इतनी खराब थी कि उनके पास सनद लेने के लिए भी पैसे नहीं थे। पैसे के अभाव में उन्होंन एक मित्र से कर्ज लेकर सनद प्राप्त की। इस प्रकार सनद लेकन वे जून, 1923 में बैरिस्ट्री करना प्रारम्भ किये।

अम्बेडकर जी की वकालत अच्छी नहीं चलती थी क्योंकि पहला यह कि वे अछूत थे दूसरा, अंग्रेज जजों को अंगरेज वकील ही ज्यादा प्रभावित कर सकेंगे, यह आम धारणा लोगों की थी। फिर भी वे अपने कार्य में लगे रहे। परिणाम स्वरूप अम्बेडकर के पास बहुत कम मुकदमें आते थे। जब मुकदमें ही नहीं रहेंगे तो आमदनी कहाँ से होगी। उनकी मासिक आय बहुत थोड़ी थी जिससे घर का खर्चा बड़ी ही कठिनाई से चल पाता था।

बैरिस्टरी से आय बहुत कम होने के बावजूद भी वे इसे नहीं छोड़ना चाहते थे क्योंकि बैरिस्ट्री के साथ-साथ उन्हें अछूतों के उत्थान हेतु कार्य करने का समय मिल जाता था। वे अपना समय अछूतों को उनके मानवाधिकार दिलाने में लगाना चाहते थे।

अम्बेडकर बहुत थोड़े पैसे से अपना और अपने परिवार का जीवन (गृहस्थ जीवन) व्यतीत कर रहे थे। एक छोटे से कमरे में अपना ऑफिस बनाया जिसमें मात्र एक साधारण मेज, एक कुर्सी व एक तिपाई थी। उनसे कोई भी आदमी किसी भी समय बिना किसी रोक-टोक के मिल सकता था। वे साधारण कपड़े पहनते थे। उनके अन्दर कोई दिखावा पन नहीं था। उनका खाना-पीना भी बहुत साधारण रहता था। पूर परिवार का रहन-सहन व खाना-पीना बहुत ही साधारण था क्योंकि आय उस समय अच्छी नहीं थी। उनका अधिकांश समय अछूतों के कल्याण में ही

बीतता था फिर भी कभी-कभी समय निकालकर अपने परिवार के साथ बैठते एवं दुख-सुख की बातें करते थे।

इस समय पूरे देश में गाँधी जी की आँधी चल रही थी। असहयोग आन्दोलन के बाद गाँधी जी भी अब गाँवों की स्थिति में सुधार हेतु रचनात्मक कार्य एवं अछूतोद्धार में लग चुके थे।

देश के कई अन्य नेता भी अपने-अपने क्षेत्रों में काम करते थे। अछूत साधुओं ने सबसे अच्छा काम किया। वे लोग गांव-गांव जाकर, घर-घर जाकर अछूतों को अपना रहन-सहन एवं खान-पान बदलने हेतु शिक्षा देते थे। शिक्षा का प्रचार एंव प्रसार करते थे। ये लोग अधिकतर नाथ पंथ के थे। इस कार्य में कई साधु संत कवि थे जिसमें से मुख्य थे स्वामी हरीनाथ गांगनी, आगरा; स्वामी शंकरानन्द, भेंकुटी, अलीगढ़ स्वामी रामनाथ विक्रमपुर, मैनपुरी, स्वामी ज्ञानदास, फीरोजाबाद, स्वामी रतनानन्द, स्वामी अयोध्यानन्द दण्डी आदि।

सवर्णो के अछूतोद्धार में उनके कार्यक्रम निम्नलिखित है—जैसे विधवा विवाह, बाल विवाह, नारी शिक्षा, पिता की सम्पत्ति में लड़कियों का अधिकार, व स्वच्छता आदि। इन सबका प्रयोजन सवर्णो को अपने सुधार के लिए था लेकिन अछूतों के प्रति सवर्णों के बर्ताव में कोई तब्दीली नहीं आई। अछूतोद्धार की आवाज तो चारों ओर गुंज रही थी परन्तु उसमें मार्मिक पीड़ा नहीं थी। अतः अम्बेडकर ने अछूतोद्धार के लिए नया रास्ता निकालने का प्रयास करने लगे।

बम्बई की प्रान्तीय धारा सभा में 1924 ई. में अछूतों के बारे में एक कानून पास किया गया। इसके अनुसार अछूत कुंओं और तालाबों से पानी ले सकते थे। धर्मशाला में ठहर सकते थे। सरकारी स्कूलों में अपने बच्चों को बिना किसी रोक-टोक के पढ़ा सकते थे।

इन सब के बाबजूद भी अछूतों के प्रति सवर्णों के व्यवहार में कोई खास परिवर्तन नहीं हुआ। अतः उन्होंने महसूस किया कि अछूतों के कल्याण के लिए कानून बनाना तथा न बनाना बराबर ही है क्योंकि सवर्ण उस पर अमल करेंगे ही नहीं। उनकी यह धारणा आज तक सही सिद्ध हो रही है।

डॉ. अम्बेडकर खुद इसके भुक्त भोगी थे। उन्हें पग-पग पर अपमान का घूंट पीना पड़ा था। उनका मानना था कि अछूत समाज सवर्णों की

दया पर आश्रित न हो। इसके लिए अछूतों को स्वयं अपने सामाजिक न्याय के लिए लड़ना होगा। उनके अन्दर न्याय पाने की क्षमता और दृढ़ता होनी चाहिए। उनमें समानता, स्वतंत्रता और स्वाभिमान से जीवन व्यतीत करने की प्रबल इच्छा जागृत करनी होगी। अतः अम्बेडकर का सिद्धान्त था—''स्वयं सेवा ही उत्तम सेवा है'' उनको भीख माँगना बिल्कुल पसन्द नहीं था तथा गिड़गिड़ाना भी उनके लिए घृणा का विषय था। वे अछूतों के स्वाभिमान को जगाना चाहते थे तथा सवर्णो के विरूद्ध लड़ाई का बिगुल फूँकना चाहते थे। इसलिए वे कहते थे कि बिना मस्तिष्क, हृदय और हाथ; से काम किये अछूतों का उद्धार नहीं हो सकता है।

समाज उद्धार पर अडिग पग

मन्दिर-प्रवेश वाली समस्या अभी तक उलझी हुई थी। गाँधी जी अभी इस पक्ष में नहीं थे कि अछूत मन्दिर में प्रवेश करें। वे इस पक्ष में भी नहीं थे कि एक साथ भोजन किया जाये। गाँधी जी का कहना था कि—''यदि पुराने मन्दिर में अछूतों को प्रवेश करने से मना करते हैं; तो तुम उनके लिए मन्दिर बनवा सकते हो। वह वहाँ अपनी पूजा-अर्चना कर सकते हैं, वह मन्दिर अछूतों का ही होगा।''

अछूत तभी तक मन्दिर में प्रवेश नहीं कर पा रहे थे। उनकी दृष्टि में मन्दिर में प्रवेश के लिये आन्दोलन चलाना अच्छा है, परन्तु उससे भी जरूरी अन्य समस्याओं पर ध्यान ले जाना है। उन्होंने उनका ध्यान इस ओर दिलाते हुए कहा था कि तुम लोगों में आध्यात्मिक भोजन की अपेक्षा अच्छी वस्तुओं की ओर ध्यान देना चाहिये। फलतः पहले तुम्हें अपनी शक्ति को बढ़ाना होगा। पहले जीवन की उन प्राथमिक समस्याओं से तो विमुक्त हो जाना चाहिये जिसके बिना जीवन का कोई उद्देश्य नहीं है। पूना से वापस आने पर डॉक्टर अम्बेडकर ने बम्बई लैजिस्लेटिव काउन्सिल डिबेट्स में भाग लिया। उन्होंने विलेज पंचायत बिल' में संशोधन करवाना चाहा। उनका कहना था कि पंचायत के अन्तर्गत एक मुस्लिम और एक अछूत को जिलाधीश नियुक्त करें। ऐसा तभी हो, जबकि वे विलेज बेंच नहीं हो। मताधिकर का सभी प्रयोग करें। सभी को मत डालने का पूरा अधिकार है। फिर अछूत वर्ग ही इस अधिकार से वंचित क्यों रहे?

धीरे-धीरे मन्दिर-प्रवेश पर पुनः विचार किया जाने लगा था। डॉक्टार अम्बेडकर की दृष्टि में मन्दिर-प्रवेश उनका अन्तिम उद्देश्य नहीं था, बल्कि सामाजिक व धार्मिक स्तर की समानता के लिये यह प्रश्न अवहेलना करने वाला नहीं था।

रत्नागिरि में डॉक्टर अम्बेडकर को नये मन्दिर के उद्घाटन के लिये सेठ कीर ने आमन्त्रित किया था। यह मन्दिर सेठ कीर ही बनवा रहे थे। डॉक्टर अम्बेडकर पूर्व-निर्धारित कार्यक्रम की व्यस्तता को ध्यान में रखते हुए उस आमन्त्रण को स्वीकार नहीं कर सके।

डॉक्टर भीमराव अम्बेडकर ने गाँधी के सामने यह प्रश्न रखा था—"यदि अब मैं मन्दिर-प्रवेश को स्वीकार कर लूँ तो गाँधी जी किस तरफ होंगे? यदि वह विरोधी शिविर में होंगे, तो मैं अब उनके शिविर में अब कतई नहीं हो सकता। वरना उन्हें हमारे शिविर में रहना होगा।"

गाँधीजी ने इस सम्बन्ध में एक वक्तव्य देते हुए लिखा था—"मैं एक हिन्दू हूँ, केवल इसलिये नहीं कि मैंने हिन्दू व्यवस्था में जन्म पाया है, अपितु मैं अपने विश्वास और चुनाव की भावना नहीं है। जब डॉक्टर अम्बेडकर स्वयं वर्णाश्रम का विरोध करते हैं, तब मैं उनके शिविर में नही रह सकता, क्योंकि मेरे विश्वास के अनुसार वर्णाश्रम हिन्दू धर्म का एक अभिन्न अंग है। मैं इस व्यवस्था को नहीं मानता, मेरी नजर में हिन्दू धर्म में कोई भेदभाव नहीं होना चाहिये।"

डॉ. भीमराव अम्बेडकर ने कहा—"वह महात्मा, जिससे वह अपना निर्देशन ग्रहण करते हैं, चिन्तन में आस्था नहीं रखता फलतः वह ऐसा मार्ग निर्देशन नहीं कर सकता, जिस अनुभव के आधार पर खरा उतरा जा सके। अपने प्रतिष्ठित विचारों के प्रति सम्मान सहित रूढ़िवादी के सम्मान, वह इस बात से भयभीत है कि यदि कहीं उसने एक बार चिन्तन शुरू कर दिया, तो बहुत-सी संस्थाएँ और आदर्श, जिनसे उनका लगाव है, धूमिल तथा धराशायी हो जायेंगे।"

डॉक्टर भीमराव अम्बेडकर अपने समय के सबसे अधिक विवादास्पद व्यक्ति रहे थे। उन्होंने दलित वर्ग के प्रश्न को भारतीय सवर्ण समाज व सरकार दोनों के लिये अपरिहार्य सिद्ध कर दिया था। यहाँ तक कि भारत की आजादी का प्रश्न भी उससे सम्बन्धित हो गया था। आजादी सारे

हिन्दुस्तान के लिये ही चाहिये थी, लेकिन दलित वर्ग तो सदियों से गुलाम था और वह गुलामों से भी बुरी जिन्दगी जी रहा था। यदि देश आजाद हो गया, तो आजादी सवर्ण समाज के ही हाथ लगेगी। इस प्रकार से वह केवल सत्ता का हस्तान्तरण होगा। दलित फिर भी शोषित व उपेक्षित रहेगा। वह देश के स्वतन्त्र होने पर भी परतन्त्र ही रहेगा। उन्हें स्वतन्त्रता मिलने के बाद भी घृणा की दृष्टि से देखा जायेगा और अपने अधिकारों से वंचित रखा जायेगा।

डॉ. अम्बेडकर की धर्मपत्नी रमाबाई का निधन

अम्बेडकर घर आये तो पता चला कि रामाबाई की तबियत बहुत ज्यादा खराब हो रही थी। वे चिन्ता में पड़ गये। दुःखी होते हुए रामाबाई के पास आकर अपने पुत्र यशवंत से पूछने लगे–"तुम्हारी माँ का क्या हाल है, किसी डॉक्टर को दिखाया या नहीं? अब उनकी तबियत पहले से बेहतर हुई या वैसी ही?"

यशवंत राव ने रोते हुए बताया–"कई डॉक्टरों को दिखाया जा चुका है मगर सभी डॉक्टरों ने जवाब दे दिया है। कहते हैं मरीज की हालत अच्छी नहीं है। उसके लिये ईश्वर से प्रार्थना करनी चाहिये। हम कुछ नहीं कर सकते, जो कुछ करेगा भवागन ही करेगा।" यह कहर यशवंत रोने लगा।

अम्बेडकर ने पूछा–"तबियत कितने दिन से खराब है?"

"लगभग एक सप्ताह से। बराबर दवा चल रही है, मगर माँ की तबियत में कोई फर्क नहीं आया।"

"ये क्या कह रहे हो तुम?" वह घबरा गये।

"हाँ पिताजी, आपको बहुत याद कर रही थीं। अब आप आ गये हैं तो इनके पास बैठिये। कई दिन से आपकी रट लगा रखी है, मैं तसल्ली देते-देते थक चुका हूँ।"

भीमराव को बालक की बात पर हँसी आ गयी और पुत्र से बोले–"अरे पागल, तुम्हारी माँ के पास बैठकर क्या मैं उसको बचा लूँगा। तू इसको डॉक्टर को दिखा चुका है, अब मुझे भी दौड़-धूप करने दे। बैठने से काम नहीं चलेगा। मैं जाकर अभी डॉक्टर को लाता हूँ। तुम्हारी माँ जरूर अच्छी हो जायेगी।"

इतना कहते हुए जैसे ही अम्बेडकर जाने को हुए—रामाबाई ने उन्हें रोक लिया। वह दुःखी स्वर में बोलीं—"अब डॉक्टर को लाने की कोई जरूरत नहीं है। मैं ज्यादा ही कमजोर हो गयी हूँ, अब मुझे किसी भी तरह नहीं बचाया जा सकता। आये हो तो मेरे पास बैठ जाओ। न जाने मैं कब से तुम्हारी राह देख रही हूँ।"

लेकिन अम्बेडकर बैठे नहीं। वे रमाबाई से कहने लगे—"मुझे जाने दो यशवंत की माँ! मैं अभी जाकर डॉक्टर को लाता हूँ। तुम जरूर अच्छी हो जाओगी। घबराने की जरूरत नहीं है।"

"नहीं!" वह कराहकर बोलीं—"अब डॉक्टर भी कुछ नहीं कर सकता, मेरा अन्तिम समय निकट है।" कहते ही रामाबाई ने अपने पति का दामन पकड़ लिया और निराश भरे स्वर में बोलीं—"जब डॉक्टर जवाब दे गये हैं, तो तुम मुझे कैसे अच्छा कर लोगे, अब मुझे कोई अच्छा नहीं कर सकता। डॉक्टर को लाने की कोई जरूरत नहीं है और मेरी एक बात ध्यान से सुनो।"

"क्या?"

यह कहकर भीमराव बैठ गये। वे रामाबाई के रुग्ण चेहरे की ओर देखने लगे। उनकी हालत देखकर वह भी बहुत दुःखी थे। उनकी पीड़ा उनसे देखी नहीं जा रही थी।

रामाबाई ने धीरे से कहा—"मेरे यशवंत को कलेजे से लगाकर रखना। यह मेरा इकलौता बेटा है—आँखों का तारा है। मेरे मरने के बाद इसका ख्याल तुम्हें ही रखना होगा।"

"यशवंत राव के लिए तुम निश्चिन्त रहो रामाबाई! उसे मैं पलकों की छाया में रखूँगा। वह मेरा भी तो इकलौता पुत्र है, आखिर मैं भी तो उसका पिता हूँ, फिर ख्याल क्यों न रखूँगा।"

"और सुनो।" उन्होंने कराहकर कहा।

"क्या?"

"तुमने अछूतों का उद्धार करने का जो संकल्प लिया है, उसे पूरा करके रहना। इससे मेरी आत्मा को शान्ति मिलेगी, इसलिये कहती हूँ कभी अपने कार्य से पीछे मत हटना, यह काम तुम हर हालत में करना।"

"प्रिये, वह संकल्प लगभग पूरा हो चुका है। अभी आज ही महात्मा गाँधी से मेरा समझौता हुआ है। तुम अच्छी हो जाओगी। रमाबाई! मेरा

अंतःकरण कह रहा है। मैं तुम्हें कुछ नहीं होने दूँगा, मैं अभी डॉक्टर को बुलाकर लाता हूँ।"

"देखो, समय बहुत कम है। मेरी आशा मत करो। मेरे जीवन के दिन पूरे हो गये हैं। मैं बहुत शिथिल हो गयी हूँ। अब मेरा बचना सम्भव नहीं है इसलिये कोशिश करना बेकार है।"

"निराश होने की जरूरत नहीं है रामाबाई! मैं तुम्हें मरने नहीं दूँगा। तुम देखोगी अछूत नल से पानी लेंगे। तुम्हारे सामने वे कुएँ पर जायेंगे और पानी भरेंगे। इसी तरह तालाबों पर जाने से उन्हें कोई नहीं रोकेगा।" कहते हुए अम्बेडकर की आँखें भर आयीं, वह रोते हुए उन्हें तसल्ली दे रहे थे।

"अच्छा हो कि यह सब हो, मगर मैं थोड़ी देर की मेहमान हूँ। मुझे सुनकर खुशी हुई कि तुम्हें सफलता मिली है और तुम अछूतों के लिये यह सब कर रहे हो।"

"रामाबाई तुमने मेरे लिये इतना बड़ा त्याग किया है। मुझे ऊँची शिक्षा दिलाने में तुम्हारा सबसे बड़ा सहयोग है। तुमने प्रेरणा दी। तुमने हिम्मत बंधाई, तभी मैंने तकलीफ उठाकर ऊँची शिक्षा पायी है, अब अच्छा समय आ रहा है तो तुम मुझे छोड़कर जा रही हो। क्या तुम्हें दलितों का उद्धार होते हुए अपनी आँखों से नहीं देखना है?"

भीमराव अम्बेडकर ने रामाबाई को दवाई दी, परन्तु उनकी कमजोरी बढ़ती जा रही थी। चेहरे की रंगत जर्द पड़ गयी थी, आँखें अंदर को धंसती चली जा रही थीं। सूखकर काँटा बन गयी थी।

भीमराव ने अपने घुटने पर अपनी पत्नी का सिर रख लिया। बहुत दुःखी हो गये थे, इसलिये आर्त स्वर में कहने लगे–"प्रिये, मैंने दलित वर्ग के लिये जो कुछ चाहा था, वह सब कर लिया। अब उन्हें योग्यता के अनुसार हर सरकारी नौकरी में जगह दी जायेगी। उनके आरक्षण का भी पूरा-पूरा प्रबन्ध हो गया। तुम इतनी ज्यादा बीमार हो जाओगी मैंने सोचा भी न था। इस वक्त मुझे तुम्हारी जरूरत है और तुम मेरा साथ छोड़कर जा रही हो।"

यह सुनकर रामाबाई बोलीं–"जो आदमी नहीं सोचता, वही होता है। मेरा सपना था कि मैं दलितों का उद्धार अपनी आँखों से देखूँ, लेकिन शायद भगवान को यही मंजूर है कि मैं यह सब न देखूँ।"

इसके बाद वह कुछ नहीं बोल पायी। उनके मुँह में पानी डाला तो एक हिचकी आयी और उनकी गर्दन दाहिनी ओर को झूल गयी।

यशवन्त राव खड़ा था। उसने यह देखा तो माँ के ऊपर धम से गिर पड़ा। अम्बेडकर भी रामाबाई के मृत शरीर से लिपट गये और करुण विलाप करने लगे। घर में गम का मातम छा गया। पड़ौस में भी खामोशी छा गयी। भीमराव की पत्नी का देहान्त हो गया। पड़ौसी भी दुःखी हो गये थे। घर में शोक का वातावरण कई दिन तक छाया रहा। अम्बेडकर भी पत्नी की कमी को महसूस कर रहे थे।

रमाबाई की अंत्येष्टि के बाद अम्बेडकर जैसे पागल-से हो गये थे। अब उनकी समझ में कुछ नहीं आता। वे जरूरत से ज्यादा परेशान हो गये। उनकी बुद्धि ने काम करना बंद कर दिया। उन्हें जीवन से वैराग्य हो गया था। उनकी जिन्दगी बिल्कुल नीरस हो गयी थी। अब घर में आने के बाद उन्हें चारों ओर सन्नाटा-ही-सन्नाटा नजर आता था।

अब अम्बेडकर ने बाल मुंडवा लिये। उन्होंने भगवा वस्त्र धारण कर लिया, इसलिये अम्बेडकर को 'बाबा साहब' कहा जाने लगा। कई महीने उदासी में गुजर गये। फिर उनका ध्यान अछूतों की ओर गया और वे उनके अधिकारों के विषय में सोचने लगे। लेकिन पत्नी के मरने के बाद उनमें वह हिम्मत और शक्ति न रह गयी थी, जो पहले थी।

इन दुःख के दिनों में कितने ही निमन्त्रण सभा के आये मगर वे कहीं नहीं गये। उन पर जैसे किसी बात का कोई असर ही नहीं होता। वे न जाने किन विचारों में खोये रहते।

सच बात तो यह थी कि रामाबाई की मृत्यु ने उनमें बहुत बड़ा परिवर्तन कर दिया था। अब उनमें पहले जैसी स्फूर्ति व उत्साह नहीं रह गया था। उनकी जिन्दगी नीरस व भावहीन-सी प्रतीत होने लगी थी।

अम्बेडकर ने कहीं आना-जाना छोड़ दिया। जहाँ बहुत ही जरूरी होता वहीं जाते। वरना सारा दिन वह घर ही में पड़े रहते, पत्नी के वियोग ने उन्हें अन्दर तक से झकझोर कर रख दिया था।

इसी तरह दिन कटते रहे परन्तु लोग सोचने लगे, अगर यही परिस्थिति रही तो जल्दी ही वह दिन आ जायेगा, जब बाबा साहब राजनीति से संन्यास ले लेंगे। उनकी हालत देखकर लोगों को बड़ी चिन्ता होने लगी और भविष्य के विषय में चिंतित रहने लगे।

कुछ समय बाद चर्चा गर्म हुई कि अम्बेडकर राजनीति से सन्यास ले रहे हैं। पत्नी गुजर चुकी थीं। कॉलिज में प्रिंसिपल का पद संभाल रहे थे। सुना जा रहा था कि उनको हाई कोर्ट का जज बनाया जा रहा है। उस समय अम्बेडकर के धर्म परिवर्तन की चर्चा फैल गयी। उस समाचार पर आश्चर्य हो रहा था। वह बदायूँ में एक मुस्लिम कांफ्रेंस में सम्मिलित थे। सभी लोग यह खबर सुनकर आश्चर्यचकित हो रहे थे।

उधर क्रिश्चियन प्रतीक्षा में थे, अम्बेडकर क्रिश्चियन हो गये तो करोड़ों क्रिश्चियन बन जायेंगे। सभी धर्म समुदाय उन्हें अपनी-अपनी ओर आने का निमन्त्रण दे रहे थे।

उधर बौद्ध धर्म स्वीकार करने की चर्चा भी थी। सिक्ख धर्म की ओर से भी उन्हें धर्म परिवर्तन की दावत दी गयी थी। सभी धर्म समुदाय उन्हें अपनी ओर खींच रहे थे।

इस पर अम्बेडकर ने कहा था–"धर्म कोई घर या घड़ा नहीं है, जो इच्छा होने से ही बदला जा सके।"

उन्होंने अपने आपको पूर्णतया धर्म-परिवर्तन के लिये तैयार कर लिया था। उन्होंने निर्णय लिया था कि यदि जनता उनके द्वारा अपनाये गये रास्ते स्वीकार कर लेगी या उनका साथ नहीं देगी।

डॉक्टर अम्बेडकर उन लोगों में से नहीं थे कि समाज के लिये धर्म को अनिवार्य मानते। यदि हिन्दू धर्म में पाँच वर्ष में बदलाव आया और दलितों के लिये कोई रास्ता निकल सका, जिससे वह मान-सम्मान के अधिकारी हो सके, तो वह धर्म परिवर्तन के विचार पर पुनः सोच सकते हैं। उनकी मान्यता थी कि भारत को तानाशाह किस्म का आदमी चाहिये। जो धार्मिक तथा सामाजिक क्षेत्र में अव्यवस्था व असमानता को मिटा सके। भेदभाव दूर करके अछूतों का उद्धार कर सके, उन्हें उनके छीने गये अधिकार वापस दिला सके।

डॉक्टर अम्बेडकर किसानों को जमींदारी के प्रति विद्रोह करने के लिये प्रेरित कर रहे थे। यद्यपि कॉलिज के प्रिंसिपल के रूप में उनको यथोचित् सम्मान मिल रहा था। तथापि इस समय डॉक्टर अम्बेडकर अपेक्षाकृत पहले से अधिक उग्र रूप में आ चुके थे। अब वह पहले से ज्यादा क्रोधित नजर आने लगे थे।

12-13 जनवरी, सन् 1936 को पूना में होने वाली कांफ्रेंस में उन्होंने पुनः अछूत से अभिशप्त वर्ग को सलाह दी थी, कि वे धर्म को जरूरी नहीं मानते कि बदलें, परन्तु वे नई स्थितियाँ पैदा कर सकते हैं जो एक प्रकार से नये धर्म का रूप हो सकता है। उन्होंने भ्रातृत्व भावना तथा समता पर बहुत जोर दिया था। यह भी उन्होंने स्पष्ट कहा था कि धर्म परिर्वतन का मतलब यह नहीं होगा कि धर्म बदलते ही व्यक्ति नवाब या पोप हो जायेगा। व्यक्ति कहीं भी जाये, परन्तु उसे अपने सम्मानपूर्ण अस्तित्व के लिये संघर्ष अवश्य करना होगा। सवाल 'ब्रैड एण्ड बटर' का नहीं है। सवाल संघर्ष का है और व्यक्ति कहीं भी हो, उसे अपने को उठाने के लिये संघर्ष करना ही होगा।

वह कतई जल्दी में नहीं थे। धर्म परिवर्तन का सवाल हिन्दू धर्म के भाग्य से जुड़ा हुआ था और हिन्दू धर्म पर कोई स्वर्ण जाति का ठेका तो नहीं है। उसमें रहते हुए भी संघर्ष जारी रखा जा सकता है। हिन्दुस्तान के इतिहास में यह समय कम संकट का नहीं था। इस वक्त सबकी दृष्टि अम्बेडकर पर टिकी हुई थी। उनके निर्णय से बहुसंख्यक जनता प्रभावित होती थी। 'यूथ कांफ्रेंस' में भी अम्बेडकर के विचारों पर बल दिया था। जनवरी, सन् 1936 में जाति-पांति तोड़क मंडल, लाहौर में उसके वार्षिक अधिवेशन पर डॉक्टर अम्बेडकर ने एक भाषण तैयार किया था। जाति-विरोधी नेताओं ने अम्बेडकर से इस सम्मेलन की अध्यक्षता करने की प्रार्थना की थी। वे चाहते थे कि अम्बेडकर अछूत दल के लिये एक जोरदार भाषण दें।

15 मार्च, सन् 1936 को चितरंजन थियोट्रिकल कम्पनी द्वारा बम्बई में डॉक्टर अम्बेडकर का सम्मान किया गया। 13 व 14 अप्रैल को अम्बेडकर सिक्ख मिशन्स कांफ्रेंस के लिये अमृतसर पहुँचे थे। उस कांफ्रेंस में दलित वर्ग के लोग काफी संख्या में पहुंचे थे। सभी लोगों ने ज्यादा-से-ज्यादा तादाद में पहुँचकर उनका भव्य स्वागत किया था।

पंजाब, केरल, उत्तर प्रदेश आदि से काफी संख्या में दलित वर्ग के लोग पहुँचे थे। अवकाश प्राप्त डिस्ट्रिक्ट जज सरदार बहादुर हुकमसिंह ने उस कांफ्रेंस की अध्यक्षता की थी। सभी लोग अम्बेडकर को अपना नेता मानते थे, दलितों का मसीहा समझते थे।

यूथ काफ्रेस जो पूना में हुई थी, अम्बेडकर उससे बिल्कुल संतुष्ट नहीं थे। 30-31 मई, सन् 1936 में दादर में एक कांफ्रेंस हुई थी जिसमें अम्बेडकर ने मराठी में भाषण दिया था। उसके अन्तर्गत भी उन्होंने दलितों और पिछड़े वर्ग के लोगों के विषय में भाषण दिया।

वह भाषण लगभग पचास पृष्ठ का होगा। उसमें उन्होंने धर्म परिवर्तन के निश्चय को दोहराते हुए कहा था कि वे ऐसा किसी भौतिक उपलब्धि के कारण नहीं कर रहे हैं। हिन्दू धर्म उनकी आत्मा को स्वीकार नहीं है, क्योंकि हिन्दू धर्म ने उन्हें कभी मान-सम्मान नहीं दिया, कभी सम्मान की दृष्टि से नहीं देखा।

उनसे किसी ने पूछा-धर्म परिवर्तन से क्या लाभ होगा? आप अपना धर्म क्यों बदलना चाहते हैं? इस पर उन्होंने जवाब दिया—

"यदि भारत के लिए स्वराज्य आवश्यक है, तो दलितों के लिए धर्म परिवर्तन भी जरूरी है। कारण दोनों ही स्वतन्त्रता की प्राप्ति के लिये संघर्ष कर रहे हैं। दलित वर्ग भी अपनी स्वतन्त्रता चाहता है। अब वो मान-सम्मान और अधिकारों के साथ जीना चाहता है।"

पंडित गोविन्द बल्लभ पन्त ने कहा था कि हरिजन दोनों लाभ नहीं उठा सकते, या वे हिन्दू रहते हुए पूना पैक्ट के अन्तर्गत लाभ उठा सकेंगे अथवा वे धर्म परिवर्तन कर उसके सुख से लाभ उठा सकेंगे। इसका मुँहतोड़ जवाब देते हुए अम्बेडकर ने कहा कि यह काँग्रेस का 'स्टंट' है। उनका तर्क था कि दलित वर्गों को जो सुविधाएँ दी गयी हैं, वे उन्हें हिन्दू होने के कारण से नहीं और न ही उन्हें कोटा से मिली हैं। वे तो सामान्य क्षेत्र से मिली हैं। दूसरे, दलित वर्ग का वर्गीकरण सामाजिक व आर्थिक आधार पर हुआ है। उस सयम डॉ॰ अम्बेडकर के मन में इस्लाम धर्म, ईसाई धर्म और सिक्ख धर्म को लेकर अन्तर्द्वन्द्व चल रहा था। जिसका परिणाम निर्णयात्मक रूप में सामने नहीं आ सका, परन्तु इतना निश्चित है कि हिन्दू धर्म व सवर्ण समाज के सामने उन्होंने एक ज्वलन्त प्रश्न उछाल दिया था, जिसका किसी के पास सही उत्तर नहीं था। उनका धर्म परिवर्तन का निर्णय हिन्दू धर्म का बहुत बड़ा अपमान था।

अम्बेडकर हिन्दू धर्म में दलित वर्ग के जीवन, अस्तित्व और जीवन-सम्मान को महसूस नहीं कर पा रहे थे। उनकी दृष्टि में मनुष्य के लिये धर्म अपरिहार्य था। उससे मनुष्य को अन्तर्दृष्टि और जीने का सम्बल मिलता है।

धर्म के बिना मनुष्य की स्थिति अस्थिर-सी बनी रहती है। उनके मन में हमेशा एक ही सवाल उठता रहता था कि हिन्दू धर्म के अतिरिक्त वह कौन-सा धर्म स्वीकार करें? काफी दिनों तक भीमराव अम्बेडकर इसी बात पर सोच-विचार करते रहे।

डॉ. अम्बेडकर का दूसरा विवाह

अम्बेडकर की पहली पत्नी श्रीमति रमाबाई बहुत ही सरल एवं ईश्वर भक्त महिला थीं। उन्हें हमेशा अम्बेडकर की चिन्ता रहती थी तथा वे शादी होने के उपरान्त ही दुःखों की आग में जल रही थीं। अम्बेडकर अपने काम में इतना व्यस्त रहते थे कि अपने परिवार के लिए थोड़ा भी समय निकालकर उनके पास बैठ नहीं सकते थे। सन् 1935 ई. में ही बम्बई में उनकी पत्नी का देहान्त हो गया। उनकी मृत्यु पर अम्बेडकर बिलख-बिलख कर रोने लगे तथा अपने रूँधे कुए कंठ से कहा था–"आज मैं संसार में अकेला हो गया। आज मेरा वह जीवन-साथी हमेशा के लिए मुझसे जुदा हो गया, जो गर्म हवा चलने पर मुझे अपने आँचल में मेरे लिए ठंडी बयार पैदा किया करता था।"

भारत के संविधान के निर्माण में अम्बेडकर दिन-रात कार्यों में व्यस्त रहते थे अपने आप को भी भूल गये थे। अपने स्वास्थ्य पर वे बहुत ही कम ध्यान देते थे जिससे उनकी सेहत खराब हो गई। अन्त में एक अस्पताल में उन्हें भर्ती कराया गया। उसी अस्पताल में ही वे कुमारी सविता कबीर नामक एक युवती के सम्पर्क में आये जो कि उनकी सेवा सुश्रुवा अस्पताल में बड़ी ही तल्लीनता से कर रही थीं। सविता सारस्वत ब्राह्मण थीं तथा अम्बेडकर के व्यक्तित्व व विद्वता से काफी प्रभावित थीं। तथा धीरे-धीरे वह अम्बेडकर से प्रेम करने लगीं जिसका सुखद अनुभव दोनों लोग करने लगे।

अम्बेडकर बीस वर्षों से एकाकी जीवन व्यतीत कर रहे थे तथा दूसरा विवाह न करने का निर्णय ले चुके थे। परन्तु बीमारी के समय उन्होंने महसूस किया कि अब बिना जीवन-साथी के उनका जीवन सुखमय नहीं बन सकता तथा इसके लिए सविता से बढ़कर दूसरा कोई जीवन साथी नहीं मिल सकता। अतः उन्होंने कुमारी सविता के साथ दूसरा विवाह करने का निश्चय किया। उन्होंने बिना किसी से राय-मशविरा लिये ही

कुमारी सविता के साथ कोर्ट के द्वारा विवाह कर लिया। विवाह के बाद उनके ऊपर बहुत आरोप भी लगाये गये थे लेकिन उन्होंने इसकी कोई परवारह नहीं की बल्कि सविता के साथ सुखमय दाम्पत्य जीवन व्यतीत करने लगे।

हिन्दू कोडबिल एवं अम्बेडकर का मंत्री पद से त्याग-पत्र

हिन्दू काननू को एक पूर्ण स्वरूप देने हेतु तथा सम्पूर्ण हिन्दू जाति की एकता के लिए अम्बेडकर ने "हिन्दू कोड बिल" के जरिये 12 अगस्त, 1948 को संसद में एक प्रस्ताव प्रस्तुत करवाया। जोकि विवाह, तलाक, गोद-प्रकरण नाबालकियत और वारिस, संयुक्त परिवार सम्पत्ति इत्यादि महत्वपूर्ण विषयों से सम्बन्धित तथा इसके माध्यम से भारत की बहुत बड़ी जनसंख्या को प्रत्यक्ष व अप्रत्यक्ष रूप से सामाजिक न्याय का लाभ मिलता। परन्तु इस बिल का सिर्फससंद में ही नहीं बल्कि सब जगह विरोध हुआ। इसका प्रमुख कारण नेहरू व उनके बीच उत्पन्न गहरा मतभेद था। सन् 1951 में इस विधेयक की काफी तर्क-वितर्क के बाद भी मात्र 4 धाराएँ ही पास हो सकी। अन्त में अम्बेडकर इससे बहुत दूखी हुये तथा भारत के विधि मंत्री पद से त्याग पत्र दे दिया।

उनके द्वारा त्यागपत्र दिये जाने से कांग्रेस के भीतर बड़ा आश्चर्य प्रकट किया गया। कांग्रेस के कई बड़े नेताओं ने तथा स्वयं नेहरू ने भी प्रयास किया कि अम्बेडकर अपना इस्तीफा वापस ले लें लेकिन वे तैयार नहीं हुए। वे जानते थे कि उनका नेहरू के साथ चलना बहुत कठिन है।

डॉ. अम्बेडकर के उत्प्रेरक विचार

मानवीय जन्मसिद्ध अधिकार

"वे धन्य हैं जो अनुभव करते है कि जिन लोगों में हमारा जन्म हुआ है, उनका उद्धार करना हमारा कर्तव्य है, वे धन्य हैं जो गुलामी का खात्मा करने के लिए सब कुछ न्योछावर करते हैं और धन्य हैं वे लोग जो सुख और दुःख मान और सम्मान, कष्ट और कठिनाइयों, आँधी और तूफानों की परवाह किए बिना तब तक सत्ता संघर्ष करते रहेगे जब तक कि अस्पृश्यों को उनके मानवीय जन्मसिद्ध अधिकार नह मिल जाये।"

अंतिम संदेश

"जो कुछ मैं कर पाया हूँ, वह जीवनभर मुसीबतें सहन करके, अपने विरोधियों से टक्कर लेने के बाद ही कर पाया हूँ, जिस कारवाँ को आप यहाँ देख रहे हैं उसे मैं अनेक कठिनाइयों से यहाँ तक ला पाया हूँ। अनेक अवरोधों के बावजूद इस कारवा को बढ़ाते रहना है। अगर मेरे अनुयायी इसे आगे ले जाने में असमर्थ हैं तो उसे यही पर छोड़ देना जहाँ पर यह अभी है, पर किन्हीं परिस्थितियों में इसे पीछे नहीं हटने देना है। मेरी जनता के लिए यही संदेश है।"

अंधविश्वास

अंधविश्वास के घेरे में प्रत्येक भारतवासी ऐसे घिरा हुआ है कि सुख-दुख, जीवन-मरण, हानि-लाभ सबका स्रोत पारलौकिक शाक्ति को मानता है। अंधविश्वास मनुष्य को विज्ञानविहीन बना देता है। अंधविश्वास त्याग करने की सलाह देते हुए बाबा साहब डॉ. अम्बेडकर ने कहा-

"तुम्हारे जन्म के पूर्व से ही निर्धारित है, इस मूर्खतापूर्ण विश्वास को तुम जितना जल्दी दो तो अच्छा है। तुम्हारी गरीबी दूर होने वाली नहीं है, जन्मजात है, दूर होने योग्य नहीं है, यह चिन्तन बिलकुल गलत है। अपने आपको दास समझने के विचार को त्याग दो सब दुःख दूर हो जाएगा।"

"अंधविश्वास तुम्हारे प्रगति में बाधक है। अंधविश्वास के कारण ही तुम समाज में अपने को नीच और दूसरों को उच्च समझतें हो। अधंविश्वास के कारण ही तुम हिन्दू धर्म में रहकर गुलामी का जीवन जी रहे हो। तुम्हारे लिये मेरे स्पष्ट विचार हैं कि तुम अपने भीतर पल रहे अंधविश्वास को शत-प्रतिशत त्याग दो। जीवन मार्ग सुख, सुविधा, मान-सम्मान तथा अंधविश्वास में रहकर नहीं बन सकता है। अंधविश्वास से मुक्त होकर ही प्राप्त हो सकेगा। तुम्हें अधिक से अधिक शिक्षा प्राप्त करनी चाहिए। शिक्षा प्राप्त कर ही तुम समाज में प्रतिष्ठा प्राप्त कर सकोगे।"

बाबा साहब डॉ. अम्बेडकर ने अन्धविश्वास से दूर रहने की स्पष्ट सलाह दी है। अन्धविश्वास त्याग करने की स्थिति तब बन पाती है, जब व्यक्ति किसी भी घटना की विधानसम्मत जानकारी प्राप्त कर सके। सही

शिक्षा ही अंधविश्वास को मिटा सकती है। इस सम्बन्ध में बाबा साहब ने स्पष्ट रूप से कहा है–

"शिक्षित बनो, संगठित हो, संघर्ष करो"।

अस्पृश्यता

अस्पृश्यता के कारण हिन्दू धर्म में अछूतों को हुई क्षति के बारे में बाबा साहब ने कहा–"अछूतपन के कारण तुम्हारी योग्यता की अनदेखी कर दी गयी। तुम्हारे मानसिक तथा शारीरिक अच्छाइयों के लिए तुम्हें कभी कोई प्रशंसा नहीं मिली। अछूतपन के कारण तुम्हारा प्रवेश सेना और न्यायिक सेवा में रोक दिया गया। अस्पृश्यता ही वह शत्रु है जिसने तुम्हारे सम्मान को, अस्तित्व को बर्बाद करके रख दिया।"

बाबा साहब डॉ. अम्बेडकर को हिन्दू धर्म में सबसे अधिक अपमानजनक बात अस्पृश्यता ही लगी है। उनके अनुसार हिन्दू धर्म में अस्पृश्यता ही वह अवगुण है जिसने समाज में करोड़ों को नीचे, संस्कारहीन, अशिक्षित और मर्यादाहीन बनाकर रख दिया है। डॉ. अम्बेडकर ने अस्पृश्यता की तुलना जहर के उस एक बूँद से ही है जिससे घड़ा भर दूध विषमय बन जाता है। अस्पृश्यता सामाजिक अपराध है ऐसा डॉ. अम्बेडकर का मानाना है। उनकी स्पष्ट मान्यता है कि हिन्दू धर्म से पृथक् अस्पृश्यता की और अस्पृश्यता से पृथक् हिन्दू धर्म की कोई जगह नहीं है।

आत्मसम्मान

'इस संसार में आत्मसम्मान के साथ जीना सीखो। इस संसार में तुम्हें भी कुछ करने की महत्तवाकांक्षा अपने मन में रखनी चाहिए। जो संघर्ष करता है वह अकेले उन्नति कर लेता है। तुम लोगों में से कुछ के मन में यह गलत धारण बन गयी है कि इस संसार में तुम उठ नहीं सकते। किन्तु याद रखो, असहाय रखने का युग समाप्त हो गया। एक नया अध्याय आरम्भ हुआ है। इस देश की राजनीति तथा विधान में भाग लेने की क्षमता तुम में आ गयी है। इसलिए तुम्हारे लिये सब कुछ सम्भव है।"

"ऐसे देश में जन्म लेना भी पाप है जहाँ के लोग इतने पूर्वाग्रहपूर्ण हों। चारों ओर से गालियों की बौछार और अपमानजनक व्यंग्य सुनने के

बावजूद मैंने देश के लिए बहुत कुछ किया है और मरते दम तक करता रहूँगा।

"हम लोग गुलाम नहीं है। हम लोग बहादुर वंश के हैं। एक बहादुर व्यक्ति के लिये आत्मसम्मान और राष्ट्रप्रेम खोकर जीने से बढ़कर अपमानजनक कुछ नहीं है।"

अछूत और गाँधी

डॉ, अम्बेडकर ने कहा—

"गाँधीजी अछूतों से छू जाने पर स्नान करने के विरुद्ध कुछ नहीं कहते। ऐसी स्थिति रहते हुए यह विश्वास कैसे किया जा सकता हैं कि छुआछूत कभी समाप्त हो जायेगा। उसके अलावा गाँधीजी ने स्पष्ट कहा कि छुआछूत निवारण का अर्थ यह नहीं है कि अछूतों के साथ विवाह सम्बन्ध किये जायें अथवा उनके साथ बैठकर भोजन किया जाये। उनका अभिप्राय केवल इतना है कि अछूत शूद्र-वर्ग के अंग मान लिये जायें और अति शूद्र वर्ग समाप्त कर दिये जायें। इससे आगे वे कुछ नहीं चाहते। अछूतों को शूद्रवर्ग में सम्मिलित करने की बात कहते हुए गाँधीजी ने इस बात का ध्यान नहीं रखा कि शेष शूद्र लोग अछूतों को अपने में शामिल करेंगे या नहीं? यदि शूद्र अछूतों को फिर अलग-अलग रखते हैं तो ऐसे छुआछूत निवारण से क्या लाभ? सम्भवतः गाँधीजी को इसका स्वयं भी आभास था, इसलिए उन्होंने अछूतों को एक नया नाम 'हरिजन' दे डाला और इस प्रकार गाँधीजी ने एक ही तीर से दो शिकार किया। हरिजन नाम देकर एक ओर यह सिद्ध कर दिया कि शूद्र लोग अछूतों को अपने में मिलाने को तैयार नहीं है। दूसरी ओर इस नामकरण के द्वारा उन्हें अलग समाज घोषित करके उनका मिलना असम्भव बना दिया।"

जाति और वर्ण

बाबा साहब डॉ. अम्बेडकर जाति और वर्ण व्यवहार के कट्टर विरोधी थे। जाति और वर्ण व्यवस्था बाबा साहब के विचार से अत्यन्त निरर्थक और खतरनाक था। जाति के सम्बन्ध में डॉ. अम्बेडकर ने कितना स्पष्ट कहा है—

"जाति की नींव पर तुम किसी भी चीज का निर्माण नहीं कर सकते। जाति की नींव पर न तो तुम राष्ट्र का निर्माण कर सकते हो और न ही

नैतिकता का। जाति की नींव पर तुम जिस चीज का भी निर्माण करोगे उसमें दरारें पड़ेंगी, वह गिर जायेगी और वह कभी भी पूर्ण नहीं होगी।"

जीवन संघर्ष और अधिकार

"डॉ. अम्बेडकर देश की आम जनता को शिक्षित और संगठित होते देखना चाहते थे। वे देश को प्रगति के पथ पर अग्रसर होते देखना चाहते थे। देशवासियों का आह्वान करते हुए उन्होंने कहा है–

"हमारा आपको एक ही संदेश है पढ़ो, संगठित बनो, प्रचारक बनो, आत्म विश्वासी बनो और आशावादी बनो।" "भाग्यवादी नहीं कर्मवादी बनो"।

सदियों से देश की गरीब जनता नागरिक अधिकारों से वंचित की गयी है। जनता के पिछड़ेपन के पीछे यह तथ्य इस देश में हमेंशा काम करता रहा है। बाबा साहब अम्बेडकर देश की तमाम जनता के समान अधिकारों के प्रबल समर्थक थे। अहमदाबाद के दरियागंज मोहल्ले में मजदूरों की एक विशाल जनसभा में बाबा साहब ने कहा–

"हम मनुष्य हैं और मनुष्य होने के नाते मनुष्य की समस्या नागरिक अधिकारों के अधिकारी होने का है। जब तक ये अधिकार हम प्राप्त नहीं कर लेते हमें चैन से नहीं बैठना चाहिए। अपने उचित मानवीय अधिकारों को हम प्राप्त करेंगे। यही हमारा ध्येय होना चाहिए।"

आगे बाबा साहब ने कहा है कि--"तुम्हें अध्यात्मवादी की बजाय भौतिकवादी बनने में ज्यादा ध्यान देना चाहिए। तुम्हें खाने को अन्न नहीं मिलता, पहनने को वस्त्र नहीं मिलता, बच्चों को पढ़ाने का अवसर नहीं मिलता तथा अर्थ के अभाव में समुचित चिकित्सा नहीं मिलती। इसलिए राजनीतिक लाभ के लिए तुम्हें अत्यधिक चौकस होना चाहिए। जीवन में भौतिक लाभ के लिए तुम्हें अपनी शक्ति तथा संघर्ष को निरन्तर बढ़ाना होगा।"

दासता

"तुम अपनी दासता स्वयं समाप्त करो। दूसरे के भरोसे जीवित रहना अत्यन्त अपमानजनक है। जीवन में आत्मसम्मान अत्यन्त महत्त्वपूर्ण चीज है। इसके बिना मनुष्य का जीवन शून्य हैं आत्मसम्मान के साथ जीकर

मनुष्य विपदाओं को पार कर सकता है। कठिन और अथक परिश्रम करके मनुष्य शक्ति और आत्मविश्वास प्राप्त कर सकता है तथा अपनी पहचान बना सकता है।''

''तुम अपनी दासता को स्वयं मिटाओ। अपनी दासता को मिटाने के लिए किसी ईश्वर का सर्वोच्च शक्ति पर विश्वास मत करो। तुम्हारी मुक्ति तीर्थयात्रा तथा व्रत, उपवास में नहीं बल्कि शिक्षा ओर राजनीतिक शक्ति में है।''

धर्म

''जो धर्म अपने अनुयायियों के बीच भेदभाव करता हो वह पक्षपाती धर्म है। जो धर्म अपने करोड़ों अनुयायियों से कुत्ते और कुकर्मी की तरह व्यवहार करता है तथा उन पर असहनीय तकलीफें देता है उसे किसी भी कीमत पर धर्म नहीं कहा जा सकता। इसीलिए बाबा साहब डॉ, अम्बेडकर ने निर्भीक होकर कहा है–''ऐसे धर्म को निश्चयपूर्वक समाप्त कर देना चाहिए। ऐसे धर्म को नष्ट करने में किसी प्रकार का अधर्म नहीं है।''

''यदि हिन्दू धर्म अछूतों का भी धर्म है तो इस धर्म को सामाजिक समानता का धर्म बनाना होगा। हिन्दू अछूतों को बाहरी व्यक्ति नहीं समझना होगा, उन्हें राष्ट्रवादी समझना होगा। यदि हिन्दूधर्म को सामाजिक समानता का धर्म बनाना है, तो इसके नियमों में मात्र मन्दिर प्रवेश में संशोधन करना ही पर्याप्त नहीं होगा, जो सबसे आवश्यक है वह है चार वर्ण के सिद्धान्त, जो उच्चवर्ग को सुविधाएँ और निम्नवर्ग को गरीबी देता है, उसे अवश्य समाप्त होना चाहिए।''

''असमानता और विषमता वाले हिन्दू देवी-देवताओं, मन्दिरों और रथ की शोभायात्रा आदि से हमारा कोई सम्बन्ध न होने के कारण किसी प्रकार की सभा, जुलूस या शोभायात्रा में हम लोग भाग न लें। अखिल बम्बई दलित वर्ग परिषद् ने एकमत से एक प्रस्ताव को पास किया है। सभी से प्रार्थना है कि इस प्रस्ताव को आचरण में लायें। यह हमारे सम्मान और आत्मगौरव की कसौटी है। मूझे पूर्ण विश्वास है कि इस परीक्षा में हम सफल होंगे। इसी से हमारे समाज का नाम आने वाले इतिहास में उज्जवल होगा।''

धर्म-परिवर्तन

"इस तथ्य से हम लोग पूरे सावधान हैं कि हम चाहे क्रिश्चियन हों, मुसलमान हों या सिख हों, हमें अपने कल्याण के लिए सर्वत्र संघर्ष करना होगा। यह सोचना मूर्खतापूर्ण है कि मुसलमान हो जाने पर हम लोगों में से सभी नवाब हो जायेंगे और ईसाई होने पर पोप हो जायेंगे। चाहे हम लोग किसी भी धर्म में जायें संघर्ष सर्वत्र करना होगा।"

शिक्षा

शिक्षा को सस्ता और सहज होना चाहिए ताकि गरीब व्यक्ति भी पर्याप्त शिक्षा प्राप्त कर सके। बाबा साहब ने कहा है कि–

"शिक्षा प्रत्येक व्यक्ति की क्षमता के करीब होनी चाहिए। उच्च शिक्षा को अभी अधिक से अधिक सहज और सस्ता बनाना चाहिए। ताकि गरीब परिवार के बच्चे भी इसे प्राप्त कर सकें।"

समाज सुधारक

"मैं राजनीतिक सुधार की अपेक्षा सामाजिक सुधार को अधिक मौलिक मानता हूँ।"

"सामाजिक न्याय की दृष्टि से वर्ण, वर्ग तथा आय के आधार पर समाज में भेद मानना समाज के लिए अत्यन्त हानिकारक है।"

"हिन्दू समाज सुधारकों को इस बात का पता नहीं है कि वह अपनी ही जाति में बने रहते हैं, अपनी ही जाति में विवाह करते हैं और अपनी ही जाति में मर जाते हैं।"

बाबा साहब ने कहा–"स्वतन्त्रता, समता और बन्धुता के आधार पर स्थापित सामाजिक जीवन ही लोकतन्त्र कहलाता है। भारत में समता का पूर्ण अभाव है। राजनीति में हमें समानता मिली है परन्तु सामाजिक तथा आर्थिक जीवन में विषमता का ही बोलबाला है। हमें इस विषमता को फौरन नष्ट करना होगा।"

राजनीति

"नये युग ने जो राजनीतिक अधिकार तुम्हें दिया है, उसकी अवहेलना मत करो। तुम्हारा सम्पूर्ण वर्ग ग्रहित अवस्था में है क्योंकि तुम स्वयं असहाय

विचार में पड़े हो। मैं यहाँ कहना चाहता हूँ कि नेता-पूजा, देवता-पूजा तथा कर्तव्य के प्रति अवहेलना ने हिन्दू समाज को नष्ट किया तथा अपने देश के पतन का कारण बना है। दूसरे देशों में राष्ट्रीय संकट के समय, राष्ट्रीय संकट को दूर करने के लिए तथा देश में शान्ति और समृद्धि के लिए एकतावद्ध होकर संघर्ष करते हैं। लेकिन हमारे धर्म ने हमें सिखाया हैं कि आदमी कुछ भी नहीं कर सकता है। वह एक असहाय वस्तु है। राष्ट्रीय संकट के समय ईश्वर अवतार लेगा और हमें संकट से उबार लेगा। परिणाम यह होता है कि शत्रु के विरूद्ध एकजुट होकर लड़ने के बजाय यहाँ के लोग यह प्रतीज्ञा करते हैं कि कोई ईश्वर अवतार लेगा और उन्हें संकट से उबार देगा।''

डॉ. अम्बेडकर ने कहा–''इस देश में जितनी भक्ति, जितनी वीरपूजा और जितना अन्धविश्वास है, उतना किसी अन्य देश में नहीं। धर्म में भक्ति तथा वीरपूजा मुक्ति का साधन भले ही हो सकती है, परन्तु राजनीति में भक्ति तथा वीरपूजा अधोगति में ले जाने वाली अधिनायकवाद हो जाती है।''

''हमें किसी ऐसे आदर्श की स्थापना नहीं करनी चाहिए जो काल्पनिक हो। आदर्श ऐसा होना चाहिए जिसमें व्यवहारिक रूप लेने की क्षमता हो।''

ब्राह्मणवाद

''बाबा साहब डॉ. अम्बेडकर इस देश में व्याप्त ब्राह्मणवाद के कट्टर विरोधी थे। इतिहास के अध्ययन से यह प्रमाणित होता है कि चार्वाक और बुद्ध की तरह आधुनिक युग में ब्राह्मणवाद का किसी ने व्यवहारिक और सिद्धान्तिक विरोध किया तो वे डॉ. अम्बेडकर थे। ब्राह्मणवाद के बारे में डॉ. अम्बेडकर ने कहा–

''ब्राह्मणवाद से मेरा मतलब ब्राह्मण जाति की शक्ति, विशेषाधिकारों या लाभो से नही है। मै इस अर्थ में ब्राह्माणवाद शब्द का प्रयोग नही कर रहा हूँ। ब्राह्मणवाद से मेरे मुताबिक अर्थ है–स्वतन्त्रता, समता और भ्रातृत्व को नकारने वाला। इस अर्थ में ब्राह्मणवाद सब तरह के लोगों में मौजूद है, और यह केवल ब्राह्मण जाति के लोगों तक ही सीमित नहीं है, जिन्होंने इस बाद को जन्म दिया है।''

बाबा साहब डॉ. अम्बेडकर के अनुसार ब्राह्मणवाद और पूँजीवाद दोनों समान रूप से आम आदमी का शोषण और दमन करते हैं। दोनों श्रमिक समाज के दुश्मन तथा देश में अमन-चैन के बाधक है। यही कारण है कि जहाँ ब्राह्मणवाद रहता है वहीं पूँजीवाद और जहाँ पूँजीवाद रहता है। वहीं ब्राह्मणवाद। बाबा साहब ने इस तथ्य को स्पष्ट करते हुए कहा है–"ब्राह्मणवाद और और पूँजीवाद ये दोनों मेहनतकश लोगों के दुश्मन हैं, क्योंकि ये दोनों समता, स्वतन्त्रता तथा बन्धुता के विरुद्ध हैं।"

"ब्राह्मणय धर्म ने मानव समाज में भेद उत्पन्न किया। इस धर्म ने स्त्रियों और शूद्रों के साथ बहुत ही तुच्छता का व्यहाहर करना सिखाया है।"

"ब्राह्मणवाद में जाति प्रधान होता है, गुण नहीं। ब्राह्मणवाद गुण और गरिमा को नकारने वाला वाद है।"

मैक्डोनल्ड द्वारा अनुशासित साम्प्रदायिक घोषणा से अछूतों को पृथक् निर्वाचन का अधिकर दिया गया था। पृथक् निर्वाचन में यह व्यवस्था की गयी थी कि निर्वाचन में अछूतों की ओर से अछूतों के उम्मीदवार खड़े होंगे और मात्र अछूतों के ही मत से चुने जायेंगे। पृथक् निर्वाचन से अछूतों का अत्यन्त शक्तिशाली राजनीतिक अधिकार प्राप्त हुआ था। इस अधिकार के विरुद्ध गाँधीजी ने यरवदा जेल में आमरण अनशन कर दिया। गाँधीजी की प्राणरक्षा करने के लिए अत्यधिक दबाव और परेशानी में डॉ. अम्बेडकर को गाँधीजी के साथ अछूतों की ओर से समझौता करना पड़ा। यह समझौता गाँधीजी के साथ अछूतों की ओर से पूना में 24 सितम्बर, 1932 के दिन शनिवार संध्या 5 बजे हुआ। समझौता के बाद डॉ. अम्बेडकर ने अफसोस जाहिर करते हुए कहा–

"साम्प्रदायिक घोषणा में प्रदत्त द्वितीय मत का अधिकार अछूतों को अमूल्य सुविधा थी। इस अधिकार से कोई भी हिन्दू अपने निर्वाचन श्रेत्र में अछूतों को न नकारने कि हिम्मत करता और न अपने स्वार्थ के प्रति वह उग्र होता, क्योंकि उसे अछूतों के मतों पर निर्भर रहना पड़ता।"

मैक्डोनल्ड द्वारा की गयी साम्प्रदायिक घोषणा गाँधी की राजनीति का शर्मनाक पतन तथा बाबा सहाब की राजनीति की मनचाही जीत थी। ठीक इसी तरह पूना समझौता बाबा साहब की राजनीति दूसरे शब्दों में अछूतों की राजनीति का दुखद पतन तथा गाँधी की राजनीति की सुखद जीत साबित हुई। पूना समझौता पर प्रतिक्रिया व्यक्त करते हुए बाबा साहब ने कहा–

"पूना समझौता अवश्य समाप्त होना चाहिए क्योंकि इससे 6 करोड़ अछूतों के मताधिकार पर आघात पहुँचा है। अन्तर्राष्ट्रीय कानून के अनुसार कोई समझौता न अन्तिम होता है न अमर।"

23 सितम्बर, 1953 को राज्यसभा में बाबा साहब ने कहा–"पूना समझौता ने दलित वर्गों के आत्मनिर्भर आन्दोलन पर नष्टकारक आघात पहुँचाता है।"

ज्ञान

"ज्ञान मनुष्य के जीवन की नींव है और विद्यार्थी को अपने विवेक शक्ति को बनाये रखने तथा अपने विवेक की वृद्धि का निरन्तर प्रयास अवश्य करना चाहिए।"

शिक्षा अत्यन्त सहज होनी चाहिए ताकि आम आदमी अपने बच्चों को शिक्षित कर सके। शिक्षा न महँगी होनी चाहिए, न अव्यावहारिक। बाबा साहब डॉ. अम्बेडकर ने शिक्षा के बारे में स्पष्ट शब्दों मे कहा है–

"शिक्षा ऐसी वस्तु है, जिसे प्रत्येक व्यक्ति तक पहुँचनी चाहिए। शिक्षा सस्ती से सस्ती हो ताकि निर्धनसे निर्धन व्यक्ति भी शिक्षा प्राप्त कर सके–

शिक्षा के क्षेत्र में कार्यरत लोग मजदूर के बच्चों, गरीब बच्चों को शिक्षा देने के प्रति ईमानदार नहीं हैं। फलतः गरीब बच्चे पर्याप्त शिक्षा प्राप्त करने से वंचित हो रहे हैं। इस स्थिति की चर्चा करते हुए डॉ. अम्बेडकर ने कहा–

"जो अध्यापक यह प्रचार करते हैं कि अछूत तो केवल सेवा के लिए उत्पन्न हुए हैं तथा शिक्षाप्राप्ति का अधिकार तो एक विशेष श्रेणी को ही है, उसे शिक्षा विभाग में भर्ती नहीं किया जाना चाहिए। चूँकि अध्यापक ही राष्ट्र के सारथी हैं।"

हिन्दू धर्म

"मैं आपसे कहता हूँ, धर्म मनुष्य के लिए है, न कि मनुष्य धर्म के लिए है। यदि तुम इस संसार में संगठित तथा सफल होना चाहते हो तो इस धर्म (हिन्दू धर्म) का त्याग करो जो धर्म तुम्हें मनुष्य के रूप में पहचाने नहीं, तुम्हें पीने के लिए पानी नहीं दे, तुम्हें मन्दिरों में प्रवेश करने की

अनुमति नहीं दे उसे धर्म कहलाने का कोई अधिकार नहीं है। जो धर्म तुम्हें शिक्षा प्राप्त करने से वंचित करे, तुम्हें दुनिया में भौतिक सुख-सुविधा प्राप्त करने से रोके उसे धर्म कहलाने का कोई अधिकार नहीं है। जो धर्म अपने अनुयायियों को अपने धर्म-बन्धुओं के साथ मानवीय ढंग से पेश आने की शिक्षा नहीं दे वह धर्म नहीं बल्कि शक्ति-प्रदर्शन है। जो धर्म अपने अनुयायियों को, पशुओं को छूने किन्तु इन्सानों को नहीं छूने की शिक्षा दे वह धर्म नहीं मजाक है। जो धर्म कुछ वर्गो को शिक्षा प्राप्त करने से वंचित करे, कुछ को सम्पत्ति रखने से तथा कुछ को शास्त्र धारण करने से रोके वह धर्म नहीं मजाक है। जो धर्म अज्ञानी को अज्ञानी बने रहने के लिए विवश करे, गरीब को गरीब बने रहने के लिए बाध्य करे वह धर्म नहीं बल्कि "अधर्म है इसे कभी नहीं स्वीकारो।"

डॉ. अम्बेडकर का आन्दोलन

बहिष्कृत हितकारिणी सभा का गठन

सभी भारतवासियों के प्रतिनिधित्व का दावा करने वाली भारतीय राष्ट्रीय काँग्रेस और सारे हिन्दूओं की प्रवक्ता हिन्दू महासभा द्वारा सर्वहारा समाज को मानवीन अधिकारों से दूर रखने पर, वैसा ही अडिग है जैसा वह पहले था, तो बहुत सोच-विचार के बाद उन्होंने अछूतों की उन्नति के लिए एक केन्द्रीय संस्था स्थापित कर कार्य करने का निर्णय लिया।

इस प्रकार 20 जुलाई, सन् 1924 में बहिष्कृत हितकारिणी सभा नामक एक संस्था अस्तित्व में आयी। जिसे सन् 1860 में कानून के अन्तर्गत रजिस्टर्ड कराया गया था। जैसा कि संस्था के नाम से ही स्पष्ट हो जाता है कि जो व्यक्ति असवर्ण बनाकर सवर्णों ने श्रेष्ठ समाज की परिधि से बाहर कर रखे गये थे, उनकी यह सभा प्रवक्ता थी। यद्यपि जब श्रेष्ठ समाज का अपना कोई ऐसा आधार नहीं था जिसके होते हुए उसे श्रेष्ठ समाज माना जा सके, फिर भी यह स्वयंभू नेता की भाँति स्वयंभू समाज था।

जबकि वास्तविकता यह है कि श्रेष्ठ समाज के श्रेष्ठ व्यक्ति वे होते हैं जो अधपतितों.... यानि नीचे गिरे व्यक्तियों को ऊपर उठाकर गले लगा लें। लेकिन जो व्यक्ति या समाज अपने पाँवों पर खड़े व्यक्तियों को बिना किसी कारण जोरदार धक्का देकर नीचे गिरा दें और यदि वह व्यक्ति हिम्मत करके उठने की कोशिश करे तो उसे उठने न दें, वे कैसे श्रेष्ठ व्यक्ति हैं? यदि ऐसे व्यक्ति श्रेष्ठ हैं तो अश्रेष्ठ की परिभाषा क्या होगी? यह प्रश्न भीमराव के लिए उत्तर चाहता था।

सामाजिक बदलाव और बेदख़ल किये व्यक्तियों के हित के लिये भी बहिष्कृत हितकारिणी सभा के उद्देश्य भी अपने नाम के अनुसार थे। सभा

ने अपने मन्तव्य को सर्वहारा समाज के सामने रखते हुए निम्न उद्देश्यों को घोषित किया था--यह उद्देश्य इस प्रकार हैं--

1. शिक्षा प्रचार के लिए दलित समाज में छात्रावास खोलना तथा दूसरे योग्य उपायों और साधनों को अपनाना।
2. दलित समाज की शिकायतें प्राप्त करना और उन्हें शासन के सामने प्रस्तुत करना और इसके साथ पूरा इंसाफ करना।
3. औद्योगिक एवं कृषि स्कूलों द्वारा दलित समाज की आर्थिक स्थिति में सुधार करना तथा उसे उन्नत करना। उन्हें प्रति के साधन प्रदान करना।
4. दलित पिछड़े वर्गों में सभ्य जीवन प्रदान के लिए पुस्तकालय, वाचनालय, सामाजिक सेना-केन्द्र तथा अध्ययन केन्द्र स्थापित करना।

बहिष्कृत हितकारिणी सभा के प्रथम अध्यक्ष सर चिमनलाल, हिरालाल, सीतलबाड़ बनाये गये जो एल.एल.डी. थे। छः उप-अध्यक्षों में सी.आर.निसीम, जे.पी.रूस्तम जी बिनवाला, जी.के.नसीमन , डॉक्टर आर.पी.परांजये, डॉक्टर बी.पी. चौहान और बी.जी. खेर शामिल थे। बी.जी. खेर सन् 1937 में बम्बई के मुख्यमंत्री भी थे।

संस्थ्या की प्रबन्धक समिति के अध्यक्ष डॉक्टर भीमराव अम्बेडकर स्वयं थे। शिवतारकर को सचिव एवं एन.टी.जाधव को कोषाध्यक्ष पद सौंपा गया।

4 जनवरी, सन् 1925 ई. में सभा ने सोलापुर में अछूत विद्यार्थियों के लिए छात्रावास खोला। यहाँ रहने वाले विद्याथियों को भोजन, कपड़ा, किताबें व आवास भी निःशुल्क था और इसके अलावा भी अन्य सुविधायें दी जा रही थीं।

सभा के आदेश के अनुसार होस्टल के विद्यार्थियों ने 'सरस्वती विलास' नामक एक मासिक पात्रिका का आरम्भ किया। सभी की तरफ से बम्बई में पिछड़े तथा दलित वर्गों के व्यक्तियों को जुआ, मदिरापान तथा अन्य दुर्व्यसनों से मुक्त करने के लिये पुस्तकालय और हॉकी क्लब की स्थापना की गयी, ताकि वह बुरी आदतों से बचे रहें।

अप्रैल, सन् 1925 में रत्नागिरी जिले के मालवन गाँव में अछूतों की एक बहुत बड़ी कान्फ्रेंस की अध्यक्षता अम्बेडकर ने की।

सन् 1925 में अछूतों द्वारा भारत में कई विद्रोहात्मक काम किये गये जो रूढ़िवादिता पर प्रहार करते थे। त्रावणकोर रियासत में एक ऐसी सड़क थी, जिस पर अछूतों का प्रवेश और चलना मना था। श्री राम स्वामीजी ने इस सड़क पर संघर्ष शुरू किया। वह इस सड़क पर अछूतों और दलितों को चलने का अधिकार माँग रहे थे।

मार्च, सन् 1926 में मद्रास (चैन्नई) में श्री मुरगेसन नामक एक अछूत ने एक ऐसे मन्दिर में प्रवेश किया, जिसमें अछूतों का आवागमन वर्जित था। मुरगेसन छद्म वेश में मन्दिर में घुसा था फिर भी उसे पहचान लिया गया और पुलिस द्वारा पकड़े जाने पर उसे हिन्दू मंदिर को अपवित्र करने के जूर्म में दंडित किया गया।

अप्रैल, सन् 1926 में जियूदी नामक गाँव में एक सभा को सम्बोधित करते हुए डॉक्टर अम्बेडकर ने अछूतों को सुझाव दिया कि वे अपनी बस्ती अलग बसाने के लिए सरकार से भूमि की माँग करें। इस प्रकार सभी महार एक जगह एक ही स्थान पर इकट्ठा रह सकते हैं।

इसी परिप्रेक्ष्य में जिला कुलाबा के दलितों ने मार्च, सन् 1927 में महाड़ नामक क्षेत्र में अपने समाज की एक विशाल कांफ्रेंस को आयोजित करने की योजना बनायी। उनका सभा आयोजित करने का लक्ष्य यही था कि सरकार के सामने अपनी माँग पेश करें।

कार्यकर्त्ताओं ने पूरे दो महीने अटूट मेहनत से स्थानीय देवता वीरेश्वर के नाम पर विशाल सुसज्जित पंडाल का निर्माण कराया। इसी पंडाल के अन्दर उन्होंने इस सभा को आयोजित करने की योजना बनायी थी।

अपने अध्यक्षीय भाषण में मनीषी अम्बेडकर ने सबसे पहली बार स्वयं पर अछूतपन की मार का वर्णन करते हुए कहा था—"एक वक्त था, जब कि हमें जिन्हें अछूत कहकर पुकारा जाता था और अब भी पुकारा जाता है, बहुत प्रगतिशील थे, दूसरी उन्नत जातियों से भी बहुत आगे। देश के इस भाग में हमारे ही लोगों का शासन था। दबदबा था। उन्हें काफी सम्मान की दृष्टि से देखा जाता था, उन्हें पूरा अधिकार प्राप्त थे।"

उन्होंने फिर से अछूतों के पतन का वर्णन करते हुए कहा—"सेना हमें अपना जीवन-स्तर ऊँचा करने का अवसर प्रदान करती थी। हमें अपनी वीरता, बुद्धि और योग्यता दिखाने का अवसर मिला था। उस समय अछूतों से सेना में मुख्य अध्यापक होते थे। सैन्य-शिविरों में प्रारम्भिक

शिक्षा अनिवार्य एवं प्रभावोत्पादक थी। अंग्रेज सरकार ने अछूतों को सेना में भर्ती न करने के निर्णय से अछूतों से द्रोह किया।''

अम्बेडकर ने फिर प्रेरणा भरे स्वर में कहा—''हम जब तक तीन प्रकार के सुधार नहीं कर लेते, जब तब उन्नति की कल्पना नहीं कर सकते, अपने विचारों को हमें सुसंस्कृत करना चाहिये। हमारी वाणी में बल होना चाहिये। शरीर में ताकत और हौसला होना चाहिये। तभी हमें मान-सम्मान और अधिकार की प्राप्ति हो सकती है।''

महार आन्दोलन में अध्यक्षता

कुलाबा के सूबेदार का कहना था—''आखिर दलितों और अछूतों को कब तक सताया जायेगा? सताने की कोई सीमा होती है। एक कहावत है कि जब आदमी दबता है तो उसे और दबाया जाता है अगर सीना खोल दे तो फिर सामने कोई नहीं आता। इस संसार का यही नियम है कि जो कमजोर है उसे ही दबाया जाये।''

दलित वर्ग के सभी लोग महार सम्मेलन में एकत्रित हो यगे। यह सम्मेलन इसलिये किया गया कि दलित वर्ग के लोगों को अछूत बताकर उनके साथ अत्याचार न किया जाये। उनको भी समान अधिकार दिया जाये। उनको भी समाज में जीने का अधिकार है।

सब लोगों को यह जानकर अत्यधिक प्रसन्नता हुई कि इस सम्मेलन की अध्यक्षता डॉक्टर भीमराव अम्बेडकर करेंगे। इसलिये वहाँ काफी तादाद में लोग इकट्ठा हुए थे। सभी उनके दर्शनों के इच्छुक थे।

सम्मेलन 19 और 20 को सन् 1926 ई॰ को होना निश्चित किया गया। सम्मेलन का प्रचार जोर-शोर से किया जाने लगा।

महाराष्ट्र गुजरात और दूर-दूर से लोग सम्मेलन में आये थे। सम्मेलन का पंडाल बहुत बड़ा बनाया गया था। महारों ने इस सम्मेलन को करने में काफी पैसा भी लगाया था और ससम्मान उसे वहाँ आमन्त्रित भी किया था।

अम्बेडकर ठीक समय पर सम्मेलन में उपस्थित हो गये थे। उनका स्वागत खूब जोर-शोर से किया गया था। अम्बेडकर दलितों के दिल के राजा थे, अछूतों के मसीहा थे, जैसे ही वे वहाँ पहुँचे जोर-जोर से नारे लगने लगे—''डॉक्टर भीमराव अम्बेडकर जिन्दाबाद! भीमराव अम्बेडकर जिन्दाबाद'' अपनी जय-जयकार के नारे देखकर अम्बेडकर फूले नहीं समाये थे, अपना इतना अधिक सम्मान देखकर आज उन्हें बहुत खुशी हो रही थी।

भीमराव अम्बेडकर अब मंच पर आ गये और बोले–"सबसे पहली बात तो यह कि हमारे विचार दृढ़ होने चाहिये। जब विचार दृढ़ होंगे तो हमें हमारे इरादे से कोई भी नहीं डिगा सकता। दूसरी बात यह कि हमारी बात में वजन होना चाहिए और तीसरी बात यह कि हमारी बात में आवाज, ताकत होनी जरूरी है। तभी तो हम अपनी आवाज सरकार तक पहुँचा सकते हैं उनसे अपना अधिकार माँग सकते हैं।"

अम्बेडकर ने फिर आगे कहा–"सभी अछूत संगठित हो जायें। मेरा कहना मानो। तुम एक सूत्र में बंध जाओ। अपनी शक्ति का विनाश मत करो। मुर्दा पशुओं का मांस मत खाओ। तुम्हें सेना में भर्ती क्यों नहीं किया जाता, उसके लिये सरकार से लड़ो। समाज को दिखा दो और कह दो कि हम भी इंसान हैं। तुम्हें अछूत उसने बनाया है। हमें भी इस समाज में खुलकर जीने का मौका दिया जाना चाहिये, हम भी सम्मान के साथ सिर उठाकर जीना चाहते हैं।"

भीड़ में तालियाँ बजने लगीं और चारों ओर नारों की आवाजें गूँजने लगीं–"डॉक्टर भीमराव जिन्दाबाद! डॉक्टर अम्बेडकर जिन्दाबाद!" डॉक्टर अम्बेडकर मसीहा बनकर दलितों के सामने खड़े थे और उन्होंने उन्हें सम्मान दिलाने की बीड़ा उठाया था। इसलिये लोग उनसे बहुत खुश थे।

वे सबको सम्बोधित करते हुए कहने लगे–"मेरा ब्राह्मणों से निवेदन है कि वे अछूतों के साथ गिरा हुआ व्यवहार न करें। उन्हें अच्छी दृष्टि से देखें, क्योंकि वे भी उन्हीं के भाई हैं, सरकार को चाहिये कि वो अछूतों को नौकरी दे। अछूत विद्यार्थियों को छात्रवृत्ति और भोजन दे। गरीब और अछूत बच्चों को निःशुल्क शिक्षा की व्यवस्था करें। उन्हें भी सम्मान के साथ जीने का अधिकार दिया जाना चाहिये। बात-बात पर उनका अपमान नहीं होना चाहिये।"

सभा में अम्बेडकर की जय-जय होने लगी। सभा समाप्त हो गयी। सब अपने-अपने घर चले गये। सभी लोगों में अम्बेडकर के भाषण से उम्मीद की एक नई किरण जागी थी, सभी महार अम्बेडकर के साथ थे।

चौबार तालाब संघर्ष

जैसे ही सवेरा हुआ–डॉक्टर भीमराव अम्बेडकर पानी पीने के लिये चौबार तालाब पर आ गये। उनके साथ सैकड़ों दलित लोगों की भीड़ थी।

अम्बेडकर ने सबसे पहले चूल्लू में लेकर पानी पिया फिर उन्होंने कहा—"अधिकार दिये नहीं जाते और न कोई दिलाता है, अगर अधिकार चाहते हो तो उसके लिये लड़ो। अधिकार माँगने से कभी नहीं मिलता, बल्कि आगे बढ़कर छीनना पड़ता है।"

सभी ने पानी पिया और जूलूस पंडाल के नीचे आया। उच्च वर्ग के लोग यह तमाशा देख रहे थे। वे आपस में कहने लगे—"अछूत अपनी सीमा पार कर रहे हैं। उनकी हिम्मत तो देखो चौबार तालाब को अछूत कर दिया। अगर चुप हो गये तो इनकी हिम्मत और भी ज्यादा बढ़ जायेगी और यह इस प्रकर हमारे कुओं से भी पानी पीने लगेंगे।"

जुलूस वहाँ से चलकर वीरेश्वर मंदिर के सामने आकर रूका। सबसे पहले अम्बेडकर ने मंदिर में प्रवेश किया बाद में सभी लोग मंदिर में गये। यह नजारा वहाँ के उच्च वर्ग के लोग देख रहे थे, उनकी हिम्मत को रोकना पड़ेगा, वरना ये लोग ओर सिर पर सवार हो जायेंगे।

सभी लोग पंडाल में खाना खाने लगे, तभी विरोधी लोग लाठियाँ और भाले लेकर आ गये। आते ही उन पर टूट पड़े और मार-काट करने लगे। अचानक ही वहाँ घमासान की लड़ाई होने लगी, सभी उच्च वर्ग के लोग महारों पर टूट पड़े थे।

जुलूस में आये लोग निहत्ते होने के कारण मार खा गये। उच्च वर्ग की ब्राह्मणों ने यह समझा कि अछूत हमसे डर गये। अब ये कभी सिर नहीं उठायेंगे।

दूसरे दिन भीमराव अम्बेडकर ने एक बड़ी सभा आयोजित की। कल की घटना से उन्हें दुःख व क्रोध दोनों ही थे। उन्हें ब्राह्मणों पर रह-रह कर गुस्सा आ रहा था।

उन्होंने सभा को सम्बोधित करते हुए कहा—"कल हमारा अधिकार चौबार तालाब पर हो जायेगा।"

जोश में सभा के लोग कहने लगे—"हम सीने पर गोली खायेंगे, लेकिन अपने अधिकार नहीं छोड़ सकते। हम अपना अधिकार पाकर ही रहेंगे।"

भीमराव ने अपने भाषण में आगे कहा—"हमें पानी मिलना चाहिये। वह कुएँ का हो, तालाब का या नल का। पानी की बहुत जरूरत है। हमें रोका नहीं जा सकता। हम पर जो अत्याचार होते हैं, उन्हें सहन न करके

उनका विरोध करना चाहिये। हमें अपनी राह खुद बनानी है। हम कठ्पुतली बंनकर नहीं नाचेंगे, यह नाच बहुत दिन हो चुका है।"

तीसरे दिन चौबार तालाब पर अछूतों का कब्जा हो गया। पुलिस भी उन्हें नहीं रोक पायी। काफी तादाद में वहाँ महारों ने पहुँचकर अपनी एकता का प्रदर्शन किया।

यह चर्चा चारों ओर फैल गयी। ब्राह्मण वर्ग में भीमराव अम्बेडकर के लिये कहा जाने लगा—"यह अछूतों का मसीहा है। यह कुछ करके दिखायेगा। गरीब और अछूत उसका नाम सुनकर ही चले आते हैं। वछ उनका नेता है। बैरिस्टर है, वह विद्वान् है, महार हुआ तो क्या। आदमी बहुत काबिल है। गरीब और अछुत जनता उसके पीछे-पीछे दौड़ रही है। एक बहुत बड़ा परिवर्तन आने वाला है। जमाना बदल गया है। अब शूद्र भी अपने को शिरोमणि कहने लगे हैं। अगर उसी तरह चलता रहा तो ब्राह्मणों का तो रहना ही मुश्किल हो जायेगा। यह शूद्र ब्राह्मणों के सिर पर सवार हो जायेंगे।"

मंदिर में अछूतों के प्रवेश हेतु अम्बेडकर का सत्याग्रह

सवर्णों एवं अछतों के बीच भेदभाव को मिटाने के लिए तथा मंदिर में अछूतों के प्रवेश हेतु अम्बेडकर का अगला कदम नासिक के कालाराम मंदिर में अछूतों को प्रवेश कराना था। उनका मानना था कि सवर्ण व अछूत दोनों ही ईश्वर की सन्तान हैं। फिर अछूतों को राम का नाम लेने एवं मंदिर में उनकी पूजा करने के लिए अछूतों को क्यों प्रतिबन्धित किया गया है। इस बंधन को वे तोड़ना चाहते थे तथा सवर्ण व अछूत में समानता लाना चाहते थे।

1930 ई. में मार्च महीने में नासिक में काला मंदिर में प्रवेश करने के लिए डॉ. अम्बेडकर के नेतृत्व में बम्बई में सत्याग्रह समीति का गठन किया गया। समीति के माध्यम से स्वयं सेवकों की भर्ती होने लगी तथा चन्दा स्वरूप धन भी इकट्ठा किया जाने लगा। अम्बेडकर अपना एक विचार समाचार पत्रों में प्रकाशित करवाया—"राम केवल सवर्णों के नहीं हैं, अछूतों के भी हैं। जिस तरह राम की पूजा करने का अधिकार सवर्णो को है, उसी तरह अछूतों को भी है। अतः नासिक के काला मंदिर में राम की पूजा करने के लिए अछूत अवश्य प्रवेश करेंगे।"

हजारों स्वयं सेवकों की इस समिति में भरती हो गई तथा काफी धन भी एकत्रित हो गया। सारी तैयारी को जाने के बाद सत्याग्रह हेतु 2 मार्च का दिन निश्चित हो गया। इस निर्णय से पूरे नासिक में खलबली मच गई। इसके कुछ दिन पहले ही मंदिर में पुजारियों व ट्रस्टियों ने शंकराचार्य की अध्यक्षता में बैठक करके "मंदिर में अछूतों को प्रवेश न देने" का निर्णय लिया जा चुका था। इसके लिए मंदिर की रक्षा हेतु सरकार से भी आग्रह किया गया था ताकि मंदिर की पवित्रता व महत्ता बरकरार रहे।

इन दोनों पक्षों के निर्णयों ने सबके मन में अशांति की आशंका उत्पन्न कर दी। सत्याग्रह समिति द्वारा 2 मार्च के पहले ही गोदावरी नदी के किनारे शिविर लग गया। स्वयं सेवकों का जत्था पहुँचने लगा। हजारों की तादाद में अछूत स्त्रियाँ भी पहुँच चुकी थीं।

2 मार्च 1930 का वह दिन आ गया जिस मधुर बेला में अम्बेडकर अछूतों के साथ मंदिर में प्रवेश करने का प्रण कर चुके थे। अछूतों का एक विशाल जुलूस निकला, जिससे आगे-आगे फौजी बैन्ड बाजा बज रहा था जिसका नेतृत्व स्वयं अम्बेडकर कर रहे थे। काला मंदिर में प्रवेश हेतु चार द्वार हैं। एक मुख्य द्वार है तथा तीन छोटे-छोटे द्वार हैं। चारों द्वारों पर सशस्त्र पुलिस तैनात कर दी गई थी। चारों द्वारों पर घुड़सवार सैनिक भी प्रत्येक द्वार पर नियुक्त थे। अछूतों के इस विशाल जुलूस ने चारों ओर से मंदिर को घेर लिया था। सत्याग्रही राम की जय-जयकार बोलते हुये मंदिर में प्रवेश करने का प्रयास करने लगे लेकिन वे मंदिर में घुस नहीं पा रहे थे क्योंकि चारों द्वार बन्द करके वहाँ सशस्त्र पुलिस बल लगा दिया गया था।

सभी लोग यही सोच रहे थे कि जब सत्याग्रही दरवाजों को तोड़ने का प्रयास करेंगे तो गोली या लाठी अवश्य चलेगी लेकिन ऐसा नहीं हुआ। सत्याग्रही चुपचाप दरवाजों पर डटे रहे लेकिन उसे तोड़ने का प्रयास नहीं किये। दिनभर यही क्रम चलता रहा। अन्त में शाम को जुलूस गोदावरी नदी के किनारे वापस आ गया तथा एक जन-सभा का रूप ले लिया। इस सभा में निर्णय लिया गया कि 3 मार्च को सत्याग्रह किया जायेगा। लेकिन कोई हिंसा का मार्ग नहीं अपनायेगा। जत्थों में सत्याग्रही मंदिर के द्वारों तक जायेंगे तथा तब तक मंदिर अछूतों के लिए खोल नहीं दिया जायेगा, तब तक सत्याग्रही गिरफ्तारियाँ देते रहेंगे।

3 मार्च को सत्याग्रही मंदिर तक पहुँचने लगे तथा दस-बारह हजार सत्याग्रही गिरफ्तारियाँ देने के लिए तैयार खड़े थे। पूरा महीना सत्याग्रह चलता रहा। गिरफ्तारियाँ होती रही। 8 अप्रैल "राम की रथ यात्रा" निकलने का दिन था। मंदिर के ट्रस्टी एवं पुजारी यहीं सोचने लगे कि आखिर रथ यात्रा तो निकलनी अवश्य थी। उधर अछूतों का सत्यागह निरन्तर जारी था। अन्त में उन्होंने यह फैसला किया कि "भगवान राम का रथ सवर्ण और अछूत दोनों एक साथ मिलकर खींचेंगे"

8 अप्रैल को प्रभात बेला में मंदिर के बाहर सवर्णों और अछूतों की खचाखच भीड़ जमा हो गई थी। सुसज्जित रथ के ऊपर भगवान राम की मूर्ति सुशोभित विराजमान थी। समझौते के अनुसार रथ को सवर्ण और अछूतों दोनों खींचने वाले थे लेकिन अन्तिम क्षण में विवाद खड़ा हो गया। सवर्ण रथ को खींच कर ले गये। अछूत झंगड़े में फँसकर उलझ गये। अन्त में दोनों पक्ष एक दूसरे पर आक्रमण करने लगे। पुलिस ने लाठी चार्ज करके स्थिति पर नियंत्रण पाया तथा अम्बेडकर को किसी तरह भीड़ में से बाहर निकाला।

लेकिन इस घटना से सवर्णों और अछूतों में द्वेष एवं वैमनस्यता और बढ़ गई। जहाँ सवर्णो की संख्या अधिक थी, अछूतों पर जघन्य अत्याचार एवं अपराध किया। उनके घरों में आग लगा दिया गया, उनके बच्चों को स्कूलों से निकाल दिया गया। अछूतों को कूएं में पानी लेने तक को बन्द कर दिया गया। लेकिन नासिक का अछूतों का सत्याग्रह लगातार चलता ही रहा। अन्त में 1935 में नासिक का कालाराम मंदिर अछूतों के लिए खोल दिया गया तथा अछूतों की विजय हुई जिसका श्रेय बाबा साहेब डॉ. भीमराव अम्बेडकर को जाता है। अब दलित उनको अपना मसीहा मानने लगे। उनको पूजने लगे।

मुकदमे की पैरवी

बेरिस्टर की उपाधि प्राप्त कर जब भीमराव ने वकालत शुरू की तो उसके कुछ दिन बाद ही उनके हाथ में एक मुकदमा आया। जिसमें कुछ ब्राह्मणों ने अछूतों पर मानहानि का दावा किया था। ये तीन अछूत थे। इन्होंने ब्राह्मणों के खिलाफ एक पुस्तक लिखी थी। उसमें लिखा था।

'इन ब्राह्मणों ने देश का पतन किया है। ये देश को विनाश की ओर ले जा रहे हैं। इन्होंने ही छुआछूत की बीमारी फैला रखी है। इनकी दृष्टि में अछूत इन्सान ही नहीं है।'

पुस्तक में यह भी लिखा था–'इन ब्राह्मणों की दृष्टि में अछूतों को जीने का अधिकार नहीं हैं। ये कुएँ से पानी नहीं भरने देते। नल से भी पानी नहीं लेने देते। इनका कहना है कि कुआँ और नल अपवित्र हो जायेंगे। इस प्रकार अछूतों की हालत इन्होंने बद-से-बद्दतर बना रखी है।'

पुस्तक में यह भी उल्लेख था–'अछूतों के लिये यह कहा जाता है कि उन्हें ऊँची जाति के लोगों के सामने नहीं आना चाहिये। वे सड़कों की सफाई सवेरा होने से पहले कर लें। अगर कोई ब्राह्मण उन्हें सामने से आता दिखाई दे, तो उन्हें चाहिये कि वे सड़क पर लेट जायें, ताकि ब्राह्मण को उसका चेहरा न दिखाई पड़े, क्योंकि ऐसा होने पर अपशकुन माना जाता है।''

अम्बेडकर ने यह मुकदमा अपने हाथ में लेकर कम-से-कम (जितने वे चाहें) पैसों में करने का फैसला किया, क्योंकि यह मुकदमा उनके लक्ष्य की ओर ले जाने में उनकी सहायता कर रहा था।

तीनों मुवक्किल बहुत खुश हुए। मुकदमा अदालत में शुरू हो गया। पहले दिन सबूत पेश किये गये। दूसरे दिन जिरह हुई। तीसरे दिन तीनों अभियुक्तों ने अपनी सफाई पेश की। उनका कहना था कि 'यह पुस्तक लिखकर इन लोगों ने कोई भी अपराध नहीं किया है। जो कुछ इस देश में हो रहा है, वही सब इन्होंने इस पुस्तक में लिखा है।'

जिस दिन अदालत में बहस चली। तब अम्बेडकर ने जज को बताया–''सरकार, मेरे मुवक्किलों ने कोई भी कसूर नहीं किया हे। वे बेगुनाह हैं, उन्होंने किताब में जो कुछ भी लिखा है, वह बिल्कुल सही है जैसा कि इस पुस्तक में लिखा गया है। इसका प्रमाण आपको अपने आप मिल जायेगा।''

यह सुनकर अदालत में सन्नाटा छा गया। पाँच ब्राह्मण कटघरे में खड़े थे। उनका वकील खामोश खड़ा अम्बेडकर की ओर देख रहा था। अम्बेडकर जिन अछूतों के मुकद्में की पैरवी कर रहे थे वे खामोश खड़े थे और उनकी जिरह बड़े गौर से सुन रहे थे।

पूना के ब्राह्मणों द्वारा मानहानि का मुकदमा चलाने वाले इन ब्राह्मणों का कहना था कि—अछूतों को कठोर-से-कठोर सजा मिलनी चाहिये, क्योंकि इन्होंने ब्राह्मणों का अपमान किया है, उन पर आरोप लगाकर उनको कलंकित करने की कोशिश की है।

अम्बेडकर ने जज साहब को बताते हुए कहा—"इन ब्राह्मणों ने अंधेर मचा रखी है। यह अपने स्वार्थ को पूरा करते हैं, इसलिये इन्हें अछूत बताते हैं और इनके साथ दुर्व्यवहार करते हैं। यह अच्छा हुआ कि यह पुस्तक लिखी गयी। जनता को भी पता लग जाना चाहिये कि ब्राह्मणों की लोप लीला क्या है? ये अछूतों के साथ कैसा बर्ताव करते हैं, उन्हें घृणा की दृष्टि से देखते हैं। कदम-कदम पर उनका अपमान किया जाता है।"

भीमराव अम्बेडकर आगे कहते हैं कि—"भारत का जितना भी धार्मिक साहित्य है, वह अधिकांश ढोंग और पाखण्डों से भरा पड़ा है। मेरे मुवक्किलों ने कोई अपराध नहीं किया है, इन्हें छोड़ देना चाहिये।"

जज को अम्बेडकर की बात अच्छी तरह जँच गयी। दूसरे दिन जज ने अपना फैसला सुनाते हुए कहा—"ब्राह्मणों ने जो मानहानि का दावा किया है, वह गलत है। पुस्तक के लेखक अपराधी नहीं हैं। उन्होंने सच्ची बातें लिखी हैं। अदालत इस नतीजे पर पहुँची है कि तीनों अछूतों को इज्जत से बरी कर दिया जाये। उन पर लगे आरोप झूठे हैं, वह सजा के हकदार नहीं हैं।"

अछूतों के छूटने के पश्चात् लोगों में अम्बेडकर के प्रति श्रद्धा उमड़ पड़ी। अछूतों ने सोचा, अम्बेडकर को खूब सम्मान देना चाहिये। इसलिये एक सभा की जाये और अम्बेडकर को सभा में आमन्त्रित किया जाये। वे अछूतों के भगवान हैं और शायद अछूतों के उद्धार के लिये ही उनका जन्म हुआ है।

अम्बेडकर के सम्मान के लिए बम्बई के निकट जिला कुलाबा में एक विशाल सभा का आयोजन किया गया।

डॉक्टर भीमराव अम्बेडकर को निमंत्रण पत्र भेजा गया। उन्हें आने के लिए साथ में अग्रिम राशि भी भेजी गयी। अम्बेडकर ने इस सभा सम्मेलन में जाने का इरादा बना लिया, वह भी इसी मौके की तलाश में थे, आज वही सुनहरा मौका उनके हाथ लग गया था, इस मौके को वह अपने हाथ से जाने नहीं देना चाहते थे।

बाबा साहब के आन्दोलन का प्रचारक "बहिष्कृत भारत"

अम्बेडकर अछूतों को मानवाधिकार दिलाने हेतु निरन्तर संघर्ष करते जा रहे थे तथा उनके नाम चारों और फैल रहा था। अब वे अछूतों के माने-जाने प्रतिष्ठित नेता के रूप में चर्चित हो चुके थे। लेकिन अपने विचारों को व्यक्त करने के लिए उनके पास कोई अपना अखबार नहीं था, यह उनके सामने सबसे बड़ी कठिनाई थी। "मूकनायक" का प्रकाशन भी बन्द हो चुका था। दूसरे अखबर उनके विचारों को सही ढंग से नहीं छापते थे।

अतः अम्बेडकर ने 1927 में "बहिष्कृत भारत" नामक एक पाक्षिक पत्र निकालना प्रारम्भ किया जिसमें वे अपने विचारों को खुलकर लिखने लगे। सरकार और आम जनता के सामने अछूतों के मानवाधिकार सम्बन्ध अपने विचार व सुझाव स्पष्ट रूप से प्रस्तुत करने लगे। उनमें से कुछ सुझाव निम्नलिखित है–

1. सभी हिन्दुओं द्वारा स्वीकृत हिन्दू धर्म का एक प्रामाणिक ग्रन्थ हो जिस तरह से मुसलमानों, सिखों एवं ईसाइयों में है। वेद, मनुस्मृति, पुराण आदि पौराणिक ग्रन्थों का निषेण होना चाहिए।
2. हिन्दुओं का पुरोहितवाद समाप्त होना चाहिए। यदि इसे कायम भी रखा जाय तो इसका पैतृक आधार न होकर सबसे लिए समान रूप से अधिकारी हो।
3. पुरोहितों की संख्या आवश्यकतानुसार ही होनी चाहिए।
4. राज्य द्वारा मान्य धार्मिक कार्यक्रमों एवं उत्सवों को कराने हेतु प्रत्येक पुरोहित के पास एक सनद होनी चाहिए। बिना सनद के पुरोहिताई करना दंडनीय अपराध है।
5. पुरोहित एक प्रकार से सरकार कर्मचारी माना जायेगा जिसकी गतिविधियों को मूल्यांकन प्रशासन द्वारा किया जाना चाहिए ताकि वह अशिक्षितों एवं अछूतों का शोषण न कर सके।

डॉ. अम्बेडकर ने बहिष्कृत भारत के माध्यम से जातिवाद का खण्डन किया तथा उन्होंने कह कि मनुष्य जब पैदा होता है तो वह सिर्फ मनुष्य है, ईश्वर की सन्तान है न कि ब्राह्मण, क्षत्रिय, वैश्य का शुद्र। मनुष्य अपने स्वार्थ के लिए जातियाँ बनाया है। न कि ईश्वर प्रदत्त है।

उन्होंने आगे अपने लेखों में लिखा है कि–

"संसार में भारत को छोड़कर ऐसा कोई देश या समाज नहीं है। जिसमें करोड़ों आदमियों को अछूत माना जाता हो और ईश्वर की दी हुई चीजों को भी उन्हें प्रयोग करने न दिया जाता हो। धरती, जल तथा वायु प्रकृति से स्वतः मनुष्य को प्राप्त है। इस पर सबका बराबर अधिकार होता है न कि एक वर्ग या समाज विशेष का। जो समाज इनके उपयोग में विघ्न पैदा करता है या प्रतिबन्धित करता है, उस समय को यदि अज्ञानियों का समाज कहा जाए तो किसी को बुरा नहीं मानना चाहिए।"

अम्बेडकर ने अपने लेखों में यह भी कहा कि–

"ईश्वर एक है। एक मात्र ईश्वर की सम्पूर्ण सृष्टि का कर्ता-धर्ता है। सभी मनुष्य एक ही ईश्वर की सन्तान हैं, परस्पर भाई-भाई हैं। न कोई छोटा है, न कोई बड़ा। न कोई ऊँच है और न कोई नीच। जो धर्म और समाज ऊँच-नीच, बड़ा-छोटा आदि की श्रेणियाँ बनाता है उसमें विभेद पैदा करता है, उस धर्म व समाज की अधिक से अधिक विरोध निन्दा होनी चाहिए।"

अम्बेडकर ने वेदों, उपनिषदों और शास्त्रों से प्रमाण देकर सिद्ध किया है–"मनुष्य जन्म से न तो ब्राह्मण होता है और न अछूत।" प्रमाण देकर उन्होंने यह सिद्ध किया कि हिन्दू धर्म में अछूतपन के लिए कोई स्थान नहीं है।

बाब साहब द्वारा डिप्रेस्ड क्लासिस शिक्षा सोसाइटी की स्थापना

यद्यपि डॉक्टर भीमराव अम्बेडकर सामाजिक चेतना जाग्रत करने के लिये बहिष्कृत हितकारिणी सभा का गठन कर चुके थे, परन्तु दलितों, शोषितों के मानसिक तथा बौद्धिक विकास के लिये उन्होंने जुलाई, सन् 1928 में 'डिप्रेस्ड क्लासिस शिक्षा संस्था' की स्थापना की ताकि सर्वहारा समाज के लोग शिक्षा प्राप्त करने की ओर उन्मुख हो सकें। उनके अन्दर शिक्षा के प्रति जागरुकता उत्पन्न हो। तभी देश का कल्याण होगा।

बम्बई सरकार से पिछड़े वर्ग के विद्यार्थियों के लिए उन्होंने दो छात्रावास स्थापित करा दिये थे। उनकी माँग पर बम्बई प्रान्त के गवर्नर ने 8 अक्टूबर, सन् 1928 को दलित वर्ग के छात्रों हेतु पाँच होस्टलों की स्थापना करवाई। ये सब अम्बेडकर ने अपनी काबलियत, लगन और मेहनत के बल पर किया था।

मन्दिर-प्रवेश वाली समस्या अभी तक उलझी हुई थी। गाँधी जी अभी इस पक्ष में नहीं थे कि अछूत मन्दिर में प्रवेश करें। वे इस पक्ष में भी नहीं थे कि एक साथ भोजन किया जाये। गाँधी जी का कहना था कि–"यदि पुराने मन्दिर में अछूतों को प्रवेश करने से मना करते हैं; तो तुम उनके लिए मन्दिर बनवा सकते हो। वह वहाँ अपनी पूजा-अर्चना कर सकते हैं, वह मन्दिर अछूतों का ही होगा।"

अछूत तभी तक मन्दिर में प्रवेश नहीं कर पा रहे थे। उनकी दृष्टि में मन्दिर में प्रवेश के लिये आन्दोलन चलाना अच्छा है, परन्तु उससे भी जरूरी अन्य समस्याओं पर ध्यान ले जाना है। उन्होंने उनका ध्यान इस ओर दिलाते हुए कहा था कि तुम लोगों में आध्यात्मिक भोजन की अपेक्षा अच्छी वस्तुओं की ओर ध्यान देना चाहिये। फलतः पहले तुम्हें अपनी शक्ति को बढ़ाना होगा। पहले जीवन की उन प्राथमिक समस्याओं से तो विमुक्त हो जाना चाहिये जिसके बिना जीवन का कोई उद्देश्य नहीं है। पूना से वापस आने पर डॉक्टर अम्बेडकर ने बम्बई लैजिस्लेटिव काउन्सिल डिबेट्स में भाग लिया। उन्होंने विलेज पंचातय बिल' में संशोधन करवाना चाहा। उनका कहना था कि पंचायत के अन्तर्गत एक मुस्लिम और एक अछूत को जिलाधीश नियुक्त करें। ऐसा तभी हो, जबकि वे विलेज बेंच नहीं हों। मताधिाकर का सभी प्रयोग करें। सभी को मत डालने का पूरा अधिकार है। फिर अछूत वर्ग ही इस अधिकार से वंचित क्यों रहे?

धीरे-धीरे मन्दिर-प्रवेश पर पुनः विचार किया जाने लगा था। डॉक्टार अम्बेडकर की दृष्टि में मन्दिर-प्रवेश उनका अन्तिम उद्देश्य नहीं था, बल्कि सामाजिक व धार्मिक स्तर की समानता के लिये यह प्रश्न अवहेलना करने वाला नहीं था।

रत्नागिरि में डॉक्टर अम्बेडकर को नये मन्दिर के उद्घाटन के लिये सेठ कीर ने आमन्त्रित किया था। यह मन्दिर सेठ कीर ही बनवा रहे थे। डॉक्टर अम्बेडकर पूर्व-निर्धारित कार्यक्रम की व्यस्तता को ध्यान में रखते हुए उस आमन्त्रण को स्वीकार नहीं कर सके।

डॉक्टर भीमराव अम्बेडकर ने गाँधी के सामने यह प्रश्न रखा था–"यदि अब मैं मन्दिर-प्रवेश को स्वीकार कर लूँ तो गाँधी जी किस तरफ होंगे? यदि वह विरोधी शिविर में होंगे, तो मैं अब उनके शिविर में अब कतई नहीं हो सकता। वरना उन्हें हमारे शिविर में रहना होगा।"

गाँधीजी ने इस सम्बन्ध में एक वक्तव्य देते हुए लिखा था–"मैं एक हिन्दू हूँ, केवल इसलिये नहीं कि मैंने हिन्दू व्यवस्था में जन्म पाया है, अपितु मैं अपने विश्वास और चुनाव की भावना नहीं है। जब डॉक्टर अम्बेडकर स्वयं वर्णाश्रम का विरोध करते हैं, तब मैं उनके शिविर में नही रह सकता, क्योंकि मेरे विश्वास के अनुसार वर्णाश्रम हिन्दू धर्म का एक अभिन्न अंग है। मैं इस व्यवस्था को नहीं मानता, मेरी नजर में हिन्दू धर्म में कोई भेदभाव नहीं होना चाहिये।"

डॉ. भीमराव अम्बेडकर ने कहा–"वह महात्मा, जिससे वह अपना निर्देशन ग्रहण करते हैं, चिन्तन में आस्था नहीं रखता फलतः वह ऐसा मार्ग निर्देशन नहीं कर सकता, जिस अनुभव के आधार पर खरा उतारा जा सके। अपने प्रतिष्ठित विचारों के प्रति सम्मान सहित रूढ़िवादी के सम्मान, वह इस बात से भयभीत है कि यदि कहीं उसने एक बार चिन्तन शुरू कर दिया, तो बहुत-सी संस्थाएँ और आदर्श, जिनसे उनका लगाव है, धूमिल तथा धराशायी हो जायेंगे।"

डॉक्टर भीमराव अम्बेडकर अपने समय के सबसे अधिक विवादास्पद व्यक्ति रहे थे। उन्होंने दलित वर्ग के प्रश्न को भारतीय सवर्ण समाज व सरकार दोनों के लिये अपरिहार्य सिद्ध कर दिया था। यहाँ तक कि भारत की आजादी का प्रश्न भी उससे सम्बन्धित हो गया था। आजादी सारे हिन्दुस्तान के लिये ही चाहिये थी, लेकिन दलित वर्ग तो सदियों से गुलाम था और वह गुलामों से भी बुरी जिन्दगी जी रहा था। यदि देश आजाद हो गया, तो आजादी सवर्ण समाज के ही हाथ लगेगी। इस प्रकार से वह केवल सत्ता का हस्तान्तरण होगा। दलित फिर भी शोषित व उपेक्षित रहेगा। वह देश के स्वतन्त्र होने पर भी परतन्त्र ही रहेगा। उन्हें स्वतन्त्रता मिलने के बाद भी घृणा की दृष्टि से देखा जायेगा और अपने अधिकारों से वंचित रखा जायेगा।

साइमन कमीशन तथा अछूतों के लिए अम्बेडकर का संघर्ष

साइमन कमीशन की रिपोर्ट पर बिचार करने के लिए 8 अगस्त, सन् 1930 में नागपुर में आयोजित सर्वहारा समाज सम्मेलन की अध्यक्षता करते हुए डॉ॰ अम्बेडकर ने कहा था—"मैं इस अवसर पर कहना चाहता हूँ कि राजनैतिक शक्ति ही सभी रोगों का एकमात्र उपचार नहीं है। अछूतों की मुक्ति समाज सुधार में है। अपनी कुप्रवृत्तियाँ त्यागकर , अपने रहन-सहन में परिवर्तन लाओ, ताकि आप सरकार और मित्रता के पात्र बन सको। समाज के छोटे लोगों को सम्मान दोगे, तो वह आपका सम्मान करेंगे, तभी देश का सुधार सम्भव है।"

अपने भाषण का अन्त करते हुए मनस्वी अम्बेडकर ने बताया था—"जो आन्दोलन हमने खड़ा किया है, बनाया इससे न केवल हमारे लोगों का भला होगा, अपितु उससे देश में इस प्रकार का समाज भी स्थापित हो सकेगा, जिसमें प्रत्येक व्यक्ति के, प्रत्येक पक्ष में राजनीतिक, सामाजिक एवं आर्थिक समान मूल्य तथा स्थान निर्धारित होगा। जिसके अन्तर्गत महार जाति अपना सिर उठाकर जी सकेगी और अपने अधिकारों की प्राप्ति भी उन्हें होगी।"

मुम्बई में साइमन कमीशन आया था। सभा हो रही थी। सभा में साइमन भी उपस्थित थे। भीमराव अम्बेडकर भी उनके सामने उपस्थित हुए और सम्मान भरे स्वर में कहने लगे—"सरकार, आपकी सेवा में मैं कुछ निवेदन करना चाहता हूँ। अगर आप आज्ञा दें तो मैं आपके सामने कुछ गुजारिश करूँ।"

भीमराव ने अपना परिचय अछूतों और गरीबों का नेता बताकर दिया। अपने आपको उनका मसीहा बताया।

डॉ॰ अम्बेडकर ने कहा–"मैं अछूतों की ओर से एक स्मरण-पत्र पेश करना चाहता हूँ। आप मेरे इस स्मरण पत्र पर एक नजर डालकर देख लें।"

"कैसा स्मरण-पत्र?"

"इस पत्र के द्वारा मैं सैकड़ों अछूतों की समस्याएं और उनकी शिकायतें आपके सामने रखना चाहता हूँ। जो अत्याचार उन गरीबों पर होते हैं सब आपके सामने लाना चाहता हूँ ताकि उन्हें इन अत्याचारों से मुक्ति मिल सके।"

"मुझे यह पत्र समझाओ अम्बेडकर।"

"सुनिये!" अम्बेडकर कहने लगे–"भारत की आबादी का पाँचवाँ भाग गरीबों और अछूतों का है। इन्हें पद-दलित किया जाता है। इन्हें मनुष्य नहीं पशु समझते हैं। ये कुएँ से पानी नहीं भर सकते, नल पर भी पानी नहीं पी सकते और तालाब पर जाने का भी अधिकार इन्हें नहीं है। इन पर जो अत्याचार हो रहे हैं वे सब बन्द हो जाने चाहियें। इन्हें समाज में मान-सम्मान और अधिकार के साथ जीने का अवसर दिया जाना चाहिये।"

जानॅ साइमन ने सहानुभूतिपूर्वक अम्बेडकर की तरफ देखते हुए कहा–"इसके अतिरिक्त और क्या चाहते हो अम्बेडकर?"

"इन लोगों के लिए स्थान का आरक्षण होना चाहिए। इन्हें भी मंत्रिमंडल में शामिल किया जाये और अछूतों का भी एक मंत्री होना चाहिये। इनकी शिक्षा का उत्तम प्रबंध होना बहुत जरूरी है। जल और थल सेना में भर्ती होना भी अनिवार्य है, ताकि यह भी आपको सम्मान के योग्य समझें, तभी इन्हें अधिकार भी प्राप्त होंगे।"

"क्या दलित और अछूत लोगों का एक ही मतलब है?" साइमन ने आश्चर्यपूर्वक पूछा।

"हाँ सरकार।"

"तो आप उनके प्रतिनिधि हैं? मेरा मतलब है कि दलित और अछूत लोगों ने आपको ही अपना नेता चुना है।"

"जी हाँ।"

"बम्बई प्रदेश के विधान में इन लोगों के लिये क्या होना चाहिये? तुम इन लोगों के लिए कौन–से अधिकार, किस मान-सम्मान की बात कर रहे हो?" उन्होंने हमदर्दी भरे स्वर में पूछा।

"इनको हिन्दुओं से अलग और अल्पसंख्यक कहना जरूरी है। प्रत्येक युवा को मत देने का अधिकार मिलना चाहिये। इनकी सीट भी सुरक्षित होनी चाहिये, जैसी अन्य उच्च वर्ग के लोगों की होती है। इन्हें भी बराबर के अधिकार देने चाहियें।"

"अगर हर एक युवक को मताधिकार न दिया जाये तो?"

"तो ये लोग अलग निर्वाचन क्षेत्रों की माँग करेंगे।"

"तुम चाहते हो कि इन लोगों को सरकारी नौकरियाँ दी जायें। ऐसा क्यों चाहते हो तुम अम्बेडकर? हमें पूरी बात खुलकर समझाओ, ताकि हम तुम्हारी समस्या को समझ जाएं।"

"मैं ऐसा इसलिये चाहता हूँ कि अछूतों के साथ न्याय नहीं होता और उन्हें उपेक्षा की दृष्टि से देखा जाता है। उन्हें कदम-कदम पर अपमानित होना पड़ता है। लोगों के अपमान सहने पड़ते हैं।"

"आप मुझे समझायें अम्बेकर कि दलित वर्ग क्या है? ये अछूत लोग कैसे होते हैं?" उन्होंने पूछा।

"दलित वर्ग?"

"हाँ दलित वर्ग।"

"तो सुनिये! मैं आपको पूरी तरह से दलित व अछूत वर्ग का मतलब समझाता हूँ, ताकि आप उनके साथ इंसाफ कर सकें।"

"क्या समझना चाहते हो हमें बताओ।"

"इन जातियों को अछूत कहा जाता है और इनसे छुआछूत फैलती है। ये लोग इन्हें अपनी बराबरी का नहीं समझते, इसलिये इनका बार-बार अपमान किया जाता है। उन्हें गालियाँ दी जाती हैं, इन्हें स्कूल जाने का अधिकार नहीं दिया जाता।"

"क्या ये लोग आपस में एक साथ बैठकर खाते हैं?"

"हाँ सरकार! ये लोग आपस में एक साथ मिलकर खाते हैं, एकसाथ मिलकर ही हर कार्य करते हैं।"

"तो इन्हें हम हिन्दू ही कहेंगे न? या फिर किसी और नाम से इन्हें पुकारा जाता है?"

"हाँ सरकार, इन्हें हिन्दू ही कहा जायेगा। जब तक ये हिन्दू घेरे से बाहर हैं, तभी तक अछूत हैं। मैं अपने को हिन्दू भी कहता हूँ और गैर-हिन्दू भी, क्योकि हिन्दू धर्म अपनाने के बाद भी हमें उन अधिकारों से वंचित कर रखा है।"

इस पर साइमन को हँसी आ गयी और वे अम्बेडकर से कहने लगे—"इसका मतलब यह हुआ अम्बेडकर, यदि तुम हिन्दू घेरे से बाहर रहोगे तो तुम पर हिन्दू कानून लागू नहीं होगा।"

"सरकार मैं हिन्दू हूँ।"

साइमन की खुशी का ठिकाना न रहा। वह अम्बेडकर पर बहुत प्रसन्न हुए। उनकी बातों को सुनकर वह काफी प्रभावित हुए थे और काबिलियत भी उनसे छिपी न रह सकी थी।

उन्होंने कहा—"तुम एक सच्चे नेता हो अम्बेडकर! अछूतों को एक ऐसे नेता की सख्त जरूरत है जो उनका उद्धार कर सके, उन्हें समाज में मान-सम्मान दिला सके। उन्हें उनके अधिकार वापस दिलाये।

अब मेरी समझ में आ गया भारत में अछूतों के साथ अच्छा व्यवहार नहीं किया जाता। न ही उन्हें छुआ जाता, बल्कि हिन्दू लोग उन्हें घृणा की दृष्टि से देखते हैं और उनका अपमान करते हैं।"

साइमन का यह भी कहना था—"यही कारण है कि यह देश बहुत पीछे हैं। वहाँ लोगों में आपस में ही भेदभाव हैं, तो फिर उन्नति का तो सवाल ही पैदा नहीं होता।"

साइमन ने आखिर में अम्बेडकर को धन्यवाद दिया और हँसकर बोले—"डॉक्टर अम्बेडकर, तुमने हमारी सभा को सफल बनाया है। तुम जैसा चाहते हो वही किया जायेगा। हम तुम्हारे प्रार्थना-पत्र पर जरूर गौर करेंगे।"

दलितों के उत्थान और उद्धार की राहों पर चलने वाले डॉक्टर अम्बेडकर ने कुछ दिनों बाद अहमदाबाद का दौरा किया। उनके आने की खबर पूरे शहर में फैल गयी। उनके स्वागत के लिए लोगों की भीड़ उमड़ पड़ी। लाखों की तादाद में वहाँ अछूत व महारों ने पहुँचकर अपनी एकता का प्रदर्शन किया।

इस अवसर पर 'नवयुवक मण्डल' अहमदाबाद ने डॉक्टर अम्बेडकर को एक मान-पत्र भेंट किया। उसमें लिखा था—"अम्बेडकर! आप हमारे लिये आत्मयोग देकर, निरन्तर मेहनत करके जिस युद्ध को चला रहे हैं, उसके प्रति हम आपके ऋणी हैं। आत्मयोग देकर अछूत भाइयों की उन्नति के लिए जिस दृढ़ युद्ध का आप संचालन कर रहे हैं उसकी हम प्रशंसा करते हैं। आप हमारे लिये भगवान हैं, आप हमारे लिये

पूजनीय हैं, हम आपकी दिल से कद्र व सम्मान करते हैं। आप हमारे मसीहा हैं।

हम हैं आपके सच्चे अनुयायी,

अहमदाबाद के अछूत।''

इस मान-पत्र के उत्तर में डॉक्टर अम्बेडकर ने जनता के नाम जो विचार रखे, वे इतिहास में सुनहरे पन्नों में जुड़े हुए हैं। डॉक्टर भीमराव अम्बेडकर ने कहा–

''बहिनों और भाइयों! आपने जो मुझे मान-पत्र दिया, उसके लिये मैं नवयुवक मण्डल का आभारी हूँ। मान-पत्र में जो मेरी स्तुति की गयी है, मैं उसके योग्य नहीं हूँ, मैं आपको वचन देता हूँ कि जहाँ तक हो सकेगा, जाति का उत्थान करने का प्रयास करूंगा। गाँधीजी तो हिन्दू, सिक्ख, मुस्लिम एकता ही ही चर्चा कर रहे हैं। वे कहते हैं जब तक देश में एकता स्थापित नहीं हो जाती, मैं गोलमेज सम्मेलन में नहीं जाऊँगा, परन्तु उनकी समिति उन्हें सम्मेलन में भाग लेने भेज रही है। लेकिन मैं अछूतों के अधिकार के लिए जा रहा हूँ उन्हें उनका सम्मान वापस लौटाने के लिए संघर्ष कर रहा हूँ।''

गोलमेज सम्मेलन

प्रथम गोल मेज सम्मेलन

तब भारत अंग्रेजों के अधीन था। ब्रिटिश सरकार यहाँ राज कर रही थी। लंदनमें गोलमेज कांफ्रेस होने जा रही थी। उसमें गाँधीजी को भी बुलाया गया था। भीमराव अम्बेडकर भी इसमें बुलाये गये थे। मुस्लिम लीग के प्रमुख नेता मोहम्मद अली जिन्ना को भी आमन्त्रित किया गया था। इस सभा में सभी लोग जो खास थे, वही मौजूद थे और उनकी अपनी-अपनी समस्यायें थीं।

यह राजनैतिक सभा थी। सर तेज बहादुर सप्रू भी हिन्दू नेताओं में गये थे। सर चमन लाल आदि नेता भी आये थे। मुसलमानों के प्रमुख नेता भी उपस्थित थे। इसके अलावा और भी ऐसी महान् हस्तियाँ इस सभा में मौजूद थीं।

सिक्खों की ओर से सरदार उज्ज्वल सिंह आये थे। सम्मेलन में अंग्रेजों के भी प्रतिनिधि उपस्थित थे। कश्मीर और पटियाला के राजा, ऐसे ही बड़ौदा और भोपाल नरेश, अलवर और बीकानेर के राजा भी आये थे।

सबका परिचय जॉर्ज पंचम बादशाह से कराया गया। इसके पश्चात् सम्मेलन की कार्यवाही शुरू की गयी। बारी-बारी से सभी वक्त मंच पर आते गये और अपनी बात कहते गये। सभी ने अपनी-अपनी समस्या वहाँ पेश की थी।

डॉक्टर अम्बेडकर को बहुत कुछ कहना था इसलिए उनको सबसे बाद में बोलने का मौका दिया गया। आज बहुत खुश दिखाई पड़ रहे थे। उनके चेहरे पर प्रसन्नता के भाव स्पष्ट दिखाई पड़ रहे थे। आज उन्हें सबके सामने खुलकर अपनी समस्या रखने का अवसर दिखाई दे रहा था।

अब अम्बेडकर ने मंच पर बोलना आरम्भ किया—"हुजूर, हमारे देश के अछूतों ने आपके राज में कोई उन्नति नहीं की। मुझे इसका दुःख है और मैं इसकी शिकायत करता हूँ। क्या भारत से छुआछूत कभी जायेगी या नहीं? ये तालाबों से पानी नहीं भर सकते, कुएँ से पानी नहीं ले सकते। इनके छूने से नल अपवित्र हो जाते हैं। इन पर मन्दिरों में जाने पर रोक लगी। सेना और पुलिस में इन्हें भर्ती नहीं किया जाता। इनको खूब सताया जाता है। बात-बात पर इनको अपमानित करके भेज दिया जाता है। इन्हें इनके अधिकारों से वंचित कर रखा है।"

अम्बेडकर की बात से सम्राट पर बहुत गहरा प्रभाव पड़ा। वे पूरी तरह प्रभावित हुए और सोचने लगे कि भारत में अछूतों के लिये हुए-न-कुछ अवश्य होगा। ये तो उन अछूतों पर बड़ा जुल्म हो रहा हैं, उन्हें उनका अधिकार मिलना ही चाहिये।

गाँधीजी मणि भवन में ठहरे थे। डॉक्टर भीमराव अम्बेडकर उनसे मिलने गये। दोनों में बातचीत हुई। काफी देर तक वह अपने-अपने विषयों पर चर्चा करते रहे।

गाँधीजी ने कहा—"हमारी काँग्रेस ने दलित वर्ग पर बीस लाख रुपया खर्चा किया है और आपका कहना है कि मैंने अछूतों के लिए कुछ किया ही नहीं। अम्बेडकर, तुम इन्हें अछूत कहते हो। इन्हें मैं हरिजन कहकर पुकारता हूँ। ये तुम्हारी भूल है कि हम इन लोगों के साथ भेदभाव व्यवहार करते हैं।"

अम्बेडकर गाँधीजी से नाराज थे

"महात्मा जी, मैं आपका सम्मान करता हूँ जो बीस लाख रुपये आपने अछूतों पर खर्च किये, वह रकम अगर उन्हें बाँट देते, तो उनका कुछ भला होता। भारत में आप छुआछूत नहीं मिटा पाये, मुझे इसका दुःख है। मैंने तय कर लिया है कि दलितों को मानवता का अधिकार दिलाकर रहूँगा। उन्हें इस देश में मान-सम्मान दिलाकर ही साँस लूँगा। अब उन पर अत्याचार नहीं होने दूँगा।"

महात्मा गाँधी अम्बेडकर की बात सुन रहे थे। अम्बेडकर आगे बोले—"मुसलमानों और सिक्खों को आरक्षण का अधिकार दिया गया हैं, अछूतों को फिर क्यों छोड़ दिया गया? क्या ये अछूतों के साथ भेदभाव नहीं है?"

कुछ देर बाद गाँधीजी बोले—"अम्बेडकर, मैं तुम्हारी इस बात से सहमत नहीं हूँ। तुम समझ नहीं रहे हो कि तुम क्या बोल रहे हो, हमारी बात को समझने की कोशिश करो।"

काफी देर तक दोनों नेताओं में बहस होती रही, मगर कुछ भी निश्चित नहीं हो पाया कि अछूतों के लिए कौन-सा कदम उठाया जाये और उनके लिये क्या किया जाये? जो महारों को उनका अधिकार वापस मिल सके।

गाँधीजी का कहना था कि वे हरिजनों का उद्धार कर रहे हैं और भीमराव अम्बेडकर का कहना था कि देश में अछूतों के लिये कुछ नहीं हो पा रहा है, चारों ओर के दरवाजे उनके लिए बंद हैं, उनकी बात न सरकार तक पहुँचती है और न समाज उनकी सुनता है। समाज में रहकर भी वे समाज से दूर हैं। यह बड़ेःदुख की बात है। अपने ही देश में अपने ही लोगों के साथ आप लोग ऐसा व्यवहार कर रहे हैं।

द्वितीय गोलमेज सम्मेलन में

15 अगस्त, सन् 1931 को लंदन में दूसरा गोलमेज सम्मेलन बुलाया गया। डॉक्टर अम्बेडकर पहले गोलमेज सम्मेलन में शामिल हो चुके थे, इसलिये इस बैठकर में उनका जाना निश्चित था।

अभी डॉक्टर अम्बेडकर लंदन जाने की तैयारी कर ही रहे थे कि 16 अगस्त, सन् 1931 को गाँधीजी ने कहा—"मैं डॉक्टर अम्बेडकर से मिलना

चाहता हूँ। वे एक सुलझे हुए योग्य तथा कुशल वक्ता हैं। मुझे उनकी काबिलियत पर पूरा भरोसा है।"

डॉक्टर अम्बेडकर गाँधीजी से मिलने पहुँचे। गाँधी जी ने अपने सामने जब दलितों के मसीहा को खड़े देखा, तो गद्गद् हो उठे। उन्होंने अम्बेडकर को गले लगाया और कहा—"मैंने सुना है कि आपको मुझसे और काँग्रेस से कुछ शिकायत है। काँग्रेस ने अछूतोद्धार के लिए 24 लाख रुपया खर्च किया है। इतने पर भी आपको काँग्रेस और मेरे ऊपर विश्वस नहीं है। आप मेरा और काँग्रेस का बराबर विरोध कर रहे हैं। क्या आपको लगता है कि हम अछूतों के लिये कुछ नहीं कर रहे हैं, हम उनके अधिकार उन्हें नहीं देना चाहते?"

डॉक्टर अम्बेडकर यह सुनकर अन्दर-ही-अन्दर अपने को मथने लगे। वह कभी गाँधीजी का चेहरा देखने लगते और कभी कुछ सोच में डूब जाते। उनको गाँधीजी की बात पर विश्वास नहीं हुआ था, न उन्होंने उनकी बात पर ज्यादा ध्यान ही दिया।

गाँधीजी उनकी भावभंगिमा को तोड़कर बोले—"मैं जानता हूँ कि आप सत्यवादी और स्पष्टवक्ता हैं, इसलिये आपके मन में जो कुछ है वही मुझसे भी कहिये। आप क्या चाहते हैं महारों के लिए, एक बार मुझे समझायें, ताकि मैं उसी प्रकार उनके लिये कुछ कह सकूँ।"

डॉक्टर अम्बेडकर कहने लगे—"मैं स्पष्ट कहता हूँ कि काँग्रेस ने अछूतोद्धार के नाम पर जो कुछ भी किया है, वह सिवाय ढोंग के और कुछ नहीं है। रही 24 लाख खर्च करने की बात, उससे अछूतों को कुछ नहीं मिला है--खर्च करने वाले जानें कि उन्होंने इतने धन को कहाँ बहाया है, काँग्रेस का सदस्य होने के लिये जैसे खादी पहनना आवश्यक ठहराया गया है, वैसे ही अछूतपन को न मानना क्या अनिवार्य नहीं ठहराया जा सकता था?"

अम्बेडकर के ये शब्द सुनकर गाँधीजी सोच में पड़ गये। डॉक्टर अम्बेडकर ने अब आगे कहा—"यदि काँग्रेस ने ऐसा किया होता, तब भी क्या नासिक जिला काँग्रेस कमेटी के अध्यक्ष नासिक में अछूतों से मन्दिर प्रवेश कर विरोध कर सकते थे। आपकी काँग्रेस अंग्रेजी सरकार का हृदय परिवर्तन हुआ देखना चाहती है। वह पहले अछूतों के विषय में अपने हृदय को परिवर्तित क्यों करती?

अब मेरा विश्वास न आप पर है न आपकी काँग्रेस पर है। यदि मेरा विश्वास किसी बात पर है तो वह है अपना उद्धार आप कर सकने पर। काँग्रेस अछूतों के लिये कुछ नहीं करेगी, न ही मैं किसी और पर भरोसा कर सकता हूँ।''

गाँधीजी ने इतना स्पस्टवादी व्यक्ति कभी नहीं देखा था। वे डॉक्टर अम्बेडकर की प्रशंसा करने लगे। उन्हें अम्बेडकर में अलग बात देखने को मिली।

दूसरी गोलमेज सभा में डॉक्टर भीमराव अम्बेडकर से सम्राट जार्ज पंचम हँसकर मिले। उन्होंने पूछा–''अब तुम्हारा परिवार कैसा है अम्बेडकर?''

''सरकार आपकी दया से ठीक है, लेकिन मेरी आर्थिक स्थिति ठीक नहीं है। आजकल मैं आर्थिक स्थिति से थोड़ा परेशान हूँ।''

''वो कैसे?'' उन्होंने पूछा।

''अब आपके सामने क्या बताऊँ, सभी कुछ तो बयान नहीं कर सकता।'' उन्होंने कहा।

''तो इतनी ऊँची शिक्षा कैसे पायी आपने?''

''मैं महाराज गायकवाड़ का आभारी हूँ। मुझे उन्होंने आर्थिक सहायता दी और पढ़ने के लिए लंदन तथा अमेरिका भेजा। मेरा एक दोस्त कैलुस्कर है, उसका भी मैं अभारी हूँ। इनके अलावा मेरा एक मित्र और नवल भटेना है उसने भी मुझे आर्थिक सहायता दी। इन सबकी कृपा से यहाँ तक पहुँचा हूँ।''

''तो आप इस सम्मेलन में अछूतों के प्रतिनिधि बनकर आये हैं?''

''सरकार आपका सोचना ठीक है। मैं अछूतों का नेता बनकर उनकी समस्या का समाधान करवाने के लिये यहाँ आया हूँ।''

''आप मुझे बतायें कि भारत के अछूतों की आजकल क्या दशा है? वो किस हालात से गुजर रहें है और तुम उनके लिये क्या करवाना चाहते हो?''

''यह न पूछिये.....।''

''क्यों?''

''भारत की जनसंख्या का पाँचवाँ भाग अछूतों का है। ब्राह्मणों की आँखों में ये कांटे की तरह चुभते हैं। ऊँचे वर्ग के लोग उनकी छाया से ही नफरत करते हैं, उनको अच्छी निगाह से नहीं देखा जाता और शूद्र

कहकर पुकारा जाता है। उन्हें शिक्षा नहीं दी जाती, समाज से उन्हें दूर रखा जाता है। बात-बात पर उनका अपमान किया जाता है। उन्हें कुओं से पानी तक नहीं लेने दिया जाता।"

सम्राट ने अम्बेडकर की बातें सुनीं तो उन्हें बहुत दुःख हुआ। उनके मुँह से निकला—"अम्बेडकर, इस पर विचार किया जायेगा। अब आप अपना माँग-पत्र पेश कीजिये। आप जो समस्या हमारे पास लेकर आये हैं हम उसके समाधान के लिये विचार-विमर्श करेंगे।"

अम्बेडकर उत्तर देते हुए माँग-पत्र पढ़ने लगे-जिसकी पहली शर्त थी—अछूतों को उनकी जनसंख्या के मुताबिक प्रान्त की विधानसभा में और केन्द्र सरकार में प्रतिनिधित्व मिलना चाहिये।

दूसरी शर्त यह थी—अछूतों का निर्वाचन क्षेत्र अलग होना चाहिये।

इस पर गांधी जी ने आपत्ति जाहिर की। वे बोले—"मैं यह मानने के लिए तैयार नहीं हूँ।

अम्बेडकर, तुम कहते हो कि तुम अछूतों का प्रतिनिधित्व करने आये हो, लेकिन हिन्दू धर्म को तुम खण्ड-खण्ड कर रहे हो। तुम्हारे कहने के अनुसार किया गया तो देश के टुकड़े-टुकड़े हो जायेंगे।"

"अछूतों को मैं ईसाई और मुसलमान बना लूँगा, लेकिन हिन्दू धर्म को खण्डित नहीं होने दूँगा।"

जब सम्राट ने यह देखा तो वह अपनी बात कहने लगे—"अम्बेडकर की सभी शर्तें स्वीकार की जाती हैं। भारत के अछूतों को अलग निर्वाचन क्षत्रों द्वारा आरक्षण दिया जाता है। वह जिसको चाहें अपना नेता चुन सकते हैं।"

सभी लोग चौंककर रह गये। सभा की कार्यवाही समाप्त हो गयी। डॉक्टर भीमराव अम्बेडकर खुशी से फूले नहीं समाये। जिस उद्देश्य को लेकर वे सभा में आये थे उन्हें उसमें सफलता मिल गयी थी। अब उनकी खुशी का ठिकाना नहीं रहा, महारों को उनका अधिकार दिलाकर वो बहुत खुश थे।

डॉ. अम्बेडकर का गांधी से समझौता

महात्मा गाँधी जैसे ही गोलमेज सभा से लौटकर भारत आये, वैसे ही उन्हें गिरफ्तार कर लिया गया। उनको राजनैतिक बंदी बनाकर यरवदा जेल में भेजा गया। यह जेल पूना में थी।

गाँधीजी ने जेल से ही एक पत्र वायसराय को लिखा। उसमें लिखा था–"दलित वर्ग के लिए अलग से आरक्षण देकर आप देश के साथ अन्याय करेंगे। इस तरह हमारा भारत टुकड़ों में बँट जायेगा। मैंने आमरण अनशन आरम्भ कर दिया है। अछूतों को, जिन्हें मैं हरिजन कहता हूँ, समाज से अलग नहीं किया जायेगा। ये भारतीय समाज में रहेंगे, जिसे हिन्दू धर्म कहा जाता है। इन्हें समाज से अलग करने का अधिकार किसी को नहीं।"

सारी बातों के बाद यह तय किया गया कि मुम्बई में एक बड़ी सभा का आयोजन होना चाहिये। उसके अन्तर्गत इस समस्या का समाधान किया जायेगा।

सभा आयोजित की गयी और वह शीघ्र आरम्भ हो गयी। पंडित मदन मोहन मालवीय भी सभा में उपस्थित हुए और उन्होंने अम्बेडकर को समझाया। उनका कहना था–"भारत और गाँधीजी का ख्याल करो। अपने माँग पत्र पर विचार करो कि वह कहाँ तक ठीक है। क्या तुम्हारा यह ख्याल ठीक है कि दलित वर्ग को समाज से अलग आरक्षण दिया जाना चाहिये?"

इस पर अम्बेडकर ने जवाब दिया–"मुझे आपकी हर बात मंजूर है पंडित जी, लेकिन मैं दलित वर्ग को उनके अधिकार दिलाऊँगा।"

मालवीय जी ने अम्बेडकर को फिर समझाया–"अम्बेडकर, गाँधीजी के साथ समझौता कर लो। इसमें सबकी भलाई है। दलितों पर भी

पूरा-पूरा ध्यान दिया जायेगा। उन्हें समाज में मान-सम्मान दिया जायेगा और उनके अधिकारों का भी ख्याल रखा जायेगा।"

अम्बेडकर सुनते ही कहने लगे–'हिन्दू मुसलमान, सिक्ख और ईसाई इन्हें कोई परेशान नहीं करता। सारा कसूर अछूतों ने ही किया है। गाँधीजी ने आमरण अनशन किया। अगर यही अनशन वे देश की आजादी के लिये करते, तो पूरा देश उपवास करने लगता। छोटी-सी बात के लिए इतना बड़ा अनशन? यह मेरी समझ में नहीं आता। मैं छुआछूत को मिटाना चाहता हूँ, इसलिये मैं यह कर रहा हूँ।"

मालवीय जी ने बहुत समझाया मगर उनकी समझ में नहीं आया। मालवीय जी ने फिर कहा कि अछूतों को आरक्षित सीटें दे दी जायेंगी।

तब अम्बेडकर ने कहा–"सीटें ज्यादा-से-ज्यादा दी जायें। उनके निर्वाचन का समय पच्चीस वर्ष का रखा जाये।"

गाँधीजी ने जेल से अम्बेडकर को पत्र लिखकर भेजा-जिसे इस सभा में पढ़कर सुनाया गया।

पत्र में लिखा था-

"प्रिय डॉक्टर अम्बेडकर, देश को खण्ड-खण्ड मत होने दो। हिन्दू जाति को बचा लो। मेरी सहानुभूति भी तुम्हारे साथ है। मेरा जीवन तुम्हारे हाथ में है। अब जैसा उचित समझो वैसा करो। लगर तुम मेरा कहना मान लोग तो ज्यादा अच्छा रहेगा।"

कस्तूरबा गाँधी अम्बेडकर के पास आयीं और बोलीं–"गाँधीजी से समझौता कर लो अम्बेडकर और उनको बचाओ।"

इसके पश्चात् पंडित मदन मोहन मालवीय जी ने फिर से अम्बेडकर को समझाया–"महात्मा गाँधी की आवश्यकता पूरे देश को है। अगर यह सूरज अस्त हो गया, तो पूरे देश में अंधेरा हो जायेगा, इसलिये मेरी प्रार्थना है कि उस महान् पुरुष के प्राण बचाओ अम्बेडकर। हम एक महान् इंसान से हाथ धो बैठेंगे, उनकी आवश्यकता अभी आगे है।"

अब अम्बेडकर शान्त हो गये। थोड़ी देर मौन रहकर उन्होंने मालवीय जी से कहा–"मैं अब इन्कार नहीं करूँगा और संसार के महान् नेता गाँधीजी से समझौता कर लूंगा। वह भी नहीं चाहते थे कि गाँधीजी की तबियत और खराब हो।"

अब दोनों नेताओं में समझौता हो गया। उस समझौता पर गाँधीजी और डॉक्टर भीमराव अम्बेडकर के हस्ताक्ष थे। वह सभझौता सभा में पढ़कर सुनाया गया। जो इस प्रकार था--

(1) उनकी पहली शर्त यह थी कि दलितों के लिये सीटें विधान सभा में जो राज्य की होती हैं, वे 78 से बढ़कर 148 कर दी जायें।

(2) दूसरी शर्त यह थी कि इन सीटों का निर्वाचन कानूनी ढंग से होगा।

(3) तीसरी शर्त यह थी कि केन्द्रीय विधान सभा में दलितों के प्रतिनिधि मिले-जुले निर्वाचन क्षेत्रों के सिद्धान्तों के मुताबिक चुने जायेंगे।

(4) चौथी शर्त यह थी कि केन्द्र की विधान सभाओं में जितनी सीटें नियत होती हैं, उनमें से हरिजनों के लिए अट्ठारह प्रतिशत होनी चाहिये।

(5) पाँचवीं शर्त में लिखा था कि-प्रदेश और केन्द्र दोनों चुनावों की प्रक्रिया दस साल तक उसी तरह चलेगी।

(6) छटी शर्त के अनुसार, केन्द्र और प्रदेश की विधान सभा में जितनी भी आरक्षित सीटें होंगी, जब हटाई जायेंगी तो उनके लिये दलितों का जनमत लिया जायेगा।

(7) सातवीं शर्त इस प्रकार थी कि अछूतों के मताधिकार का प्रबंध लोथियन कमेटी की रिपोर्ट के आधार पर किया जायेगा।

(8) आठवीं शर्त यह थी कि सरकारी नौकरियों और स्थायी नौकरियों में हरिजनों के साथ कोई भेदभाव नहीं रखा जायेगा। हर विभाग में जैसी उनकी योग्यता होगी वैसा ही स्थान दिया जायेगा। उनकी काबिलियत के मुताबिक उन्हें पद दिया जायेगा।

(9) नवीं शर्त यह थी कि अछूत जातियों के लिए हर प्रदेश में शिक्षा का अधिक-से-अधिक अनुदान किया जायेगा, ताकि महार जाति का प्रत्येक बच्चा शिक्षा ग्रहण कर सके।

(10) दसवीं शर्त के अनुसार छुआछूत को जल्दी-से-जल्दी देश में मिटा दिया जायेगा। इस देश में भेदभाव की भावना को जल्दी-से-जल्दी खत्म करना होगा।

पंडित मदन मोहन मालवीय ने इस समझौते को पढ़कर सबको सुनाया। हिन्दुओं की ओर से उन्होंने स्वयें अपने हस्ताक्षर कर दिये।

डॉक्टर भीमराव अम्बेडकर ने भी उस समझौते पर अपने हस्ताक्षर किये। दोनों नेताओं के अपने-अपने हस्ताक्षर कर दिये।

अम्बेडकर ने अछूतों को सम्बोधित करते हुए कहा–"दलितों, मैं तुम्हें तुम्हारे अधिकार दिलवा रहा हूँ मैंने गाँधी जी से समझौता कर लिया है कि वे अनशन समाप्त कर दें।"

सभा में जोर-जोर से नारे बुलंद होने लगे–"डॉक्टर अम्बेडकर जिन्दाबाद! महात्मा गाँधी जिन्दाबाद! अम्बेडकर की जय, भीमराव अम्बेडकर अमर रहें।"

गांधी जी का असहयोग आन्दोलन और भारत विभाजन

जुलाई में डॉक्टर अम्बेडकर वायसराय कौंसिल के सदस्य मनोनीत हुए थे।

अगस्त में गाँधीजी ने "भारत छोड़ो आन्दोलन" आरम्भ कर दिया। आन्दोलन जोर पकड़ गया और सरकार ने गाँधीजी सहित अनेक काँग्रेस नेताओं को जेल भेज दिया।

गाँधीजी को आगा खाँ पैलेस में बन्द करके रखा गया। वहाँ उनको सभी सुविधाएँ उपलब्ध की गयी थीं, परन्तु आगा पैलेस से बाहर नहीं जाने दिया जाता था।

अंग्रेज सरकार ने जब गाँधीजी की माँगों को पूरा नहीं किया तो उन्होंने 21 फरवरी, सन् 1943 को 12 दिन का अनशन आरम्भ कर दिया। गाँधी जी के अनशन पर बैठते ही उनके समर्थन के लिये कई लोगों ने कौंसिल से त्याग-पत्र दे दिया, किन्तु अम्बेडकर ने कौंसिल नहीं छोड़ी। अक्सर वह गाँधीजी के विचारों से नाराज रहते थे, इसलिये उन्होंने कौंसिल से त्याग-पत्र नहीं दिया।

डॉक्टर अम्बेडकर ने अछूतों की समस्याओं को लेकर गाँधीजी से एक लम्बी बातचीत की थी। उसी के आधार पर डॉक्टर अम्बेडकर ने 'मिस्टर गाँधी एंड द एमेन्सीपेशन ऑफ अन्नटचेबल्स" नामक पुस्तक लिखी थी। इसमें अम्बेडकर ने अछूतों की समस्याओं का उन्मूलन न होने पर दुःख व्यक्त किया था। गाँधी जी से उनकी इस समस्या को लेकर काफी बहस हुई थी।

उन्होंने कहा कि-अछूतों के लिये आज भी समाज के उच्च वर्ग निंदा का कारण बने हुए हैं। उनकी (अछूतों) बस्तियों की सफाई पर कोई ध्यान नहीं दिया जाता। शिक्षा पाने की सुविधा आज भी उन्हें प्राप्त नहीं है। अछूतों के छू लेने से उच्च वर्ग के लोग अपवित्र हो जाते हैं।

आगे वे लिखते हैं कि इस समस्या के होते भी कांग्रेस और उसके एजेंट मिस्टर महात्मा गाँधी अछूतों के लिये झूठे आँसू बहाकर यह प्रचार करते हैं कि भारत में सर्वहारा वर्ग की समस्याओं पर लगातार ध्यान दिया जा रहा है। इस समाज से छूआछूत को हटाने का प्रयत्न किया जा रहा है।

डॉक्टर भीमराव अम्बेडकर के इन शब्दों से ही यह अनुमान लगाया जा सकता है कि उस समय अम्बेडकर के मन में कांग्रेस और उनके नेताओं के विषय में कैसे विचार थे? वह हमेशा उनकी बातों और विचारों से नाराज रहते थे।

उस समय भारत विभाजन की चर्चा भी जोरों से चल रही थी, परन्तु कांग्रेस नेता भारत का विभाजन नहीं चाहते थे। एक बार तो गाँधीजी ने यह तक कह दिया था–"पाकिस्तान उनकी मृत देह पर बनेगा। इस देश का बँटवारा नहीं होना चाहिये।" वो हमेशा इस बात के खिलाफ रहे थे।

नेहरू ने भी ये कहा था कि–"नहीं चाहिये उन्हें प्रधानमन्त्री का पद। यह पद जिन्ना को दे दिया जाये, किन्तु देश का विभाजन न किया जाये। भारत को खण्डों में न बाँटा जाये, सभी लोग यहाँ मिल-जुल कर रहेंगे।"

इस बात का उत्तर देते हुए वायसराय ने उनसे कहा–"जिन्ना प्रधानमन्त्री तो बनना चाहते हैं किन्तु अविभाजित भारत का नहीं बल्कि पाकिस्तान का। इसलिये इस देश का विभाजन तो सम्भव है। हम पाकिस्तान अलग कर देना चाहते हैं।"

डॉक्टर अम्बेडकर भी उस समस्या से अंजान नहीं रह सके और उन्होंने "थौट्स ऑन पाकिस्तान" नामक पुस्तक की रचना कर डाली।

इस पुस्तक में भारत के विभाजन की वह पारिकल्पना थी जो जिन्ना मियाँ के दिमाग की उपज थी और इसी उपज को अम्बेडकर ने परख लिया और उसके बाद अपनी पुस्तक में लिख डाला।

"थौट्स ऑन पाकिस्तान" नामक पुस्तक में उन्होंने भारतीयों से, खासकर हिन्दुओं से कहा कि भारत विभाजन से उनको हानि होने वाली नहीं है। क्योंकि उनका अपना धर्म, भाषा, संस्कृति एवं समाज व्यवस्था है। उसी प्रकार मुसलमानों की अपनी सभ्यता, संस्कृति और समाज व्यवस्था सब कुछ उनके धर्म के अन्तर्गत है। अतः उनको पृथक् राष्ट्र देकर दोनों राष्ट्र अपनी-अपनी रीति से अपना विकास कर सकते हैं। इसलिए इस बात पर हिन्दू राष्ट्र को कोई आपत्ति नहीं होनी चाहिये।

भीमराव अम्बेडकर का यह भी कहना था कि मुसलमानों को अलग राष्ट्र बनाकर पाकिस्तान में भेज देना ही अच्छा है। अम्बेडकर ने हिन्दू-मुसलमानों के अलग-अलग होने का एक कारण यह भी बताया कि हिन्दुओं का विश्वास प्रगतिशीलता में है। इसके विपरीत मुसलमान चाहे किसी भी देश का हो वह प्रगतिशीलता का विरोधी है। उनका भाईचारा मानवता तक पहुँचने से इन्कार करता है। उनका तो केवल वही भाई हो सकता है जो मुसलमान है, जो इस्लाम में विश्वास करता है। इसलिये उनकी संस्कृति एकदम अलग है तो फिर उनका राष्ट्र भी अलग होना चाहिये।

मुसलमानों के धर्म में पूजा करना निषिद्ध है। इतना ही नहीं वे पूजा करने वालों को काफिर बनाते हैं और काफिरों को कत्ल करना ही इस्लाम की सेवा है यही उनका सच्चा धर्म हैं।

"थौट्स ऑन पाकिस्तान" में अम्बेडकर ने लिखा है कि मुसलमानों का राष्ट्र वही है जिसका प्रबन्ध इस्लामी तरीके से होता हो। मुसलमान ही उसका शासक हो वे ऐसे राष्ट्र के प्रति वफादार रह सकते हैं। इस दृष्टि से तो भारत को अपनी मातृभूमि मान लेना उनके लिये किसी भी प्रकार से सम्भव नहीं।

मुस्लिम जाति सदा से ही अतिआक्रमणवादी रही है। प्रेम अथवा भाईचारे की उपेक्षा तलवार से, तालक से, दुनिया में इस्लाम फैलाने और इन्सान से इस्लाम कुबूल करवाने की फ्रिक में वह इतनी फिक्रमन्द हो गयी है कि दूसरों की फिक्र करना ही भूल गयी है। फिर भी भारत का मुसलमान भारत में अल्पसंख्यक होने के कलंक से मुक्त होगा। इसलिये मुसलमानों को उनका पाकिस्तान दे देना ही ठीक है।

सन् 1945 का वर्ष बीता और सन् 1945 का वर्ष भी आ ही गया। सन् 1946 में भारत में ही नहीं बल्कि अनेक देशों में भारी राजनैतिक उथल-पुथल होती रही। इससे अस्थिरता की स्थिति बन रही थी

निर्वाचनो की अनन्तर ब्रिटिश प्रधानमन्त्री श्री एटली ने 16 मार्च, सन् 1946 को घोषणा की कि हम अल्पसंख्यक दलों को बहुसंख्यकों की प्रगति में बाधक नहीं बनने देंगे। डॉक्टर अम्बेडकर ने जब यह पढ़ा तो वे सतर्क और सचेत हो गये। उन्होंने महाराष्ट्र का दौरा कर अछूतों को सावधान किया। अलग-अलग जगहों पर जाकर उन्होंने दलित वर्ग को जगाया।

कैबिनेट मिशन

24 मार्च, सन् 1946 को कैबिनेट मिशन भारत आया। उसने भारत के प्रमुख नेताओं से भेंट की। उसने मास्टर तारासिंह और डॉक्टर भीमराव अम्बेडकर से विशेष रूप से भेंट की। डॉक्टर अम्बेडकर ने दलितों के लिये अलग चुनाव, अलग घर और नये संविधान में उनके हितों की सुरक्षा की माँगें की, किन्तु कैबिनेट मिशन ने जिस नई संविधान सभा और अन्तकालीन सरकार की रूपरेखा की घोषणा की उसमें दलित जाति फेडरेशन की माँगों की उपेक्षा की थी। परिणामस्वरूप फेडरेशन के कार्यकर्त्ताओं ने संगठित होकर आन्दोलन शुरू कर दिया। इस आन्दोलन में उन्होंने अपनी समस्याओं को पूरा करने की माँगों को रखा था।

कैबिनेट मिशन ने 16 जून, सन् 1946 को हिन्दू-मुस्लिम समान प्रतिनिधित्व के आधार पर अन्तरिम सरकार की घोषणा की जिसमें 5 कांग्रेसी हरिजन, 5 मुस्लिमलीग और पारसी, सिक्ख तथा ईसाई का 1-1 प्रतिनिधि लिया गया। इसको न कांग्रेस ने स्वीकार किया न लीग ने। फलतः वायसराय ने 29 जून को 80 प्रतिशत अंग्रेजों की कामचलाऊ सरकार की घोषणा कर दी। अन्तरिम सरकार ने डॉक्टर अम्बेडकर को प्रतिनिधित्व नहीं मिला था, अतः उनका भी समर्थन उसको न मिलना स्वाभाविक था। अम्बेडकर ने उस अवसर पर घोषणा की कि दलित समाज पर जो अन्याय हुआ है उसके विरुद्ध अछूत को अहिंसात्मक संघर्ष करना चाहिये। उनके सामने उनके फैसले का विरोध करना चाहिये।

उधर जिन्ना ने भी 29 जुलाई, सन् 1949 को पृथक् पूर्ण पाकिस्तान की माँग दोहरा दी। इस माँग के अनुसार मुस्लिम लीग ने सन् 1946 को 'खुला संघर्ष दिवस' मनाकर हिन्दुओं तथा कांग्रेस सरकार के विरुद्ध विद्रोह शुरू कर दिया था। चारों ओर से सभी ने नेताओं के विद्रोह आरम्भ हो गये थे।

24 अगस्त को अन्तरिम कांग्रेस सरकार की घोषणा की गयी। उसमें हरिजनों के प्रतिनिधि के रूप में बाबू जगजीवनराम को लिया गया। डॉक्टर अम्बेडकर ने प्रधानमन्त्री एटली को तार दिया कि हरिजनों को कम से कम दो स्थान मिलने चाहिए। तभी वह लोग अपना विद्रोह खत्म करेंगे, वरना विद्रोह फिर आरम्भ हो जायेगा।

अप्रैल, सन् 1946 में अम्बेडकर ने सिद्धार्थ कॉलेज का उद्घाटन किया। तब तक वे बुद्ध और बौद्ध धर्म की ओर आकृष्ट हो गये थे। सिद्धार्थ बुद्ध का पहले का नाम था। अम्बेडकर ने सोच-समझकर बौद्ध धर्म अपनाने की बात सोची।

इन दिनों अम्बेडकर के मन में, अछूतों के लिये 'पृथक प्रतिनिधित्व' की बात पुनः जोर मारने लगी थी; किन्तु अपने इस काम में उनको सफलता नहीं मिल रही थी। अम्बेडकर के मन में यह भी एक प्रकार से ग्रन्थि-सी बन गयी थी। सवर्ण हिन्दू मुसलमानों के सामने तो घुटने टेक रहे हैं किन्तु अछूतों के सम्मुख वे सीना तान लेते हैं। वे नेता जो मुसलमानों के सामने झुकते हैं, वे अछूतों के साथ मानवीय व्यवहार करने से इन्कार कर देते हैं। अम्बेडकर को लग रहा था कि पग-पग पर उनको अत्याचार व अन्याय सहना पड़ रहा है। इससे भीमराव को हिन्दू नेताओं पर क्रोध आ रहा था, लेकिन वो कुछ भी नहीं कर पा रहे थे। इतनी मेहनत के बाद भी उनके हाथ में कोई नतीजा नहीं आया था।

4 जून, 1946 को एन. शिवराज के नेतृत्व में दलित जाति फेडरेशन की एक बैठक का आयोजन किया गया। इस बैठकर में डॉक्टर भीमराव का वह प्रस्ताव पारित किया गया जिसमें उन्होंने अछूत जातियों को अलग प्रतिनिधित्व देने की बात की थी। अब अम्बेडकर को फिर से उम्मीद की किरण दिखाई पड़ी।

फेडरेशन ने तो प्रस्ताव पारित कर दिया किन्तु सरकार ने कितना ध्यान दिया वह विचार करने की बात है, किन्तु क्या फेडरेशन के प्रस्ताव के पारित करते ही सरकार उसके लिये सक्रिय हो जाती? इस पर फेडरेशन और उसके नेताओं ने कभी विचार नहीं किया। उनका काम तो केवल क्रोध और रोष प्रकट करना होता था, जिससे के उनका नेतृत्व बना रहे। जिस ढोंग के लिए अम्बेडकर गाँधी को कोसते रहते थे, अपने नेतृत्व की रक्षा के लिये वे खुद भी उस ढोंग से अलग नहीं रह पाये थे। बिना मुद्दों के मुद्दा उठा लेना उनका पेशा बन गया था और यही बातें अम्बेडकर को बुरी लगती थीं।

जून, 1946 में भारत में अन्तरिम सरकार का शासन था। वह अन्तरिम सरकार काँग्रेस की सरकार थी। काँग्रेस सरकार ने हिन्दू और मुसलमानों के समान प्रतिनिधित्व को तो स्वीकार कर लिया था किन्तु अछूतों के

मताधिकार पर उसने विचार तक नहीं किया था। अम्बेडकर इसके लिये संघर्ष में जुटने लगे थे। कड़े संघर्ष के बाद जो कुछ उनको मिला था वह था छः–साढ़े छः करोड़ अछूतों के लिए एक प्रतिनिधि। उन्हें अपने आप पर भी क्रोध आ रहा था। लेकिन अभी तक उन्होंने हिम्मत नहीं हारी थी। दलित फेडरेशन अनुभव करने लगा कि काँग्रेसियों और मुस्लिमलीगियों ने परस्पर सहयोग कर लिया है। उसको लगने लगा था कि अछूतों के अधिकारों का हनन किया जा रहा है। तो अब क्या किया जाये? यह बड़ी कठिन समस्या थी, परन्तु उन्होंने यह सिद्ध करने की कोशिश की कि अछूत अब बिखरे हुए नहीं, अपितु पूर्णतया संगठित हैं। उनकी माँगों की उपेक्षा नहीं की जा सकती है। उनकी माँगों को अब हर हालत में मानना ही पड़ेगा।

इधर काँग्रेस और मुस्लिम लीग में अन्तरिम सरकार के गठन पर सौदेबाजी हो रही थी। डॉक्टर भीमराव अम्बेडकर को मौका मिल गया था। उन्होंने इसे षड्यन्त्र मानकर इसके विरूद्ध ब्रिटिश के प्रधानमन्त्री को तार दिया था। उसमें उन्होंने सरकार गठन की सारी प्रक्रिया और साँठ-साँठ के बारे में विस्तारपूर्वक से लिखते हुए यह भी लिख दिया कि कम-से-कम दो स्थान तो उस मन्त्रिमण्डल में अछूतों को भी मिलने ही चाहिए, ताकि उन्हें सम्मान के साथ जीने का अधिकार तो मिल सके।

डॉक्टर भीमराव अम्बेडकर की किस्मत अच्छी थी कि वे अपने इस प्रयत्न में सफल हो गये थे। ब्रिटिश सरकार ने उनकी माँगों को मान लिया था और उनको पूरा करने की तसल्ली भी भीमराव को दे दी थी। ब्रिटिश सरकार की बातों से उन्हें काफी तसल्ली मिली और इत्मीनान के साथ वह घर लौट आये।

26 जुलाई, सन् 1946 को विधान परिषद् में सरदार बल्लभ भाई पटेल ने बिल प्रस्तुत किया था जिसमें कहा गया था कि–"किसी को अछूत मानना कानून की दृष्टि में दण्डनीय अपराध होगा।" इस बिल को अछूतपन विरोधक' बिल कहा गया था। यह बिल विधान सभा में स्वीकार कर लिया गया।

सन् 1946 में ही जुलाई में डॉक्टर भीमराव अम्बेडकर ने वायसराय की कौंसिल की सदस्यता से त्याग-पत्र दे दिया था।

भारत में इन दिनों 'इंडो आर्बन सोसायटी' के नाम से एक संस्था काम

कर रही थी। अम्बेडकर उस संस्था के प्रमुख व्यक्तियों में से एक थे। उस अवसर पर अपनी पूर्वाग्रहग्रस्त मनोवृत्ति को पूरा करने के लिये उन्होंने 'हू वर दि शूद्राज' अर्थात् शूद्र कौन थे? नामक पुस्तक की रचना कर डाली थी।

इस पुस्तक के मूल में ऋग्वेद के एक मन्त्र की विकृत व्याख्या की गयी थी। पौंगा पण्डितों ने उस मन्त्र को अपने लिये ब्रह्मास्त्र बनाया था। आज भी उनके लिये उस मन्त्र की वही स्थिति है। जहाँ कहीं भी वर्ण-व्यवस्था का समर्थन करना होता है वहाँ वह उस मन्त्र को उद्धत करने में जरा भी संकोच नहीं करते हैं। वेद ने ही चतुर्वर्ण की व्यवस्था दे रखी है।

उस विराट पुरुष के मुख से ब्राह्मण उत्पन्न हुए हैं। उनकी भुजाओं से क्षत्रियों की उत्पत्ति हुई है। उसके उदर से वैश्य का जन्म हुआ है और उसके पैरों से शूद्रों की उत्पत्ति हुई है।

हकीकत तो यह है कि मन्त्र का यह अर्थ बिल्कुल ही नहीं है। यह कलान्तर में अपठित अर्थात् (अनपढ़) पण्डितों ने अपना वर्चस्व बनाये रखने के लिये इस प्रकार के भ्रामक अर्थ कर दिये थे। ये सच्चाई नहीं थी, बल्कि सच्चाई कुछ और ही थी लेकिन लोग भ्रम में जी रहे थे।

इस मन्त्र का अभिप्राय तो यह है कि जो अध्ययन, अध्यापन आदि मुख का कार्य करता है, वह ब्राह्मण समझा जाना चाहिये। जो रक्षा अदि संरक्षण का, वीरता का कार्य करता है उसे क्षत्रीय समझा जाना चाहिये। जो धन को कमाकर सबकी उदर की पूर्ति करने का साधन बनाता है उसको वैश्य समझा जाये और जो सेवा आदि कार्यों में संलग्न हो उसे शूद्र ही समझा जाये। इसमें कोई छोटा अथवा बड़ा नहीं माना जाना चाहिये। हिन्दुओं में जो चार आश्रम अर्थात् वर्ण होते हैं, उन चारों वर्णों के कार्य का विभाजन कर दिया गया है, इसमें जिस कार्य में जिसकी रुचि हो उसके अनुसार वह उसको ग्रहण कर उस वर्ण का व्यक्ति बन सकता है। इस बात में कोइ भेदभाव नहीं होना चाहिये।

न कोई श्रेष्ठ समझा जायेगा न कोई निकृष्ट। इसमें न किसी जाति-कुल में उत्पन्न होने की बात है और न किसी के मुख अथवा किसी के पैरों से उत्पन्न होने की बात है।

भीमराव अम्बेडकर ने अपनी पुस्तक 'इंडों आर्मन सोसायटी' में शूद्रों को सूर्यवंशी क्षत्रिय माना है। क्षत्रियों को उन्होंने राजसत्ता का संचालक

घोषित किया है। पुराने साहित्य में एक राजा का नाम ही शूद्र था। अम्बेडकर ने इसका आश्रय लेकर यह सिद्ध करने का प्रयत्न किया कि राजा शूद्रक और ब्राह्मणों में युद्ध हुआ था। इसी पुस्तक में एक दूसरे स्थान पर उनका कहना था कि शूद्रक से विद्वेष र्को कारण ब्राह्मणों ने उसके वंशजों का उपनयन संस्कार नहीं किया था, तो उनको गिरा हुआ मान लिया गया था फिर बाद में उनको ही शूद्र वर्ण का घटक कहा जाने लगा। परन्तु यह सब मनगढ़न्त और असत्य है। इसमें कहीं भी सच्चाई नहीं नजर आती। सभी झूठी कल्पना मात्र है।

इस प्रसंग में अम्बेडकर ने राजा सुदास की कथा को अपनी पुस्तक में इस तरह दोहराया है–

प्राचीन समय में राजा सुदास हुए थे। उन्होंने ब्राह्मणों को मनमानी करने से रोका तो ब्राह्मणों को उनसे गुस्सा आया और वे उनसे नाराज हो गये। इस प्रकार उनका यह वैरभाव निरन्तर चलता रहा। कलान्तर में ब्राह्मण वर्ग ने सुदास के वंशजों का एक प्रकार से बहिष्कार ही कर दिया था। परिणाम यह निकला कि उनका उपनयन संस्कार करना बंद कर दिया। उपनयन संस्कार के अभाव में सुदास के वंश ज 'द्विज' नहीं बन पाये।

शास्त्रों में यह माना जाता है कि उपनयन संस्कार के अवसर पर मनुष्य का दूसरा जन्म होता है। इसलिये उसको 'द्विज' कहते हैं, द्विज का अर्थ होता है दो बार जन्मा हुआ।

वैसे 'द्विज' का अर्थ एक ब्राह्मण भी होता है। अपठित अथवा अल्पपठित जनों ने द्विज का अर्थ केवल ब्राह्मण तक ही सीमित रखा; अर्थात् जिसका उपनयन संस्कार न हो वह द्विज नहीं हो सकता, वह शूद्र ही रहेगा। इसमें कोई संदेह नहीं कि उपनयन संस्कार योग्य व्यक्ति का ही होता है किसी कुलीन अथवा अकुलीन का नहीं।

उसका परिणाम यह हुआ कि शूद्रों को अपवित्र माना जाने लगा। अपवित्रता और शूद्र एक-दूसरे के पर्यायवाची माने जाने लगे। इस प्रकार सुदास राजा के वंशज वर्ण व्यवस्था के आधार पर चतुर्थ वर्ण के जन माने जाने लगे। वहं से शूद्रों की उत्पत्ति हुई। शूद्र जाति जन्म से शूद्र नहीं होती बल्कि लोगों ने उन्हें अपनी घृणा का पाल बना लिया है।

डॉक्टर भीमराव अम्बेडकर इस कथन से तो पूर्णतया सहमत हैं कि प्राचीन साहित्य में राजा सुदास को बड़ा माना गया है और अधिक

मान-सम्मान दिया है। उन्हें सूर्यवंशी राजा कहा गया है। वे न्यायप्रिय और धर्मात्मा राजा थे; किन्तु उनकी इस बात से कोई भी सहमत नहीं होगा कि अर्थ का अनर्थ करने वाले ब्राह्मणों ने उसके वंशजों को चतुर्थ वर्ण का घोषित कर दिया, लोग उनसे नफरत करने लगे और लगातार उनकी अवहेलना तथा अवमानना होने लगी। बात-बात पर उनका अपमान किया जाने लगा। उन्हें घृणा की दृष्टि से देखा जाने लगा।

इसी कल्पित, अघटित घटन को आधार मानकर ही अम्बेडकर ने अपनी उस पुस्तक को लिखा। आज शूद्रजन उनको ही अर्थात् उस पुस्तक को ही प्रमाण मानकर इतर वर्गों के प्रति द्वेषभाव रखते हैं। वास्तव में यह अम्बेडकर के अपने मन की भड़ास ही पुस्तक में संयोकर रखी गई थी। जो कुछ उनके मन में क्रोध था वह उन्होंने पुस्तक लिखकर निकाल लिया था।

डॉक्टर भीमराव अम्बेडकर विधान परिषद् में

इस विषय में पहले भी बताया जा चुका है कि भारत में अंतरिम सरकार का गठन हो गया था। पण्डित जवाहर लाल नेहरू उसके प्रधानमन्त्री घोषित हो चुके थे। विधान परिषद् के अध्यक्ष पर 11 दिसम्बर, 1946 को डॉक्टर राजेन्द्र प्रसाद को बिठाया गया था।

डॉक्टर भीमराव अम्बेडकर भी संविधान परिषद् के सदस्य के रूप में चुने गये थे, किन्तु किसी भी प्रकार विधान क्षेत्र और कार्यक्षेत्र महाराष्ट्र से विधान सभा में आ पाये थे। उन्हे बंगाल विधान सभा ने, मुस्लिम लीग के सहयोग और समर्थन से अछूतों और दलितों के प्रतिनिधि के रूप में विधान परिषद् में भेजा था।

डॉक्टर अम्बेडकर का महाराष्ट्र से विधान परिषद में न आकर बंगाल से आना किस बात का संकेत करता है? उच्च शिक्षा प्राप्त कर विदेश में भारत आगमन काल से आरम्भ कर अधपर्यन्त डॉक्टर भीमराव अम्बेडकर अछूतों, दलितों और श्रमिकों के उद्धार के लिये लगातार प्रयत्न कर रहे थे। अम्बेडकर ने अनेक स्थानों पर आन्दोलन किये थे, उनके बाद मन्दिरों में प्रवेश करने का प्रयत्न किया था, अनेक सरोवरों तथा जलाशयों, सार्वजनिक पेय स्थलों पर धरने दिये थे और सत्याग्रह करके अछूतों को पानी पीने का अधिकार दिलाया था; किन्तु जब चुनाव का समय आया तो उन सबने भीमराव को धोखा दे दिया और भीमराव महाराष्ट्र से

विधान-परिषद् में न आकर बंगार से विधान परिषद् में आये-वह भी मुस्लिम लीग की सहायता से। अछूतों और मजदूरों ने उनको बीच में ही साथ छोड़ दिया था।

यह इसी बात की ओर संकेत करता है कि अम्बेडकर को अभी भी अछूतों ने अपना छात्र नेता स्वीकार नहीं किया था। क्यों? यह बहुत बड़ा प्रश्न है, जिस पर आज भी उनके समर्थकों को विचार करना चाहिये। उनकी कार्यविधि में कहीं कोई कमी नहीं थी। क्या उनका उद्देश्य वह नहीं था, जिसकी कि वे घोषण करते थे? डॉक्टर भीमराव अम्बेडकर को ऋषि की उपाधि देने वालों को इस बात पर गम्भीरता से विचार करना होगा।

16 दिसम्बर, 1946 को विधान निर्माता समिति की बैठक हुई। उसमें सबसे पहले प्रधानमन्त्री जवाहर लाल नेहरू ने विधान के सम्बन्ध में अपना दृष्टिकोण प्रस्तुत किया। इसके पश्चात् अन्य व्यक्तियों ने उस पर अपने-अपने विचार प्रस्तुत किये। इस सभा में डॉक्टर अम्बेडकर भी शामिल थे।

17 दिसम्बर, 1946 को डॉक्टर भीमराव अम्बेडकर ने इस समिति में जो पहला भाषण दिया था वह अनेक कारणों से विचारणीय है। उसमें जहाँ उनके बदले हुए दृष्टिकोण का ज्ञान होता है--वहाँ यह भी पता चलता है कि उनकी राजनैतिक सोच कैसी थी और उनकी महत्वाकांक्षा का प्रवाह किस ओर जा रहा था। उनके भाषण का प्रमुख अंश यहाँ प्रस्तुत किया जा रहा है–

"अध्यक्ष महोदय,

मैं समझता हूँ कि पण्डित नेहरू ने इस समिति के समक्ष जो प्रस्ताव प्रस्तुत किया है उसके प्रथम भाग पर विस्तार से विचारों के आदान-प्रदान की अती आवश्यकता है। उनके प्रस्ताव के दूसरे भाग पर जिसमें कि उन्होंने भावी संविधान के उद्देश्यों पर प्रकाश डाला है, विचार मन्थन की उतनी आवश्यकता नहीं है। यद्यपि उनके प्रस्ताव के उस भाग में मैंने पंडित्य की मात्रा अधिक और अधिकारों की चर्चा कम देखी है। विशेषतया उस वर्ग के अधिकारों के विषय में कुछ भी नहीं बताया गया जो आज सब प्रकार से घाटे में है, उस हीन दशा से उबारने की जिसे सर्वाधिक आवश्यकता है।

स्पष्ट है कि अम्बेडकर के इस कथन से अभिप्राय उनके अपने अछूत और तथाकथित दलित वर्ग से ही है, किन्तु फिर भी स्पष्ट स्वीकृति से

बचने के लिए कदाचित् मुस्लिम लीग के आश्रय से प्राप्त सदस्यता के कारण बड़ी चतुराई से उन्होंने उस वर्ग का नाम लेकर और मुसलमानों को शामिल किये बिना, अपने विचारों का सामान्यीकरण किया है। इस प्रसंग में उन्होंने आगे कहा कि मैं चाहता हूँ कि हमारा संविधान यह स्पष्ट घोषण कर दे कि सरकार का यह निश्चय है कि उद्योग-धन्धों तथा भूमि का राष्ट्रीकरण किया जायेगा। संविधान के अन्तर्गत अछूतों को भी अधिकारों की प्राप्ति होगी।''

यहाँ यह उल्लेखनीय है कि मुस्लिम लीग ने भी इस बैठक का किसी कारण से बहिष्कार किया था। पण्डित नेहरु ने अपने भाषण में 'गणराज्य' पर विशेष बल दिया था।

डॉक्टर जय कर भी उस समय विधान परिषद् के माननीय सदस्यों में से एक थे। उन्होंने कहा था कि मुस्लिम लीग की अनुपस्थिति में इस विषय को आगे बढ़ाना अनुपयुक्त होगा। तभी अपनी बात को बढ़ाते हुए अम्बेडकर ने कहा–

''पण्डित जवाहर लाल नेहरु के प्रस्ताव के अन्तिम उद्देश्य का जहाँ तक प्रश्न है, हममें से किसी को भी अपने मन में किसी प्रकार के खतरे का सन्देह बनाये रखने की आवश्यकता नहीं है। हमारी कठिनाई अन्तिम उद्देश्य को लेकर नहीं रही है। हमारे सामने मुख्य प्रश्न यह है कि आज हमारा खिचड़ी समाज है, यह किसी प्रकार एक होकर किसी एक निश्चत पर सहमत हो और फिर मिल-जुलकर उस निश्चय का पालन करें। उसी मार्ग पर चलें- जो मार्ग हमें एकता की ओर ले जाता हो, जिस मार्ग में भेदभाव और छुआछूत की भावना न हो, जहाँ सब एक-दूसरे का सम्मान करते हों।''

''इस प्रंसग में यह सोचना ठीक होगा कि आरम्भिक कार्यवाही के तौर पर और इस देश के प्रत्येक समुदाय और प्रत्येक वर्ग को सहयोग करने की प्रेरणा देने के लिये, बहुमत के लिये यह बड़ी दूरदर्शिता और नीतिमत्ता की बात होगी कि वह ऐसे लोगों को, जो साथ चलने को तैयार नहीं है और अपने में भाँति-भाँति के सन्देह पाले हुए हैं, थोड़ी अतिरिक्त सुविधाएं दे दें। इसी उद्देश्य से मैं प्रार्थना करता हूँ कि हम ऐसे नारों को छोड़ दे, जिनसे लोग भयभीत हैं। अपने विरोधियों के संदेह को दूर करने के लिये हमें उन्हें कुछ विशेष सुविधाएँ दे देनी चाहिए। हम उन्हें साथ

ले लें, जिससे वे हमारे साथ स्वेच्छापूर्वक उस सड़क पर कदम-से-कदम मिलाकर चल सकें, जो हमें सन्देह रहित भाव से एकता की ओर ले जाती है। जो देशभावरहित हो, जिसमें छुआछूत की जरा भी गुंजाइश न रहे।''

यहाँ पर अम्बेडकर का बहुमत से अभिप्राय हिन्दुओं अथवा काँग्रेस से है और विरोधियों को साथ न चलने वालों से उनका अभिप्राय मुसलमान और मुस्लिम लीग से है। मुस्लिम लीग के समर्थन में कहना डॉक्टर भीमराव अम्बेडकर के लिये उपयुक्त भी था, क्योंकि भविष्य के लिये अपनी स्थिति सुदृढ़ बनाने के लिये उपयुक्त अवसर था। हिन्दुओं के प्रति अपनी घृणा का प्रदर्शन तो भीमराव अम्बेडकर अनेक बार कर चुके थे और कोई भी ऐसा अवसर वे चूकने नहीं देते थे, जबकि वे हिन्दुओं को न कोसें, किन्तु मुसलमानों के समर्थन के लिये उनको अवसर कम ही मिलता था। इसलिये वह जब भी मौका देखते उनके समर्थन की बात करने से नहीं चूकते।

संविधान के निर्माण में अपनी भूमिका का प्रथम सूत्रपात उन्होंने मुस्लिम लीग के पक्ष लेकर किया-अपने भाषण को आगे सुचारु रूप से चलाते हुए उन्होंने आगे कहा–

''श्री जयकर के संशोधन का मैं इसी उद्देश्य से समर्थन कर रहा हूँ। इस सदन को इस बात की परवाह नहीं करनी चाहिये कि वह जो निर्णय करने वाला है उसका कानूनी अधिकारों से तालमेल होता है अथवा नहीं? या यह भी कि राजाज्ञा के अनुकूल भी है या कि नहीं है। यह इतना बड़ा प्रश्न है कि इसे कानूनी बन्धन में नहीं बाँधा जा सकता। इस सब बातों को एक ओर रखकर हम कुछ ऐसा करें, जो लोग साथ चलने के लिये तत्पर नहीं हैं वे भी हमारे साथ चलने के लिये तैयार हो जायें। उनके लिये हम सब सम्भव कर दें कि वे भी स्वयं ही साथ चलने के लिये आ सकें।''

अम्बेडकर का यह कथन मुस्लिम लीग के सामने घुटने टेकने से तनिक भी कम नहीं था।

अब भीमराव ने आगे कहा–

''यह प्रस्ताव जिस रूप में हमारे सामने प्रस्तुत किया गया है, मुझे डर है कि मुस्लिम लीग उसमें हमारे साथ न चले। अपनी बात के समर्थन में इस प्रस्ताव की तीसरी धारा की ओर मैं। आप लोगों का ध्यान आकर्षित करना चाहूँगा–इस धारा से भारत के भावी संविधान पर प्रकाश पड़ता है।

मैं इस बात को भली-भाँति जानता हूँ कि जब यह प्रस्ताव पारित हो जायेगा तो ये संविधान निर्माली समिति के लिये, संविधान निर्माण के प्रसंग के लिये एक प्रकार का आदेश सिद्ध होगा। जिस अनुच्छेद में यह बात है, कदाचित् उसमें स्वशासित प्रान्तों, भारतीय रियासतों और केन्द्रीय सरकार की भी चर्चा है। इसमें मध्यकाल में विभाजन की चर्चा नहीं की गयी है। 'स्टेट-पेपर' और कांग्रेस की कार्यसमिति द्वारा स्वीकृत वर्धा के प्रस्ताव को देखते हुए मुझे यह आश्चर्य हुआ कि इनमें वर्गीकरण का उल्लेख तक नहीं है।

मैं व्यक्तिगत तौर पर वर्गीकरण के पक्ष में नही हूँ, मैं इसे नापसंद करता हूँ। सन् 1935 में एक्ट में जितने प्रभावशाली केन्द्रीय शासन की स्थापना की गयी है, मैं तो उससे भी अधिक शक्तिशाली केन्द्रीय सरकार का पक्षधर हूँ, किन्तु मेरी इन इच्छाओं का देश की वर्तमान स्थिति से किसी प्रकार भी तालमेल नहीं बैठता। आज तो अब हम बहुत दूर तक आगे बढ़ सके हैं और मैं नहीं जानता कि किन कारणों से काँग्रेस प्रशासन द्वारा निर्मित इस शक्तिशाली केन्द्रीय सरकार के भवन को जो मेरे लिये प्रशंसा तथा आदर का स्थान है, एक पक्ष उसे ढहा देने पर उतारू हो गया है।

इस परिप्रेक्ष्य में इस स्थिति के विरुद्ध केवल यह कह देने पर कि हमें शक्तिशाली केन्द्र नहीं चाहिये और यह माँग करने पर कि बीच का एक प्रान्तीय वर्गीकरण अवश्य होना चाहिये। मैं ये जानता हूँ कि तीसरे अनुच्छेद में वर्गीकरण के विचार में क्यों स्थान नहीं मिला? इस बात को भली-भाँति समझता हूँ कि वर्गीकरण व्याख्या के विषय में कांग्रेस मुस्लिम लीग और महामहिम सरकार एकमत नहीं हैं, किन्तु मैं तो सदा से ही मानता हूँ कि काँगेस के मत में प्रान्त अपना एक उपसंघ बनाना चाहे तो काँग्रेस को कोई आपत्ति नहीं होगी। मेरे इस विचार में यदि कोई गलती हो तो मैं सुधारने के लिये तैयार हूँ। ऐसे उपसंघ बनाने की आज्ञा क्यों नहीं दी जा रही है? हमारे इस कार्य में क्या दोष है हमें बताओ?

इस समय मैं यह प्रश्न नहीं उठा रहा हूँ कि इस सदन को इस प्रकार का प्रस्ताव पारित करने का अधिकार है भी अथवा नहीं? सम्भव है इसे ऐसा अधिकार हो। मेरा प्रश्न तो यह है कि इस तरह का प्रस्ताव करना हम सबके लिये बुद्धिमत्ता की बात होगी? शक्ति हाथ में होना एक बात

है और बुद्धि व विवेक का प्रयोग करना सर्वथा अलग बात है। मैं यह भी नहीं चाहता कि यह सदन इस प्रश्न पर इस दृष्टि से विचार करे कि इस प्रकार के प्रस्ताव को स्वीकार करना बुद्धिमत्ता और समझदारी का परिचय देना होगा।

काँग्रेस और मुस्लिम लीग को परस्पर मेल-मिलाप करने और कराने के लिये, मेरे विचार से एक और प्रयास किया जाना चाहिये। यह लोकहित का एक ऐसा महत्वपूर्ण विषय है कि इसके निर्णय के लिये हमें इस या उस पार्टी के स्वाभिमान के विषय में नहीं सोचना चाहिये। हमारी दृष्टि तो केवल देशहित और जनता की भलाई की ओर होनी चाहिये।

अम्बेडकर ने आज तक अपने भाषणों में कहीं भी 'देशहित' की बात नहीं की थी। अब तक वे सदा दलित, शोषित और अछूतों के हितों की बात करते आ रहे थे। 'देशहित' शब्द का प्रयोग उन्होंने पहली बार इस समिति में किया था। इस प्रकरण में शुरू में हमने जो उनमें परिवर्तन का संकेत दिया है, उसका यही अभिप्राय था। इसी देशहित की बात को आगे बढ़ाते हुए अम्बेडकर ने आगे कहा—

''जब हम सर्वसाधारण के भाग्य का निर्णय करने जा रहे हैं तो हमें नेताओं व्यक्ति-विशेषों या पार्टियों के स्वाभिमान की चिन्ता नहीं करनी चाहिये। ये देश की आम जनता की समस्याओं का प्रश्न है, इसलिये हमने एक उपाय सोचा है। इस समस्या को सुलझाने के लिए केवल तीन मार्ग ही मेरी दृष्टि में हैं। जो हमारी समस्या को सुलझाने से हमारी सहायता कर सकता है। वो मार्ग इस प्रकार हैं—

(1) एक पार्टी दूसरी पार्टी की इच्छा के सम्मुख पूर्ण रूप से आत्मसमर्पण कर दे।

(2) परस्पर एक समझौता कर लिया जाये और उसके आधार पर शान्ति स्थापित कर ली जाये।

(3) खुला युद्ध।

''युद्ध की बात मैंने इसलिये कही है क्योंकि संविधान निर्माली समिति के कुछ सदस्यों के मुख से मैंने सुना है कि वे युद्ध के लिये तैयार हैं। मुझे यह सोचकर अत्यन्त विस्मय होता है कि क्या कोई व्यक्ति इस देश में ऐसा सोच सकता है कि राजनैतिक समस्याओं का समाधान युद्ध से किया जा सकता है? मैं नहीं जानता कि कितने लोग

इस बात का समर्थन करेंगे। हो सकता है कि कुछ लोग करें और यह भी हो सकता है कि ऐसे लोगों की संख्या पर्याप्त हो। मैं ऐसा इसलिये समझता हूँ कि उन लोगों में से अधिकांश की यह धारण है कि यह युद्ध ब्रिटिश सरकार के विरुद्ध युद्ध के अतिरिक्त अन्य कुछ न हो तो कदाचित् मुझे इसके विरोध में विशेष न कहना हो; किन्तु क्या यह युद्ध मात्र ब्रिटिश सरकार के ही विरुद्ध ही हो पाना सम्भव है मुझे नहीं लगता कि ये युद्ध सिर्फ ब्रिटिश सरकार के विरुद्ध होगा मुझे इसमें कुछ और ही चाल नजर आती है।

मैं यहाँ पर यह बात भी साफ शब्दों में कह देना चाहता हूँ कि यदि इस देश में ऐसा कोई युद्ध छिड़ता है और उसका तनिक भी सम्बन्ध हमारे इस विचाराधीन प्रश्न के साथ है तो निश्चय जानिये कि यह युद्ध ब्रिटिश सरकार के साथ नहीं होगा, बल्कि यह युद्ध मुसलमानों के साथ होगा और इससे भी खराब बात यह हो सकती है कि यह युद्ध अंग्रेजों और मुसलमानों की सम्मिलित शक्ति के साथ हो। अगर ऐसा हुआ तो ये बात अच्छी नहीं इससे हानि हमारी ही है।

मैं इस युद्ध के विषय में जिसकी बात हमारे कुछ सदस्य सोच रहे हैं, इससे अन्य कोई बात नहीं कह सकता। यदि किसी की ऐसी धारणा है कि युद्ध द्वारा इस समस्या को अलग किया जा सकता है, या मुसलमानों के बलपूर्वक ऐसा संविधान बनाया जा सकता है जो बिना उनकी जानकारी और बिना उनकी रजामंदी के स्वीकृत किया गया है तो इस देश को मुसलमानों से, निरन्तर युद्ध करके उन्हें जीतते रहना पड़ेगा।"

बर्क ने कहा था कि–"शक्ति देना तो सरल है, किन्तु बुद्धि देना बड़ा कठिन है। अतः हमें चाहिये कि हम अपने आचरण से यह सिद्ध कर दें कि हममें केवल शक्ति ही नहीं है अपितु ऐसी बुद्धि भी है जिसके बल पर हम देश के सभी लोगों को साथ लेकर चल सकते हैं और उस मार्ग पर चला सकते हैं, जो हमें निश्चित रूप से एकता की ओर ले जायेगा। जो भेदभाव से रहित होगा, जहाँ मान-अपमान के लिये कोई कारण ही न होगा।"

डॉक्टर भीमराव अम्बेडकर के समर्थक उनके इस भाषण को एक ऐतिहासिक भाषण की संज्ञा देते हैं। उनके समर्थकों का यह भी कहना है कि यह भाषण उनकी देशभक्ति का ज्वलन्त उदाहरण है। इस भाषण की सभी लोगों ने बड़ी प्रशंसा की। सभी ने उनके विचारों को सराहा।

इस भाषण के विषय में ये पहले ही बताया जा चुका है कि इस सभा में वे बंगाल से और वह भी मुस्लिम लीग की सहायता और सहयोग से निर्वाचित होकर आये थे। इसलिये कहा जा सकता है कि यदि उन्होंने इस प्रकार का भाषण दिया जो मुसलमानों को खुश करने वाला अधिक और देशभक्ति की भावना से भरा हुआ कम है तो इसमें कोई आश्चर्य की बात नहीं। अपने आरम्भिक जीवन से ही अम्बेडकर अपनी इस नितिमत्ता का परिचय देते हुए आये थे। उसी नीति का आश्रय भी उन्होंने इस समय लिया था। उनका मकसद दलितों का उद्धार करना था, इसलिये उन्होंने उसी पर ज्यादा जोर दिया। स्वतन्त्रता पाने के लिये उन्होंने कोई हाथ-पैर नहीं मारे।

गाँधीजी और भीमराव अम्बेडकर की बातचीत

जब गाँधीजी भीमराव अम्बेडकर से मिले तो उन्होंने अम्बेडकर को समझाया। गाँधीजी ने कहा–"यरवदा जेल में पूरा समझौता हो चुका है। क्या तुम अब भी मुझसे सन्तुष्ट नहीं हो अम्बेडकर? क्या तुम्हें मेरी बातों पर अभी तक विश्वास नहीं है।"

इस पर अम्बेडकर ने जवाब दिया–"उससे मैं बहुत खुश हूँ, मगर मुझे एक बात और कहनी है?"

गाँधीजी ने कहा–"क्या बात कहनी है तुमको अम्बेडकर? मुझे बिना झिझक बताओं।"

"अछूत भी स्वतन्त्र भारत में ऊँचे अधिकारों को पायेंगे। इसके लिये आप क्या कहते हैं?" उन्होंने पूछा।

"इसके लिये भी मैं पूरी तरह सहमत हूँ। तुम बेफिक्र रहो जैसा तुम चाहते हो वैसा ही होगा, अछूतों के साथ हम पूरा इंसाफ करेंगे।"

"आप धन्य हैं बापू! आप राष्ट्रपिता हैं।"

"तुम्हें और कुछ कहना है अम्बेडकर?" गाँधीजी ने पूछा।

"हाँ। मुझे आपसे कुछ और भी कहना है।"

"क्या?" उन्होंने आश्चर्य से पूछा–"जो कुछ भी कहना चाहते हो मुझसे बिना हिचक कह डालो।"

"आप अछूतों का हित कर रहे हैं। जिन्हें आपने हरिजनों का नाम दिया है। इससे सिद्ध हो जाता है कि आप अछूतों को कितना प्यार करते

हैं। आपको उनकी कितनी चिन्ता है, मैं मानता हूँ आप अछूतों से भेदभाव नहीं रखते।''

''मैं दलित वर्ग के अधिकारों को दिलाऊँगा। अम्बेडकर, मैंने दृढ़ निश्चय कर लिया है कि भारत से छुआछूत मिटा दूँगा। इसके लिये जितना भी बड़ा त्याग मुझे करना पड़ेगा मैं करूँगा। चाहे इस कार्य में मेरी जान ही क्यों न चली जाये, लेकिन मैं अछूत व दलित वर्ग के साथ नाइंसाफी नहीं होने दूँगा। आप पूज्य हैं बापू!''

अम्बेडकर और बापू में बातें हो ही रही थीं कि गाँधीजी के पास तभी पंडित जवाहर लाल नेहरू आ गये। उनके आने के पश्चात् देश के विभाजन के विषय में बातें होने लगीं। उस समय सभी लोगों के लिये जो बड़ी समस्या थी-वो थी हिन्दुस्तान और पाकिस्तान के बटवारे की।

नेहरू जी ने कहा था–''हम ऐसी आजादी लेकर क्या करेंगे जिसमें देश के टुकड़े-टुकड़े हो जायें। अभी वायसराय भारत को हिन्दुस्तान और पाकिस्तान दो टुकड़ों में बाँट रहे हैं। फिर देश जब आजाद हो जायेगा तो सभी जातियाँ अपना-अपना राज्य माँगेंगी। यह अच्छा नहीं है। देश का विभाजन नहीं होना चाहिये। इस प्रकार अगर हमारे देश का विभाजन हो जायेगा तो फिर बचेगा ही क्या?''

जब नेहरू को प्रधानमन्त्री बनाने की बात हुई तो नेहरू जी ने कहा–''भारत का प्रधानमन्त्री तो जिन्ना को बना दिया जाये, मुझे यह स्वीकार है। मैं प्रधानमन्त्री नहीं बनना चाहता। मुझे प्रधानमन्त्री बनने का कोई शौक नहीं है, मैं तों बस यही चाहता हूँ कि देश का विभाजन नहीं होना चाहिये।''

मगर वायसराय का कहना था कि–''जिन्ना पाकिस्तान के प्रधानमन्त्री बनेंगे। देश के दो टुकड़े किये जायेंगे तभी आजादी मिलेगी। बारहवीं सदी से मुसलमान भारत में रहते चले आ रहे हैं। उन्हें उनका हक अवश्य दिया जायेगा इसलिये पाकिस्तान बनाया जा रहा है। जिसके प्रधानमंत्री जिन्ना होंगे और इससे आगे कोई समझौता नहीं हो सकता।''

पंडित जवाहर लाल नेहरू और महात्मा गाँधी दोनों नेता गहरी समस्या में डूब गये थे। वे दोनों उस पर गहनता से विचार करने लगे थे। डॉक्टर भीमराव अम्बेडकर उनके पास ही बैठे थे। वे बड़े ध्यान से उन दोनों की सारी बातचीत सुनते रहे। लेकिन बोले कुछ नहीं थे।

तभी पंडित गोविन्द बल्लभ पंत भी महात्मा गाँधीजी के पास ही आकर बैठ गये। पंडित गोविन्द बल्लभ पंत भी देश का बटवारा हो इस पक्ष में नहीं थे। कि पाकिस्तान नहीं बनना चाहिये। हमारा भारत एक ही रहे सभी लोग यह मिल-जुल कर रहें

सरदार बल्लभ भाई पटेल भी वहाँ आ गये और इसी समस्या पर विचार करने लगे। सभी लोग भारत और पाकिस्तान बटवारे की बातचीत करे रहे थे। सभी लोगों को बस एक ही चिन्ता लगी हुई थी।

गाँधीजी को इस बात का बहुत दुःख था। उनका कहना था--"एक लम्बे समय बाद अंग्रेज हमें आजादी दे रहे हैं, मगर यह आजादी समझ में नहीं आती, देश खंडित हो जायेगा। हम दो भागों में बँट जायेंगे। यह बात अच्छी नहीं है। इस प्रकार हमारा देश छोटा हो जायेगा, उसकी शक्ति कम हो जायेगी।"

ये सभी लोग आपस में वार्तालाप कर ही रहे थे कि राजेन्द्र भी वहीं पर आ गये। उनकी बातें सुनने के बाद राजेन्द्र प्रसाद जी ने गाँधीजी से कहा–"किसी भी तरह हम ब्रिटिश सरकार का फैसला मंजूर नहीं करेंगे। यह अंग्रेजों की चाल है। वे हमारे देश के टुकड़े-टुकड़े करना चाहते हैं। इस प्रकार वो चाहते हैं कि मुसलमानों को हमसे अलग करके कमजोर बना दें।"

अम्बेडकर अपनी अछूतों वाली समस्या तो भूल गये और उनका मन भी कहने लगा कि भारत के टुकड़े नहीं होने चाहिये। अगर ऐसा हो गया तो, तो यह आजादी हमें बहुत महँगी पड़ेगी। हमें ऐसी स्वतन्त्रता नहीं चाहिये। हमने आजादी पाने के लिये बहुत बड़े-बड़े त्याग किये हैं। बहुत बड़ी-बड़ी मुसीबतें झेली हैं। अनगिनत अत्याचार सहे हैं और फिर अगर आजादी मिली तो बटवारे के साथ।

देश विभाजन अथवा देश की स्वतन्त्रता की प्रक्रिया तेजी पर थी। देश की स्वतन्त्रता के लिये किये गये आन्दोलनों में डॉक्टार अम्बेडकर का जरा भी योगदान न होने पर भी डॉक्टर ने भारत की राजनीति में अपने लिये स्थान बना लिया था। विधि-विधान के विषय में उनको अधिकृत व्यक्ति माना जाता था। भारतीय नेता अर्थात् काँग्रेसी नेता उनको विशेष सम्मान देते थे, जबकि मुसलमान नेता खास कर जिन्ना, जिनके लिये डॉ॰ भीमराव अम्बेडकर ने कुछ करने का प्रयत्न किया था, उनको विशेष महत्व नहीं देते थे। न ही उनकी इच्छा उनके खंडित भारत के पाकिस्तान भाग में अपने

साथ रखने को दी थी। जबकि अम्बेडकर ने जिन्ना के लिये बहुत कुछ किया था।

मार्च, 1947 में डॉक्टर भीमराव अम्बेडकर ने मूलभूत अधिकार, अनुसूचित जातियों के संरक्षण और भारतीय राज्यों की समस्याओं का एक स्मरण पत्र प्रस्तुत किया। कालान्तर में इसी को 'स्टेट्स एण्ड मायनोरिटीज' नाम से पुस्तक रूप में प्रकाशित किया गया। जिसके अन्तर्गत भारत की इन्हीं समस्याओं का जिक्र किया गया था।

'स्टेट्स एण्ड मायनोरिटीज' नामक अपनी पुस्तक में उन्होंने बताया कि जो निर्वाचित क्षेत्र सुरक्षित हों वहाँ अलग चुनावी प्रणाली हो और इससे अलग अन्य क्षेत्रों में संयुक्त प्रणाली का ही प्रयोग किया जाये। इस प्रकार से वह पुस्तिका समाजवादी व्यवस्था का प्रारूप थी अम्बेडकर राज्य समाजवाद के पोषक थे। उनका मत था कि भारत में तुरन्त समाजवादी लक्ष्यों की प्राप्ति के लिए औद्योगिकरण आवश्यक है। अन्यथा राज्य समाजवाद तब तक नहीं पनप सकता, जब तक औद्योगिकरण नहीं होगा।

भूमिहीन किन्तु कृषि में दक्ष श्रमिकों का लाभ सामूहिक कृषिफामों के होने में है। जिसके पास भूमि है ही नहीं उन्हें चकबन्दी तथा खेतीहर श्रमिकों के हित में बनने वाले कानूनों से भी लाभ मिलने वाला नहीं है। उनका यह भी कहना थ कि आधारभूत उद्योगों पर राज्य का स्वामित्व होना चहिये। वे कृषि को राजकीय उद्योग घोषित करने के पक्ष में थे। जिससे कि जमींदारी प्रथा समाप्त हो, किरायेदारी प्रथा समाप्त हो और भूमिहीन क्रमिकों का कोई वर्ग न रहे।

डॉक्टर भीमराव अम्बेडकर ने अपनी इस पुस्तक में अपना मत व्यक्त किया था कि जनतंत्र को एक व्यक्ति एक मूल्य के सिद्धान्त पर जीवित रखना होगा। संवैधानिक कानूनों द्वारा न केवल राजनैतिक ढाँचे का स्वरूप एवं संरचना का निर्माण हो, अपितु समाज के आर्थिक ढाँचे का स्वरूप, संरचना का निर्धारण किया जाना चाहिये। राज्य-समाजवाद के अन्तर्गत व्यक्ति के मौलिक अधिकारों पर आँच नहीं आनी चाहिये। अतः समाज के निर्धन वर्गों की माँग और आवश्यकताएँ पूरी करने के लिये आधारभूत उद्योग राज्य द्वारा संचलित हों। कृषि योग्य समस्त भूमि राज्य के अधिकार में हो तथा समस्त उत्पादन स्त्रोतों पर भी राज्य का नियन्त्रण हो। सभी उत्पादित वस्तुओं का जाति एवं धर्म के भेदभाव के बिना

न्यायोचित आधार पर सभी वर्गों के लोगों में वितरण व्यवस्था हो। तभी इस देश का उद्धार व प्रगति सम्भव हो सकती है।

भारत का विभाजन और स्वतन्त्रता।

जब महात्मा गाँधी ने देखा कि अगर देश का बटवारा (विभाजन) स्वीकार नहीं किया जायेगा तो आजादी (स्वतन्त्रता) नहीं मिलेगी और भारत परतन्त्र ही बना रहेगा, क्योंकि अंग्रेज किसी भी हालत में बँटवारे के बिना आजादी देने को तैयार ही नहीं हो रहे थे।

जून, सन् 1947 में भारत का राजनीतिक वातावरण बहुत गरमा गया था। भारत विभाजन और स्वतन्त्रता के निकट पहुँच जाता था। पहले तो जून मास में ही स्वतन्त्रता मिलने की बात थी; किन्तु वह किसी इस या उस कारण से अगस्त के लिये टल गयी। इसलिये जून के महीने में स्वतन्त्रता मिलने से रह गयी।

सभी नेता विवश हो गये। सबको बँटवारा स्वीकार करना पड़ा। 15 अगस्त, सन् 1947 ई॰ में भारत के विभाजन का समय आ गया और विभाजन हो गया। एक खण्ड का नाम पाकिस्तान रखा गया और दूसरे खण्ड का नाम हिन्दुस्तान रखा गया। इस प्रकार भारत को दो भागों में बाँट दिया गया था।

अन्ततः 15 अगस्त, सन् 1947 को भारत स्वतन्त्र हुआ।

अम्बेडकर भी सभी नेताओं के साथ थें वे आजादी पाने की खुशी में फूले नहीं समा रहे थे। पूरे देश में खुशी-हर्षोउल्लास का माहौल था। लोग दीपावली की तरह रोशनी कर रहे थे। सभी आजादी पाने से बहुत ही खुश थे। आजादी का त्यौहार सम्पूर्ण देश में मनाया जा रहा था। हर इंसान के चेहरे पर आजादी पाने की खुशी झलक रही थी। वर्षों से जो तमन्ना हर दिल में थी वो तमन्ना आज पूरी हो गयी थी।

जुलाई, सन् 1947 को एक दिन स्वतन्त्र भारत के भावी प्रधानमन्त्री पंडित जवाहर लाल नेहरू ने डॉक्टार भीमराव अम्बेडकर से पूछा था—"क्या अम्बेडकर तुम स्वतन्त्र भारत के प्रथम मंत्रिमण्डल में विधिमंत्री का पदभार स्वीकार करोगे?" डॉक्टर अम्बेडकर इस सम्मान को भला क्यों अस्वीकार करते। अतः जब स्वतन्त्र भारत के प्रथम मंत्रिमण्डल का गठन किया गया तो डॉक्टर अम्बेडकर को उसमें विधिमंत्री बनाया गया।

स्वतन्त्र भारत के लिये भारत का अपना विधान होना चाहिये था। इस बात का अनुभव किया जा रहा था। अतः 29 अगस्त को संविधान का प्रारूप तैयार करने के लिए एक समिति का गठन किया गया और डॉक्टर भीमराव अम्बेडकर को इसका अध्यक्ष मनोनीत किया गया। डॉक्टर अम्बेडकर अपने इस सम्मान के कारण काफी खुश थे। अब उन्हें यकीन हो गया था कि उनकी समस्यायें हल हो जायेंगी।

संविधान निर्माता समिति में सात सदस्य थे। उनमें से अचानक ही एक व्यक्ति की मृत्यु हो गयी थी। एक सदस्य अमेरिका में जाकर रहने लगे थे। और एक सदस्य ऐसे थे जिनके सरकारी कामकाज से ही अवकाश नहीं मिल पाता था। इनके अतिरिक्त दो सदस्य ऐसे थे, जो अपना स्वास्थ्य ठीक न रहने के कारण वे सदा दिल्ली से बाहर रहते थे। इस प्रकार पाँच सदस्य ऐसे थे जो समिति के कार्यों में सहयोग नहीं दे पाये थे। डॉ॰ भीमराव अम्बेडकर ही एक ऐसे सदस्य थे, जिन्होंने अपने कंधें पर ही संविधान निर्माण का कार्य भी संभाला था। उन्होंने संविधान बनाने का पूरा कार्यभार अपने हाथों में ले लिया था।

सन् 1947 पूरा हो गया था। सन् 1948 आरम्भ हो चुका था। पं॰जवाहर लाल नेहरू ने अपना मंत्रिमण्डल बना लिया था। उनका देशहित का कार्य भी शुरू हो चुका था। सभी कार्य सुचारू रूप से चलने लगे थे, लड़ाई भी शान्त हो चुकी थी।

सन् 1947 को 15 अगस्त में हुई एक विशाल सभा में वायसराय ने कहा था—"हिन्दुस्तान के रहने वालो! तुमने आजादी को पाने के लिये तन, मन और धन से संघर्ष किया है। आज तुम्हारा देश आजाद है और तुमको आजादी दी जा रही है, देश को दो भागों में विभाजित कर दिया गया है, एक है पाकिस्तान जिसके प्रधानमन्त्री मौहम्मद अली जिन्ना बनेंगे।

दूसरा है हिन्दुस्तान, जिसके प्रधानमन्त्री पंडित जवाहर लाल नेहरू हैं। मैं महात्मा गाँधी को देश की बागडोर दे रहा हूँ। वे राष्ट्रपिता हैं और बापू कहलाते हैं। उनकी ही तपस्या का फल है जो तुम्हें आजादी दी जा रही है। अब भारत आजाद है। अपने घर में अपना राज्य मनाओं और आनंद से रहो।"

डॉक्टर भीमराव अम्बेडकर कानून मंत्री के रूप में

अब भारत स्वतंत्र हो चुका था। दिल्ली का पार्लियामेंट भवन भारतीय नेताओं से खचाखच भरा हुआ था। यह घोषणा हो चुकी थी कि डॉक्टर बाबू राजेन्द्र प्रसाद को सबसे पहले भारत का राष्ट्रपति बनाया जाता है। काफी सोच-समझकर यह फैसला किया गया था, सभी लोगों की यही राय थी कि राजेन्द्र प्रसाद को ही राष्ट्रपति बनाया जाये।

पंडित जवाहर लाल नेहरू भारत के प्रथम प्रधानमंत्री हैं। राष्ट्रपिता महात्मा गाँधी पूरे देश के राष्ट्रपिता होते हुए पूरे देश के बापू भी हैं।

महात्मा गाँधी ने डॉ॰ राजेन्द्र प्रसाद को गोपनीयता की शपथ ग्रहण कराई। इसी तरह पंडित जवाहर लाल नेहरू को भी प्रधानमंत्री पद की शपथ दिलाई गयी।

पंडित जवाहर लाल नेहरू ने अपना मंत्रिमण्डल बना लिया। उसमें सरदार बल्लभ भाई पटेल को गृहमंत्री बनाया गया। वे लौहपुरुष थे, उन पर नेहरू जी की अडिग आस्था थी। सभी लोग उनका काफी सम्मान करते थे।

डॉक्टर भीमराव अम्बेडकर को पंडित नेहरू ने ऊँचे-से-ऊँचा पद दिया। यद्यपि अम्बेडकर विपक्ष के नेता थे, लेकिन फिर भी नेहरू जी ने उनका सम्मान किया। स्वतंत्र भारत में वे सबसे पहले कानून मंत्री बनाये गये। सभी लोग उनका बहुत सम्मान करने लगे, इसीलिये तो कानून बनाने को पूरा कार्यभार उनके हाथों में सौंपा गया था।

इन सब नेताओं ने 15 अगस्त, सन् 1947 ई॰ को ही पद और गोपनीयता की शपथ ली। उसी दिन सब लोगों ने अपना कार्यभार संभाल लिया था और सबको उनकी योग्यता के अनुकूल पद दे दिये गये थे।

अब डॉ॰ राजेन्द्र प्रसाद राष्ट्रपति थे। उनका कहना था कि भारत का नया संविधान बनना चाहिये, जब नया संविधान बन जायेगा तो पुराना रद्द कर दिया जायेगा। आजाद भारत को नये संविधान की जरूरत है, ताकि उसी के मुताबिक स्वतंत्र भारत का संविधान लागू हो।

पंडित नेहरू का भी यही कहना था कि नया संविधान जरूर ही बनना चाहिये और संविधान ऐसा बनना चाहिये जिसमें सभी देशों के संविधानों के गुण हों। संविधान लचीला भी हो, कठोर भी हो, लोकतंत्र भी हो, गणतंत्र की झलक भी उसमें देखने को मिले।

डॉ॰ राजेन्द्र प्रसाद संविधान बनाने के लियें अलग एक समिति बनाना चाहते थे। नेहरू जी ने इसका समर्थन किया और समिति बन गयी। इस प्रकार इस समिति का गठन हो गया।

नेहरू जी ने राजेन्द्र प्रसाद से कहा—"डॉक्टर भीमराब अम्बेडकर को देश-विदेश के सभी संविधानों की जानकारी बहुत अच्छी तरह से है, इसलिये मैं चाहता हूँ कि भारत का नया संविधान डॉक्टर अम्बेडकर ही बनायें, क्योंकि इन्होंने इस देश में रहकर कानून को अच्छी तरह देखा-परखा है। इनसे अच्छा दूसरा व्यक्ति और कोई नहीं जो कानून का निर्माण कर सके।"

इस पर राजेन्द्र प्रसाद उनका समर्थन करते हुए अपनी बात कहले लगे—"यह बिल्कुल सच है कि भीमराव अम्बेडकर ने जितनी ऊँची शिक्षा पायी है, उतनी भारत के अन्य पुरुष ने नहीं पायी। वे महाविद्वान् हैं। मैं चाहता हूँ कि संविधान ड्राफ्टिंग कमेटी का उन्हें अध्यक्ष बना दिया जाये।" इस प्रकार उन्हें संविधान ड्राफ्टिंग कमेटी का अध्यक्ष बनाने की बात पेश की गयी।

"आपने ठीक सोचा है। डॉक्टर अम्बेडकर ही भारत का नया संविधान बनायेंगे।" सभी लोगों ने अपनी-अपनी राय पेश की। सभी लोग इस बात पर अपनी-अपनी सहमति प्रकट कर रहे थे।

राजेन्द्र प्रसाद ने अम्बेडकर को बताया कि वे संविधान ड्राफ्टिंग कमेटी के अध्यक्ष बना दिये गयें है। उन्हें चाहियें कि यह संविधान ड्राफ्टिंग कमेटी के अध्यक्ष बना दिये गये हैं। उन्हें चाहिये कि यह संविधान बहुत आसान और अच्छा बने। संविधान के अन्तर्गत एक-एक बात को ध्यान में रखा जाये। सभी लोगों के अधिकार का ख्याल रखा जाये।

"आपकी आज्ञा का पालन होगा, राष्ट्रपति महोदय!"

डॉक्टर भीमराव अम्बेडकर भारतीय संविधान बनाने में पूरी तरह से व्यस्त तो हो गये। उनके साथ जो सहयोगी कार्यकर्त्ता थे वे उनका लोहा मानते थे कि अम्बेडकर को कानून का बहत अच्छा ज्ञान है। उन्होंने लगभग सभी देशों के संविधान का अध्ययन किया है। वे परिश्रम करने में भी पीछे नहीं है। चौबीस घंटे में अट्ठारह घंटे काम करते हैं। हममें संविधान बनाने के लिए उनसे अच्छा संविधान कर्त्ता कोई और नहीं हो सकता।

इस तरह संविधान बनना आरम्भ हो गया। डॉक्टर अम्बेडकर उसमें दिन और रात एक कर रहे थे। उनकी यही कोशिश थी कि संविधान की कोई भी धारा ऐसी न रह जाये जिसके लिये संसार को यह कहना पड़े कि भारत का संविधान बहुत सख्त है। उन्होंने भारत के हर नागरिक को दृष्टि में रखकर संविधान का निर्माण किया था।

डॉक्टर अम्बेडकर लगन से इस शुभ कार्य में व्यस्त थे। वे चाहते थे कि जल्दी-से-जल्दी संविधान राजेन्द्र प्रसाद और नेहरू जी के सामने रख दें। उनकी मेहनत और लगन रंग लाने लगी, चौबीस घंटे उन्हें संविधान बनाने में कार्य करना पड़ रहा था। बड़ी सोच-समझकर उन्होंने ये संविधान बनाया था।

भारत का संविधान

भारतीय संविधान बनकर तैयार हो गया था। डॉक्टर भीमराव अम्बेडकर ने उसे प्रधानमंत्री पंडित जवाहर लाल नेहरू और राष्ट्रपति राजेन्द्र प्रसाद के सामने पेश कर दिया। दोनों नेताओं ने उस संविधान का स्वागत किया। उसकी कई प्रतियाँ तैयार हुई थीं। उसे पढ़ा, समझा और उसका अध्ययन किया गया। देखने के बाद दोनों ने उनके बनाये गये संविधान की बड़ी प्रशंसा की।

संविधान बहुत सरल था। सबको बड़ा अच्छा लगा। सभी लोग डॉक्टर भीमराव अम्बेडकर की तारीफ करने लगे। उन्हें बधाई दी गयी। एक सभा का आयोजन किया गया जिसके तर्न्तगत सभी लोगों ने उनकी काफी सराहना की।

उस सभा में राष्ट्रपति राजेन्द्र प्रसाद ने कहा–"डॉक्टर अम्बेडकर अस्वस्थ थे, लकिन फिर भी उन्होंने बड़ी लगन और मन से काम किया। उन्हें जो महान् काम सौंपा गया था, उसे उन्होंने जल्दी ही पूरा कर दिया। हम भीमराव अम्बेडकर के बहुत अभारी हैं। उन्हें बधाई देते हैं कि सचमुच वे बधाई के पात्र हैं। जितना अच्छा संविधान उन्होंने तैयार किया है वैसा शायद कोई नहीं कर पाता, हम इनके आभारी रहेंगे।"

पंडित नेहरू ने अपने भाषण में कहा–"डॉक्टर भीमराव अम्बेडकर संविधान के शिल्पकार हैं। यह नया भारतीय संविधान इनकी देन है। इतिहास में उनका नाम सोने के अक्षरों में लिखा जायेगा। वे महापुरुष हैं।

जब तक भारत का नाम रहेगा, तब तक अम्बेडकर का नाम भी भारतीय संविधान में हमेशा जुड़ा रहेगा।''

अन्य नेताओं ने भी भीमराव अम्बेडकर की खूब प्रशंसा की।

सन् 1950 ई० को 26 जनवरी के दिन यह नया संविधान जनता पर लागू किया गया। उस दिन गणतंत्र दिवस का समारोह मनाया गया। वही संविधान आज भी लागू है और 26 जनवरी के आज भी गणतंत्र दिवस के रूप में पूरे हिन्दुस्तान में हर्षोल्लास से मनाया जाता है। इस अवसर पर डॉक्टर भीमराव अम्बेडकर का नाम जरूर आता है, सभी लोग उन्हें आज भी याद करते हैं।

इस तरह डॉक्टर भीमराव अम्बेडकर ने भारतीय संविधान बनाकर एक नया कीर्तिमान स्थापित किया। वे देश में ही नहीं विश्व भर में चर्चा का विषय बन गये। सभी बड़े-बड़े नेताओं मंत्रियों ने उनकी सराहना की, उन्हें बधाईयाँ दीं। इस बात से उनका सम्मान और भी ज्यादा बढ़ गया था। सभी लोग उन्हें दूर से देखकर सम्मान से अपना सर झुका देते थे। मंत्रिमण्डल भी उन्हें सम्मान की दृष्टि से देखता था।

डॉक्टर भीमराव अम्बेडकर को मधुमेह की बीमारी हो गयी थी, इसलिये वे दिन-प्रतिदिन दुर्बल होते चले जा रहे थे। उनका शरीर कमजोर होता जा रहा था। देखने से ही लगता था कि वह बहुत दिनों से बीमार हैं। शरीर में भी काफी शिथिलता आ गयी थी, उनमें काम करने की हिम्मत नहीं रह गयी थी। देखने में ही वह कमजोर नजर आते थे।

अम्बेडकर का पुत्र पिता की ऐसी स्थिति देखकर चिन्तित था। इलाज चल रहा था, लेकिन कोई फायदा नहीं हो रहा था। बीमारी और बढ़ती चली जा रही थी। सभी लोगों को उनकी बीमारी की बहुत फिक्र हो रही थी। ज्यादातर उनके पुत्र को उनकी चिन्ता थी।

अन्त में उनके पुत्र यशवंत ने कहा—''पिताजी, मैं आपको अस्पताल में दाखिला कराना चाहता हूँ। वहाँ जाकर आप बिल्कुल ठीक हो जायेंगे। घर पर रहकर आप और भी ज्यादा कमजोर हो जायेंगे।''

''क्या? नहीं मैं अस्पताल नहीं जाऊँगा।''

''घर पर रहकर आप ठीक नहीं हो सकते? इस प्रकार तो आप और भी ज्यादा बीमार हो जायेंगे।''

''तो क्या अस्पताल में जाकर अच्छा हो जाऊँगा?''

"हाँ मुझे पूरा यकीन है पिताजी। आप अस्पताल में जाकर जरूर अच्छे हो जायेंगे वहाँ आपकी देखभाल भी अच्छी हो जायेगी।"

"तो ले चलो मैं मना नहीं करूँगा।" वह राजी हो गये, क्योंकि उन्हें भी अपनी बीमारी की चिन्ता होने लगी थी।

इस प्रकार बातचीत के बाद डॉक्टर भीमराव अम्बेडकर को मुम्बई के मावलंकर अस्पताल में भर्ती कर दिया गया। उनके पुत्र ने ही वहाँ ले जाकर उन्हें भर्ती कराया था।

डॉक्टरों ने बताया कि उन्हें मधुमेह की पुरानी बीमारी है। ठीक होने में समय लगेगा। अम्बेडकर के लिय एक अलग से लेडी डॉक्टर नियुक्त कर दी गयी और उन्हें वहाँ पूरी सुविधायें दी जा रही थीं, सभी डॉक्टर्स उनका अच्छे-से-अच्छा इलाज कर रहे थे।

लेडी डॉक्टर शारदा कबीर के हाथ में अम्बेडकर का इलाज सौंप दिया गया। वे पूरे मनोयोग से अछूतों के नेता डॉक्टर भीमराव की सेवा करने लगीं। अम्बेडकर वहाँ जाकर काफी राहत महसूस कर रहे थे, अब उनकी तबियत में भी सुधार आ रहा था।

अम्बेडकर लेडी डॉक्टर शारदा कबीर से जल्दी ही प्रभावित हो गये। उनको अब काफी आराम मिलने लगा। वे महसूस करते कि डॉ॰ शारदा कबीर उनका बहुत अधिक ख्याल रखती हैं। इसलिये भीमराव अम्बेडकर को डॉक्टर शारदा कबीर से कुछ सहानुभूति-सी होने लगी।

एक दिन लेडी डॉक्टर शारदा कबीर अम्बेडकर को दवा दे रही थीं, तभी अम्बेडकर ने पूछा—"आपका शुभ नाम क्या है, डॉक्टर साहब?"

"मुझे लेडी डॉक्टर शारदा कबीर कहते हैं। वैसे मुझे सविता भी कहते हैं।" उन्होंने अपना परिचय दिया।

"बहुत अच्छा नाम है, मैं आपका आभारी हूँ। आप मेरे केस में गहन रुचि ले रही हैं। आपकी दिन-रात की सेवा की वजह से ही मेरी तबियत में इतना सुधार हुआ है।"

"इसमें आभार प्रकट करने की आवश्यकता नहीं है। मैं अपने कर्त्तव्य का पालन कर रही हूँ, जो मुझे करना चाहिये—और ये तो मेरा फर्ज है।"

अम्बेडकर ने कहा—"मेरे पूरे शरीर में दर्द रहता है। क्या इसका इलाज भी आपके पास है?"

इस पर अम्बेडकर को सविता ने समझाया कि दवा दी जा रही है। आप धीरे-धीरे ठीक हो जायेंगे। चिन्ता करने की आवश्यकता नहीं है। आपको अच्छी-से-अच्छी दवाएँ दी जा रही हैं।

इस बार अम्बेडकर ने सविता से पूछा—"आपकी जाति क्या है, डॉक्टर साहब?"

"मैं ब्राह्मण हूँ।" सविता ने बताया।

'आप ब्राह्मण हैं!"

"हाँ। क्या बात है आप इतने आश्चर्यचकित क्यों हो रहे हैं?" डॉक्टर सविता कबीर हैरानी से बोली।

"मगर आप छुआछूत को बिल्कुल नहीं मानतीं। मैं महार हूँ और आप मेरी दवा कर रही हैं। रात-दिन मेरी सेवा में लगी रहती हैं, क्या आप इस भेदभाव को नहीं मानतीं?"

"इसमें क्या हुआ—यह तो डॉक्टर का कर्त्तव्य है। मुझे आपसे हमदर्दी है। ऐसा लगता है कि आप मेरे अपने हैं। मैं छुआछूत को बिल्कुल भी नहीं मानती। ना ही ऐसी बातों का विश्वास करती हूँ।"

"क्या?" सुनकर वह हैरान रह गये।

"हाँ डॉक्टर अम्बेडकर! आप मेरी बात का यकीन कीजिये, मैं छुआछूत को बिल्कुल नहीं मानती।"

"मेरी पत्नी कुछ साल हुए परलोक सिधार गयी हैं। मैं अकेले ही जिन्दगी का सफर तय कर रहा हूँ। यह मेरा दुर्भाग्य है।"

"यह तो बुरा हुआ।"

"हाँ डॉक्टर साहब, अगर रामाबाई जिन्दा होती तो मेरी यह हालत न होती। मुझे पत्नी का अभाव बहुत खल रहा है। अब मुझसे ये अकेलापन असहनीय हो गया है।"

"आप इसकी चिन्ता मत कीजिये। इसका उपाय मेरे पास है।" डॉक्टर शारदा कबीर मुस्कराकर बोली।

"क्या?" वह हैरानी से उनका चेहरा देखते हुए कहने लगे—"आपके पास मेरी इस समस्या का कौन-सा हल है?"

"हाँ-मैं आपकी पूरी सेवा करूँगी। अगर आप मुझे इस बात की आज्ञा दें तो।" उन्होंने नम्रतापूर्वक कहा।

"कब तक?"

"जीवन भर। जब तक मेरी साँस-में-साँस रहेगी, तब तक मेरा जीवन आपकी सेवा में ही समर्पित रहेगा।"

"जीवन भर!"

"हाँ जीवन भर!"

"आपने तो मुझे चौंका दिया है।" डॉक्टर अम्बेडकर हैरानी से उन्हें दखते हुए बोले—"मुझे अपने कानों पर विश्वास नहीं हो रहा है।"

"मैं सच कह रही हूँ।" डॉक्टर शारदा कबीर ने यकीन दिलाते हुए कहा-"मैं आपकी सेवा करना चाहती हूँ।"

"क्या!" उनका मुँह खुला-का-खुला रह गया। बड़े आश्चर्यचकित होकर उनका चेहना देख रहे थे।

"मैंने फैसला कर लिया है कि मैं आपको अपना जीवन साथी बना लूँगी। मैं आपसे विवाह करना चाहती हूँ। आपके साथ कदम-से-कदम मिलाकर आगे बढ़ना चाहती हूँ।"

"क्या आप सच कह रही हैं?" उनकी आंखे विस्मय से फैलती चली जा रही थीं—"आप मुझसे विवाह करेंगी?"

"हाँ, आज से आप मेरे पति हैं।" उन्होंने कहा—"अगर आपकी आज्ञा हो तो मैं शादी जल्दी-से-जल्दी करना चाहती हूँ।"

"मैं क्या सुन रहा हूँ सविता?"

"आप सच सुन रहे हैं।"

"सच!" उनके चेहरे पर प्रसन्न्ता की एक लहर दौड़ गयी—"अगर ऐसी बात है तो मुझे क्या ऐतराज हो सकता है!"

"सच! हम दोनों अदालत में जाकर कोर्ट-मैरिज कर लेंगे।"

अम्बेडकर को ऐसा लगा जैसे वह कोई सपना देख रहे हों। जब उन्होंने इस विषय में अपने पुत्र यशंवत को बताया तो वह बहुत ही खुश हुआ। यशवंत सोच रहा था कि इस बहाने पिताजी की देखभाल करने के लिए घर में कोई तो होगा।

दूसरे दिन लेडी डॉक्टर शारदा कबीर उर्फ सविता का विवाह हो गया। उन्होंने कोर्ट में जाकर अपना विवाह सम्पन्न किया था। डॉक्टर अम्बेडकर इस विवाह से काफी खुश थे।

डॉक्टर शारदा कबीर से डॉक्टर अम्बेडकर के विवाह के सम्बन्ध में उनके एक भक्त जिसका नाम डॉक्टर आर॰जाटव था ने अपनी पुस्तक

'डॉक्टर अम्बेडकर व्यक्तित्व एवं कृतित्व' के पृष्ठ नम्बर 20-81 पर जो विवरण दिया है वह निम्न प्रकार है–

"27 मई, सन् 1935 को रामाबाई का देहान्त हो गया। डॉक्टर साहब को एक ओर बम्बई में अपने नवनिर्मित भवन 'राजगृह' में प्रवेश की खुशी थी तो दूसरी ओर उन्हें पत्नी-वियोग का दुःख सहना पड़ा। निःसंदेह रामाबाई के वियोग से डॉक्टर भीमराव अकेले हो गये थे। केवल यशवंत ही परिवार में बचा और वह भी उन्हें अधिक प्रिय नहीं था, क्योंकि उसने उनकी भाँति उच्च शिक्षा प्राप्त नहीं की थी, परन्तु बाबा साहब ने अपने अकेलेपन को अपना दुर्भाय नहीं समझा। वह विद्याध्ययन और ग्रंथ रचना में लीन रहने लगे। वे दिन-रात ग्रंथमंथन में डूबे रहते थे। उससे उनके मन को बहुत शान्ति मिलती थी। इस प्रकार रामाबाई के वियोग का दुःख भी कम हो जाता था।

यह योगी पुरुष का सन् 1935 से लेकर सन् 1947 तक का समय अकेले ही कटा। पुनर्विवाह की सोची नहीं। उन्हें अपनी दूसरी शादी की तनिक भी ख्याल नहीं था। तेरह-चौदह वर्ष तो प्रथम पत्नी का देहान्त हुए हो गये। वे तो अकेले पढ़ने-लिखने में मस्त थे। यहाँ तक कि यशवंत के विवाह की भी उन्हें चिन्ता नहीं थी। लेकिन महान् लोगों की बड़ी-बड़ी बातें हुआ करती हैं। कुछेक डॉक्टरों ने पहले सलाह दे रखी थी कि यदि बाबा पुनर्विवाह कर लें और स्त्री संगम करें तो उनका मधुमेह रोग नियंत्रित हो सकता है। उधर उनकी अवस्था भी अधिक होती जा रही थी। घर में उनकी देखभाल के लिये उनका कोई निजी आदमी नहीं था। न कोई पुत्री, न सगी बहन और न ही पुत्र-वधु। ऐसी स्थिति में उन्हें भोजन के लिये नौकरों पर ही आश्रित रहना पड़ता था। जैसा खाना मिलता, वे खा लिया करते। मुधमेह के कारण उनको रोजाना इन्सुलिन का टीका लगता, जिसके लिये बाहर से डॉक्टर आता था। इधर कुछ डॉक्टरों ने सलाह दे रखी थी कि यदि कोई महिला डॉक्टर हो तो उनका जीवन सरलता से कट सकता है। यह बात उनके मन में भी जँच गयी थी। इसलिये उन्होंने डॉक्टर कबीर से शादी कर ली थी, इस प्रकार उन्हें इन समस्याओं से छुटकारा पाने की आशंका थी।

जब वे डॉक्टर के बॉम्बे क्लीनिक में अपना इलाज करवाने के लिये एक सप्ताह से थे वहाँ डॉक्टर-नर्स का काम किया करती थीं। उनकी आयु

लगभग चालीस वर्ष की थी। वहीं एक सप्ताह तक डॉक्टर साहेब की सेवा में रहीं। उधर डॉक्टर मावलंकर ने भी अपनी पूर्ण योजनानुसार, डॉक्टर साहेब की सेवा में रहीं। उधर डॉक्टर मिस शारदा कबीर के नाम का प्रस्ताव किया और उधर डॉक्टर शारदा कबीर ने अपनी सेवा से डॉक्टर को प्रभावित किया ही था। वैसे क्लीनिक में बाबा साहेब के लिये भोजन बाहर से आता था, परन्तु यह कहा गया कि मिस शारदा ऐसा अच्छा भोजन स्वयं तैयार करती हैं। बाबा साहेब और भी खुश हुए कि वे अच्छी गृहिणी बन सकती हैं। चौदह वर्ष के ब्रह्मचर्य व्रत को त्यागने के लिये वे मार्च, सन् 1948 में दृढ़ संकल्प हो गये। बड़े लोगेां की कुछ विचित्र धुने हुआ करती हैं। यह भी उनमें से एक थी। मिस शारदा के सम्बन्ध में, डॉक्टर साहब के मित्रों की धारणा अच्छी नहीं थी। एक तो वह जाति से ब्राह्मण और दूसरे उसकी उम्र भी ढल चुकी थी। वस्तुतः उसमें सेवाभाव नहीं था। वे तो इतने महान् आदमी के साथ विवाह करके महान् बनना चाहती थी। डॉक्टर साहब के सभी मित्र तथा भक्त इस शादी के पक्ष में नहीं थे। लेकिन डॉक्टर साहब को कुछ धुन सवार हो गया और वे अपनी जिद्द पर अड़ गये। शारदा का पुराना फोटो उनके विश्राम कक्ष में लटक गया और बॉम्बे से रोजाना ट्रंककॉल्स भी आने लगे। वे उसकी ओर आकर्षित हो गये। टाल्सटाय ने अपनी जीवन सम्बन्धी 'यथार्थ डायरी' में लिखा है कि जब महापुरुषों पर 'मुहब्बत' के देवता का प्रहार होता है तो वे साधारण अर्थात् 'आम मानव प्राणियों की तरह तड़पते हैं।' कुछ यही हालत उस समय डॉक्टर अम्बेडकर की भी थी। वह अपनी जिद्द पर अड़े रहे थे।"

इनकी देखभाल कौन करे? यह प्रश्न तो उनके मन में था ही और यह हकीकत भी थी। इसके लिये श्री बी. के. गायकवाड़ ने सह सुझाव दिया था कि वे अपनी साली शान्ता को उनकी सेवा-सुश्रुषा के लिये नियुक्त कर सकते हैं। वे पढ़ी-लिखी अविवाहित महिला थीं। महार जाति की भी थीं। लेकिन बाबा साहेब ने यह कहकर मामला टाल दिया, उस लड़की को अपने पास रखकर मैं बदनामी मोल नहीं लेना चाहता। लोग कहेंगे कि डॉक्टर साहब ने किसी रखैल को पाल लिया है। गायकवाड़ जी ने शादी का प्रस्ताव भी रखा, पर बाबा साहेब ने उत्तर दिया कि वे उस लड़की से शादी कैसे कर लें, जो उन्हें 'बाबा साहेब' कहकर सम्बोधित करती है? यह बात ठीक भी थी; किन्तु उन्होंने पक्का इरादा जाहिर कर दिया कि वे उसी लेडी डॉक्टर

से अपनी शादी करेंगे। उन्हें विश्वास हो गया कि वह महिला डॉक्टर उनके स्वास्थ्य की संरक्षिका बन जायेगी। वह खाना पकाने में दक्ष है और चतुर है। डॉक्टर साहब को वह हर प्रकार से जँच गयी थी। अतएव वह उसे साड़ी भी खरीद कर दे आये थे, जिसका अर्थ होता है कि शादी की पूरी तैयारी। यह देखकर फिर लोग उनके रास्ते में बाधा नहीं बने, क्योंकि वह जानते थे कि अब वह किसी कीमत पर नहीं मानेंगे।

जब ये बिल्कुल निश्चित हो गया कि डॉक्टर अम्बेडकर और शारदा कबीर का विवाह सम्पन होने जो रहा है, तब महाराष्ट्र के अन्तर्गत तनावपूर्ण स्थिति पैदा हो गयी। विशेषकर ब्राह्मण समाज में हलचल मच गयी क्योंकि शूद्र, अछूत एक ब्राह्मणी से विवाह करने वाला था जो हिन्दू धर्म-ग्रंथों में निषिद्ध है। फिर क्या था? समूचे महाराष्ट्र ने भारी विरोध किया और तत्काली न गृहमंत्री सरदार पटेल को अनेक तार भेजे कि वे ऐसे अशुभ तथा अनर्थ कार्य को रोकें। ऐसे ही तार विरोध पत्र भारत की कई संस्थाओं द्वारा गृहमंत्री को भेजे गये। सभी लोगों में इस बात की हलचल-सी मच गयी थी।

यहाँ तक कि इस घटना को अखबारों में उछाला गया। सरदार पटेल बड़ी उलझन में फंस गये कि क्या किया जाये, पर वे करते भी क्या? उन्होंने प्रधानमन्त्री को एक पत्र लिखकर, उन्हें सारी स्थिति से अवगत कराते हुए अन्त में यह वाक्य लिखा—"हाऊ कैन आई स्टॉप सच नानसेंस?" मैं ऐसी निरर्थक बात को कैसे रोक सकता हूँ?" वास्तव में सरदार पटेल तथा अन्य संस्थाएँ इस ऐतिहासिक घटना को रोक नहीं पायीं, हालांकि चारों ओर से विरोध प्रकट किये गये। लगता है कि एक अछूत और एक ब्राह्मणी का यह विवाह नियत था। सभी लोग चाहते थे कि यह विवाह किसी-न-किसी तरह रोका जाये।

शारदा कबीर अपने भाई के साथ बम्बई से हवाई जहाज द्वारा दिन के 11 बजे दिल्ली पहुँच गयीं औ 14 अप्रैल, सन् 1948 के दिन ठीक ढाई बजे उनका विवाह हो गया। शादी सिविल मैरिज एक्ट के अनुसार, सिविल मैरिज की विधि प्रक्रिया से सम्पन्न हुई। दिल्ली के डिप्टी कमिश्मन श्री रामेश्वर दयाल, रजिस्ट्रार के रूप में शादी में सम्मिलित हुए। तत्पश्चात् मिस शारदा कबीर का नाम सविता रखा गया। इस प्रकार डॉक्टर अम्बेडकर ने अपना पुनर्विवाह किया। वस्तुतः यह सुख-सुविधा के लिये किया था, पर डॉक्टर

साहेब को कहते हैं, उससे विशेष आराम नहीं मिला। उसके कारण कुछ मानसिक द्वन्द्व तथा परेशानियाँ और पैदा हो गयीं; क्योंकि डॉक्टर साहेब जिस सच्ची भावना से उसे लाये थे और उसे एक आदर्श पत्नी बनाना चाहते थे, वैसी वह अपने को सिद्ध करने में समर्थ न हो पायीं, क्योंकि वे चाहते थे कि उनकी पत्नी उनके और दलितों के बीच सम्पर्क की सजीव कड़ी बनें और वह भी दी-हीन दलितों को वेसे ही प्रेम करें, जैसा वे करते थे, लेकिन वह ऐसी नहीं बन पायीं क्योंकि उनका इरादा सम्भवतः ऐशो-आराम का था जो बाबा साहेब की संगति में सम्भव नहीं हो पाया।

लगता है कि अम्बेडकर और कबीर के मन में पहले से ही गलत धारणायें बन गयी थीं, अन्यथा पारिवारिक अशान्ति होने का सवाल ही नहीं उठता। एक ओर डॉक्टर सविता कबीर ने सोचा था कि ऐसे महापुरुष से विवाह करने से वे स्वयं महान् व्यक्तियों में आ जायेंगी और चूंकि बााब साहेब मंत्री हैं, इसलिये उनका जीवन बड़े आराम से व्यतीत होगा। शान-शौकत की कोई कमी नहीं रहेगी। नौकर-चाकर काम करेंगे। लेकिन दूसरी ओर बाबा साहेब ने सोचा था कि उनकी देखभाल वह अच्छी तरह से करती रहेंगी, क्योंकि वह पहले से ही बाबा साहेब को उनकी पुस्तकों से अपने को प्रभावित बता चुकी थीं, इसलिये डॉक्टर अम्बेडकर को विश्वास हो गया था। कि सम-विचार महिला हैं, यह एक अच्छी गृहिणी बन जायेंगी। इन अलग-अलग धारणाओं को लेकर, उनमें दाम्पत्य सम्बन्ध हो गया, लेकिन कालान्तर में दोनों की धारणायें गलत सिद्ध हो गयीं औ पारिवारिक अशान्ति का वातावरण उनकी कोठी में छा गया, जो बढ़ता ही गया, कम नहीं हुआ। शादी करने के बाद उनकी समस्याएँ घटने की बजाये बढ़ती ही जा रही थीं।"

डॉक्टर जाटवा ने अपनी उसी पुस्तक में आगे विस्तार से इसी अनबन को लिखा है। उन्होंने लिखा है कि डॉक्टर सविता डॉक्टर साहेब के भक्तों और सेवकों से कठोरता से व्यवहार करती थीं। कुछ को तो वे कोठी पर भी नहीं आने देती थीं। सुदामा नामक एक महार लड़का, जो अम्बेडकर का खाना बनाया करता था, जिसके विषय में हमने आगे लिखा भी है कि वह डॉक्टर अम्बेडकर के पार्थिव शरीर के साथ उसी हवाई जहाज से दिल्ली से बम्बई आ गया था जिसमें उनका पार्थिव शरीर ले जाया जा रहा था। उसकी माँ मर चुकी थी, उसका बाप मरने से पहले उस बच्चे को

डॉक्टर अम्बेडकर को सौंप गया था। ''माई जी' जी हाँ, डॉक्टर सविता को कोठी के नौकर-चाकर और भक्त इसी नाम से पुकारते थे, वे उसी भी झाड़-फटकार दिया करती थीं। बाबा साहेब उस लड़के को अपने पास बड़े प्यार से रखा करते थे। वह उसे बड़ा स्नेह किया करते थे। उसकी पूरी तरह देखभाल किया करते थे।

एक दिन बाबा साहेब ने कह ही डाला—''मेरे दफ्तर और पार्लियामेंट में चले जाने के बाद तुम सारा दिन कार घुमाती रहती हो और ब्राह्मण अफसरों और मंत्रियों के घरों के चक्कर लगाती फिरती हो। तुम यहाँ कुम्भ का मेला देखने आयी हो या मेरी सेवा करने? तुमने मेरे साथ वादा किया था कि तुम मेरी किताबों को झाड़-फूँक कर मेरे सामने तिपाहियों पर रखोंगी, तुमने वादा किया था कि तुम मेरे खाने-पीने की देखभाल करोगी, किन्तु तुम्हें मेरी गैरहाजिरी में सारा दिन आवारागर्दी से फुसरत नहीं मिलती। क्या मैंने शादी से पहले तुमसे साफ-साफ नहीं कहा था कि मेरे अन्दर कामवासना समाप्त हो चुकी है? मेरी सेवा का बहाना करके साले बदमाशों ने मेरे साथ धोखा किया है। तुम्हें न तो पढ़ने-लिखने का शौक है और न ही मेरी ही सेवा करने का शौक है और न ही तुम ऐसा करती हो। तुम तो मौज करने आयी हो। मैंने पिछले साल से तुम्हें परख लिया है। तुम मेरी पत्नी बनने के योग्य ही नहीं हो।''

गौ-मांस और अछूत

स्वतंत्रता प्राप्त होते ही महाराष्ट्र में भाषाई आन्दोलन जोर पकड़ गया था। डॉक्टर भीमराव अम्बेडकर भी महाराष्ट्रियन थे। आन्दोलन ने जब जोर पकड़ लिया तो उसके लिये एक भाषाई प्रान्तीय आयोग का गठन कर दिया गया।

डॉक्टर अम्बेडकर इसके साथ अपने अछूत दलित आन्दोलन को भी जीवित रखे हुए थे। इसी क्रम में उन्होंने एक और पुस्तक लिख डाली। इस पुस्तक का नाम था ' द अन टचेबल्स'। इससे पूर्व वे 'हू वर दि शूद्राज' लिख चुके हैं। इसके अन्तर्गत उन्होंने इसी आन्दोलन का जिक्र किया है। इसकी एक घटना का वर्णन इसके अन्दर है।

अपनी इस नई पुस्तक 'अन टचेबल्स' का नाम था। इसमें डॉक्टर अम्ब्डेकर ने छुआछुत के कारण और उसका समय तथा सीमा पर काफी

खोजबीन की थी। यद्यपि छुआपन के अनेक कारण उनके मिले। लेकिन उन्होंने दो को ही मुख्य मानां उनका मानना था कि कबीले के रूप में स्थायी बस्ती वाले लोगों की बिखरे तथा छितरे हुए विभिन्न कबीले के लोगों से घृणा, नफरत और अपमान की भावना। इसके साथ ही विखरे लोगों द्वारा बौद्ध मतानुयायी होते हुए भी निरन्तर गौ-मांस खाते रहना और ब्राह्मणों द्वारा गौ-मांस का त्याग।

इस इससे पूर्व भी लिख आये हैं कि डॉक्टर अम्बेडकर न केवल मांसाहारी थे और मांसाहारी के पोषक थे अपितु वे गौ-मांस को भी त्याज्य नहीं मानते थे। उनके लिये गाय, भैंस, बकरी के मांस में कोई अन्तर नहीं था। जबकि भारत की अधिसंख्या जनता गाय को पूज्य मानती आयी है। इससे पूर्व पंडित जवाहर लाल नेहरू के निजी सचिव एम॰ओ॰ मथाई से डॉक्टर अम्बेडकर के घनिष्ठ सम्बन्धों का उल्लेख किया गया है और बताया गया है कि मथाई ने 'नेहरू इरा' नाम से जो पुस्तक लिखी है उसमें डॉक्टर अम्बेडकर की भूरि-भूरि प्रशंसा की है। उस प्रशंसा में डॉक्टर अम्बेडकर द्वारा हिन्दू धर्म-ग्रंथों की अवहेलना और गौ-मांस भक्षण मुख्य बताया गया है। इस पुस्तक की सभी लोगों ने काफी सराहना की है।

अपनी इस पुस्तक में डॉक्टर अम्बेडकर ने लिखा है कि गौ-मांस न खाने वालों ने गौ-मांसाहारियों को अस्पृश्यता के बाड़े में धकेल दिया। अन्यथा अम्बेडकर का कहना है कि सवर्ण औ असवर्ण में कोई जातिगत भेद नहीं है और न ही अछूतपन का आधार जातिगत तथा गंदे व्यवसायों की परिकल्पना है। प्रारम्भ में बस्ती वाले और विखरे लोगों के बीच अपवित्रता की बात हो रही थी पर अछूतपन की नहीं थी। वहाँ कोई छोटा-बड़ा नहीं माना जाता था।

डॉक्टर अम्बेडकर का मानना है कि अछूतपन का उदय सन् 400-500 के बीच हुआ। उन दिनों परम वैष्णव गुप्त सम्राटों का शासन था और वे शक्तिशाली वैभव सम्पन्न शासक थे। संस्कृत भाषा का अधिकांश साहित्य उसी युग में लिखा गया है। उसी युग में गौ-मासं भक्षकों को अछूत श्रेणी में रख दिया गया था। उससे पूर्व उसको अपवित्र तो माना जाता था, किन्तु अछूत नहीं। उस समय के लोग छूतछात को कदापि नहीं मानते थे, न ही इसकी जानकारी उनको थी।

अपने भाषण व इसी पुस्तक में कहीं भी डॉक्टर भीमराव अम्बेडकर ने गौ-मांस का निषेध नहीं किया है और न ही गाय के प्रति अपनी श्रद्धा व्यक्त की है। जैसा कि हम पहले लिख आये हैं कि उनके लिये गाय और बकरी के मांस में कोई अन्तर नहीं था। जहाँ तक मांस भक्षण का प्रश्न है, हम भी अथवा कोई भी बुद्धिशील व्यक्ति गाय और बकरी के मांस में कोई अन्तर नहीं समझेगा, किन्तु गौ-मांस भक्षण का विरोध न करना, केवल इतना अपितु उसे ग्राह्य मानना, यह भारतीय मानस के लिये स्वीकार्य नहीं हो पाया है। आज भी, इतनी तथाकथित अग्रभागिता के उपरान्त भी, भारतीय जन गौ-मांस भक्षण के लिये उद्दत नहीं होता, तब यदि उस काल में गौ-मांसभक्षियों को अछूत माना गया, तो इसमें कुछ अनुचित हुआ, ऐसा नहीं माना जाना चाहिये। बल्कि चाहिये तो यह था कि डॉक्टर अम्बेडकर अपने तथाकथित दलितों को इसके निषेध के लिये प्रेरित करते, विपरीत इसके उन्होंने उनको इसके लिये आन्दोलित किया, जो कि नितान्त अभारतीयता का द्योतक था।

अपने इस प्रकार के विचारों को डॉक्टर अम्बेडकर ने बहुत महत्व दिया, उसका भी यह कारण है कि भारत के प्रगतिशील नेताओं के प्रिय होने पर भी वे भारत मे जन-जन के प्रिय न हो सके। स्वतंत्रता आन्दोलन में उनका बढ़-चढ़ कर भाग न लेना जहाँ उनके प्रिय न हो सकने का एक कारण था वहीं उसका दूसरा कारण उनकी अभारतीयता का पोषण भी रहा है। उन्होंने अपना समय अछूतों और दलितों के अधिकार दिलाने में ही लगा दिया था। इसलिये वह स्वतंत्रता संग्राम से अलग रहे।

जातिवाद की पराकाष्ठा

भारत विभाजन के प्रसंग में एक विशेष बात उल्लेखनीय है। यह डॉक्टर भीमराव अम्बेडकर के संकुचित दृष्टिकोण का, उनकी स्वार्थपरता का द्योतक है। पाठकों को अर्थात् भारत के जनमानसों को यह नहीं भूलना चाहिये कि डॉक्टर अम्बेडकर का भारत के विधिमंत्री के रूप में जहाँ एक ओर नया दायित्व मिला वहाँ वे बम्बई के सिद्धार्थ कॉलेज की भी उसी प्रकार देखभाल करते रहे, जिस प्रकार कि इससे पूर्व वे करते आये हैं। इसके साथ ही एक बात यह भी नहीं भूलनी चाहिये कि भारतीय जनजीवन का आधार इसके मनुस्मृति, याज्ञवल्क्य स्मृति आदि स्मृति ग्रंथ हैं, जिनसे अम्बेडकर को घृणा

थीं इस स्थिति में वे संविधान प्रारूप समिति के कार्य के प्रति कितना न्याय कर पाते होतें, यह भी विचारणीय है। इसके साथ ही उन्हें पाकिस्तान में रहने वाले, अथवा वहाँ रह रहे दलितों की चिन्ता भी सता रही थी। वे सोच रहे थे कि न जाने उनका वहाँ क्या होगा? यह कहा जाता है कि उन्होंने पाकिस्तान के दलितों को प्रोत्साहित किया था कि वे किसी भी स्थिति में मुस्लिम सम्प्रदाय में सम्मिलित होना स्वीकार न करें। किसी भी हालत में मुसलमान न हों।

डॉक्टर अम्बेडकर ने पाकिस्तान के दलितों को यह भी आश्वासन दिया कि उनको भारत बुलाने की योजना बनायी जा रही है। इसके लिये भीमराव ने प्रधानमंत्री से अपील की कि पाकिस्तान में फँसे दलितों को भारत लाये जाने की कोई योजना तुरन्त बनायी जाये।

अपने पाठकों एवं भारत के नागरिकों को जो बात हम बताना चाहते हैं वह यह कि डॉक्टर अम्बेडकर को पाकिस्तान में फँसे दलितों की ही चिन्ता थी, किन्तु अन्य हिन्दू की नहीं। जबकि वे यह भली-भाँति जानते थे कि दलित अथवा अछूत कहे जाने वाले लोग यदि पाकिस्तान में रहेगें तो उनको वे कष्ट नहीं झेलने होंगे, जो वहाँ के हिन्दुओं को झेलने पड़ रहे थे। उसका कारण स्पष्ट था कि पाकिस्तान को भी उन दलितों और अछूतों की उतनी ही आवश्यकता थी। इसलिये अम्बेडकर हर सूरत में चाहते थे कि वहाँ के दलित हिन्दुस्तान में आ जायें।

तदापि डॉक्टर अम्बेडकर ने उनको वहाँ से लाये जाने के लिये अनेक प्रकार की अपील की, अनेक प्रकार के यत्न किये, अनेक योजनायें बनाई गयीं। अपने प्रयत्न में अम्बेडकर ने पाकिस्तान में रह गये हिन्दुओं के लिये कभी कुछ कहा नहीं, उनको जो यातनायें दी जा रही थीं, उनका जो अपमान किया जा रहा था, उसके लिये अम्बेडकर के पास न सह्मनुभूति के शब्द थे और न सान्त्वना के। उन्होंने इस मामले में अपनी कोई भी हमदर्दी, कोई भी तसल्ली नहीं दिखाई थी।

डॉक्टर अम्बेडकर के इतना एकांगी होने पर सर्वसाधारण हिन्दू का इसका कोई विपरीत प्रभाव नहीं पड़ा उसका कथित अछूतों के प्रति वही सद्भावनापूर्ण व्यवहार रहा, जिसका कि विगत कुछ दशकों से प्रचलन होने लगा था। विशेषतया स्वामीजी दयानन्द और उनके द्वारा स्थापित संस्था आर्य समाज के माध्यम से इस दिशा में अनेक सफल प्रयत्न किये गये थे।

हमें तो यहाँ पर केवल डॉक्टर अम्बेडकर के जातिवाद से परिपूर्ण विचारों के विषय में लिखना था। अछूतोद्धार के विषय में नहीं।

हिन्दू कोडबिल

भीमराव अम्बेडकर ने स्वस्थ होकर हिन्दू कोडबिल बनाया। इसे बनाने में उन्होंने बहुत ही परिश्रम किया। रात-दिन की मेहनत और लगन के कारण उन्हें इस कार्य में सफलता मिली थी।

उनका कहना था कि यह हिन्दू कोडबिल है, इसे पढ़ा और समझा जाये तथा इस पर पूरी तरह विचार किया जाये। विचार-विमर्श के बाद इसको लागू कर दिया जाये। इससे हिन्दू जनता का बड़ा हित होगा। हिन्दुओं की भलाई के लिये ही उन्होंने इस कोडबिल को बड़े परिश्रम के साथ तैयार किया था।

हिन्दू कोडबिल पर पंजाब प्रान्त के लोगों ने विरोध किया। उन्होंने कहा कि यह हिन्दू कोडबिल पंजाब परन लगाया जाये। हमारे प्रदेश को इस कोडबिल से दूर ही रखा जाये।

सिक्ख अपनी बात कहने लगे कि हिन्दू कोडबिल एक धोखा है, एक जाल है, हिन्दुओं के द्वारा सिक्खों को हड़पने की एक चाल है। यह किसी चाल के तहत उस कोडबिल को यहाँ लागू करना चाहते हैं।

सरदार पटेल ने भी कहा कि यह हिन्दू कोडबिल न्यायसंगत नहीं है। इस प्रकार कुछ लोगों ने इस कोडबिल की उपेक्षा करना आरम्भ कर दिया था।

राष्ट्रपति राजेन्द्र प्रसाद का भी कहना था कि मैं इस हिन्दू कोडबिल का समर्थन कभी नहीं करूँगा। उन्होंने भी इसका समर्थन देने से साफ इन्कार कर दिया था।

किन्तु प्रधानमंत्री जवाहर लाल नेहरू इस पक्ष में थे कि हिन्दू कोडबिल पास कर दिया जाये। इसे जल्दी-से-जल्दी हिन्दू जनता पर लागू किया जाये, ताकि हिन्दू धर्म के लोगों को कुछ तो राहत मिल सके। ये कोडबिल हिन्दू लोगों को नजर में रखकर बनाया गया था।

इसलिये नेहरू जी कहना था कि अगर मेरी सरकार ने हिन्दू कोडबिल पास नहीं किया तो मैं प्रधानमंत्री पद से इस्तीफा दे दूँगा। इसलिये मैं इसे पास करवाना चाहता हूँ।

डॉक्टर भीमराव अम्बेडकर ने भी हिन्दू कोडबिल के पास करने के लिये बहुत जोर लगाये। इस कोडबिल के समर्थन में जितने लोग थे वो उसको जल्दी-से-जल्दी पास कराना चाहते थे।

तब पंडित जवाहर लाल नेहरू ने कहा–"मैं राष्ट्रपति से निवेदन करता हूँ कि वे हिन्दू कोडबिल पर बहस करवाएँ और उसको जल्दी-से-जल्दी पास कराने का अदेश जारी करें।"

इस पर राष्ट्रपति राजेन्द्र प्रसाद बोले–"कुछ लोगों का मत है कि सबसे पहले बिल के पहले भाग पर विचार करना चाहिये। जिसमें शादी और तलाक की समस्या है।"

"आप वही कीजिये।"

तभी श्यामा प्रसाद मुखर्जी बोले–"यह बिल हिन्दू धर्म के विपरीत है। इसको लागू नहीं किया जा सकता। हम इसे लागू करने में असमर्थ हैं।"

पंडित मदन मोहन मालवीय ने अपना मत प्रकट करते हुए कहा-"यह हिन्दू कोडबिल एक धोखा है।"

इस पर डॉक्टर भीमराव अम्बेडकर जब कुछ कहने के लिये खड़े हुए, तभी सरदार बल्लभभाई बोल पड़े-"इस बिल से हिन्दुओं का हित कभी नहीं होगा। इसलियें इसे पास करने की कोई आवश्यकता नहीं। इस हिन्दू कोडबिल को कैंसिल करना ही ठीक रहेगा, हिन्दुओं का हित इसी में है।"

अब बाबू राजेन्द्र प्रसाद जी की समझ में आ गया। वे सबसे कहने लगे–"अगर पंडित नेहरू को यह हिन्दू कोडबिल पास कराना है तो खुशी से करवायें, मैं मना नहीं करता, लेकिन इससे पहले मेरा इस्तीफा स्वीकार कर लें। मैं राष्ट्रपति पद से त्याग-पत्र दे दूँगा।"

नारों और तनाव का वातावरण बन गया। हिन्दू कोडबिल पास नहीं हो सका, क्योंकि सभी की ओर से उसका विरोध किया गया था। कोई भी इस कोडबिल को पास कराने के पक्ष में नहीं था, सभी लोग अपनी-अपनी राय पेश कर रहे थे।

अम्बेडकर ने इसे अपना अपमान समझा। उन्हें बहुत दुःख हुआ कि उनके बनाये गये हिन्दू कोडबिल पर कोई विचार नहीं किया गया। उसके लिये उपेक्षापूर्वक कह दिया गया कि यह हिन्दू कोडबिल हिन्दुओं के खिलाफ है। इससे हिन्दुओं का भला कभी नहं हो सकता, इसलिये इसे पास न किया जाये। इसे भारत सरकार तुरन्त कैंसिल कर दे।

अम्बेडकर की समझ में कुछ नहीं आया। वे अपनी ही जिद्द पर अड़े रहे। उनका कहना था कि–''मैंने बड़े ही परिश्रम के साथ हिन्दू कोडबिल बनाया था। उसे पढ़ा नहीं गया, उसे सुना नहीं गया और उस पर कोई विचार भी नहीं किया गया। यह मेरा अपमान है। मैं इसे सहन नहीं कर सकता, इसलिये मैं कानून मंत्री के पद से इस्तीफा देता हूँ। मेरे लिये बहुत जरूरी हो गया है कि अभी और इसी समय त्याग-पत्र दे दूँ-वरना आप इस पर गौर करके देखिये।''

अम्बेडकर त्याग-पत्र लिखने लगे–''मुझे कानून मंत्री का पद नहीं चाहिये। मैं इसका त्याग करता हूँ। मेरा कहना था कि मुझे योजना विभाग का मंत्री बनाओ, लेकिन मेरी यह बात सुनी नहीं गयी। छुआछुत अब तक नहीं मिट पायी। यह कैसी सरकार है और कैसा इसका प्रबंध है? यहाँ किसी की बात की कोई मान्यता नहीं है। किसी की बात को कोई अहमियत नहीं दी जाती।''

आगे अम्बेडकर ने लिखा–''सरकार ने अछूतों के लिये कुछ भी नहीं किया। सभी नेताओं ने मेरे हिन्दू कोडबिल का विरोध किया। किसी ने भी उसको पढ़ने की तकलीफ तक नहीं उठायी।''

त्याग-पत्र लिखकर डॉक्टर अम्बेडकर ने उस पर अपने हस्ताक्षर कर दिये और फिर शारदा कबीर को पढ़कर सुनाया।

इसके बाद वह त्याग-पत्र पंडित जवाहर लाल नेहरू के पास भेज दिया गया। उन्होंने उसे पढ़ा, तो उन्हें बहुत दुःखे हुआ। वह नहीं चाहते थे कि अम्बेडकर अपने पद से त्याग-पत्र दें।

नेहरू जी ने अम्बेडकर को अपने पास बुलाया और समझाया, मगर अम्बेडकर का कहना था कि वे किसी भी मंत्रिमण्डल में नहीं रहेंगे। अब वह पूरे मंत्रिमण्डल से ही अपना इस्तीफा दे रहे हैं।

भीमराव अम्बेडकर ने इस विषय में कहा था कि–''मैं मिट्टी का ढेला नहीं हूँ, जो पानी की धार से धुल जाये। मैं एक पहाड़ी के समान हूँ जो पिघलती नहीं; अपितु नदियों के बहाव को बदल देती है.....मैंने अपनी सम्पूर्ण शक्ति के साथ चार वर्ष तक काँग्रेस से सहयोग किया और पूर्ण निष्ठा सहित मैंने अपनी मातृभूमि की सेवा में लगा दिया। लेकिन इन बरसों के बीच, मैंने अपने आपको काँग्रेस में विलीन नहीं होने दिया। मैं उन लोगों के साथ सहयोग और सहायता के लिये सहर्ष तैयार हूँ, जो

परिगणित जाति के लोगों की उन्नति के लिये अपने शब्दों, कार्यो तथा समर्थन के प्रति निष्ठावान हैं। मैं उनके साथ कभी सहयोग नहीं करूँगा, जिनकी वाणी मीठी है, परन्तु जिनके इरादे व कार्य हम लोगों के हित के पक्ष में नहीं है।" उन्होंने इस्तीफा दे दिया और कहा–"मंत्री पद पर रहने का अब उनका कोई अर्थ भी नहीं था। वह काँग्रेस में थे। काँग्रेस ही इनका विरोध कर रही थी। इसलिये वह अपने पद से हमेशा के लिये त्याग-पत्र देना चाहते हैं। इस मंत्रिमण्डल को छोडना चाहते हैं।"

वह अक्टूबर, सन् 1951 का दिन था, जब डिप्टी स्पीकर ने डॉक्टर अम्बेडकर की ओर मुखाबित होकर उन्हें 'माननीय मंत्री' से सम्बोधित किया, तब डॉक्टर अम्बेडकर ने टोकते हुए कहा कि–"वे अब मंत्री नहीं रहे हैं।" उनका त्याग-पत्र चर्चा का विषय बन गया। सभी लोग जानते हैं कि वह अपने पद से इस्तीफा दे चुके हैं अब उनका मंत्रिमण्डल से कोई लेना-देना नहीं है।"

लगातार मिलते रहे विरोधों ने उन्हें तोड़ डाला और तब उन्होंने कहा–"हिन्दुओं के बहुमत के आधार पर गाँधीजी और उनकी काँग्रेस ने मेरा और मेरे पक्ष का राजनैतिक जीवन की समाप्त कर दिया है। अब उन्हें काँग्रेस पार्टी और इस सारे मंत्रिमण्डल से नफरत-सी हो गयी है।"

इस तरह डॉक्टर भीमराव अम्बेडकर को राजनीति से उपेक्षा हो गयी। उन्होंने निश्चय कर लिया–"इस राजनीति से एक साथ ही संन्यास ले लेंगे। वे हिन्दू धर्म का त्याग कर देंगे। यह हिन्दू धर्म उनकी समझ में नहीं आया और इसने उन्हें कुछ भी नहीं दिया-सिवाय अपमान और तिरस्कार के। इसलिये वह यह धर्म ही त्याग देंगे।"

अम्बेडकर का मन कहने लगा–"अहिंसा में ही शान्ति है। महात्मा गौतम बुद्ध का चलाया हुआ बौद्ध धर्म सब धर्मों का राजा है। वह शान्ति का एकमात्र प्रतीक है। मैं उसे ही ग्रहण कर लूँगा और बौद्ध भिक्षुक बन जाऊँगा। इससे अच्छा धर्म मेरे लिय कोई और नहीं हो सकता, अब मैं अपने बाकी का जीवन शान्ति से गुजारना चाहता हूँ।"

अपने मन की यह बात अम्बेडकर ने शारदा कबीर को बताई। वे चौंक गईं और सोचने लगीं कि अम्बेडकर हिन्दू धर्म से असन्तुष्ट हो गये हैं। ऐसी हालत में वह बौद्ध धर्म अपनाने की बात सोच रहे हैं, यह बात अच्छी नहीं, उन्हें किसी तरह समझाना होगा।

शारदा कबीर ने पति को समझाने की कोशिश की, लेकिन अम्बेडकर ने जो इरादा कर लिया वह फिर नहीं बदला। उन्हें अब जिद्द हो गयी थी कि वह हिन्दू घर्म का त्याग करके बौद्ध धर्म को अपनायेंगे।

जल्दी ही यह समाचार चारों ओर फैल गया कि भीमराव अम्बेडकर बौद्ध धर्म ग्रहण करने जा रहे हैं। उन्होंने हिन्दू धर्म का त्याग करने का इरादा अपने मन में बना लिया है।

अब अम्बेडर ने कुछ पुस्तकों को लिखना शुरू कर दिया थां वे अलग-अलग विषय की थीं। अभी पूरी नहीं हो पायी थीं।

डॉक्टर भीमराव अम्बेडकर ने अपने नौकर नानकचंद्र रत्तू से कहा–"रत्तू, इन किताबों को कैसे पूरा किया जायेगा और कौन करेगा? मेरी शक्ति तो दिन-प्रतिदिन घटती ही जा रही है, मुझसे ये काम नहीं हो पा रहा है, समझ में नहीं आता कि इन किताबों को कैसे पूरा करूँ?"

"सब हो जायेगा साहब! सब होगा। आप संतोष रखिये।"

"मैं आखिर तक जनता की सेवा करता रहूँगा जिसे लोकसेवा कहा जाता है।"

नानकचन्द्र रत्तू कहने लगा–"आपने जो पौधा समाज-सेवा का लगाया है वह सींचा जायेगा। उसकी सुरक्षा होगी और एक दिन वह पेड़ बन जायेगा।"

अम्बेडकर को नानकचन्द्र रत्तू की बातों से सुख की अनुभूति हुई एवं परम सन्तोष हुआ।

"अच्छा, अब मेरा बौद्ध धर्म की दीक्षा लेने का समय आ गया है।"

"हाँ साहब! 14 अक्टूबर, सन् 1956 का दिन इसके लिये रखा गया है।"

"यह बहुत अच्छा है।"

बौद्ध धर्म के प्रति उनमें बचपन से ही आकर्षण था। इस धर्म में उनकी अटूट श्रद्धा थी। हिन्दू धर्म उन्हें रास नहीं आया था। उसमें जन्म पाकर वह आजन्म उपेक्षित तथा अपमानित होते रहे थे। उन्होंने अपने को बौद्ध धर्म के निकट पाया था। उन्हें बौद्ध धर्म के उसूल सबसे ज्यादा पसन्द आये थे और वे इन्हीं के अनुसार अपना जीवन बिताना चाहते थे।

अब अम्बेडकर अपने परिवार के साथ बौद्ध धर्म ग्रहण करने के लिये चल दिये।

अम्बेडकर, शारदा कबीर, पुत्र यशबंत राव और नानकचन्द्र रत्तू- ये चारों सदस्य मुम्बई से नागपुर के लिये रवाना हो गये। अम्बेडकर ने बौद्ध धर्म ग्रहण करने का अपने मन में पक्का इरादा बना लिया था।

वहाँ पहले से ही समाचार पहुँच गया था, इसलिये हजारों की संख्या में जनता अपने प्रिय नेता डॉक्टर भीमराव अम्बेडकर के दर्शनों के लिये उमड़ पड़ी। लाखों की तादाद में वहाँ लोगों ने पहुँचकर अम्बेडकर का भव्य स्वागत किया।

दीक्षा स्थल पर एक विशाल जन-समूह इकट्ठा हो गया। जिसमें जोर-जोर से नारे लगाये जा रहे थे—"डॉक्टर अम्बेडकर जिन्दाबाद! अछूतों के मसीहा डॉक्टर अम्बेडकर जिन्दाबाद! डॉक्टर अम्बेडकर की जय! डॉक्टर अम्बेडर जिन्दाबाद!"

चारों ओर अम्बेडकर के धर्म परिवर्तन की चर्चा हो रही थी कि उन्होंने अपने जीवन भर संघर्ष किया और अब शान्ति चाहते हैं, इसलिये बौद्ध धर्म अपना रहे हैं। उनका कहना है कि इस तरह से लोकसेवा करेंगे। बरसों से सोया हुआ बौद्ध धर्म जगायेंगे। उसका पूरे भारत में घूम-घूम कर प्रचार करेंगे। वे अब और मानव जाति का भला करेंगे। इस प्रकार उनका शेष जीवन शान्ति से बीतेगा। वह अब राजनीति के चक्कर से थककर छुटकारा पाना चाहते हैं।

भीड़ में भगवान बुद्ध की भी जय बोली जा रही थी। दीक्षा स्थल में चारों ओर सिर-ही-सिर दिखाई पड़ रहे थे। भीड़ बढ़ती जा रही थी। इसके दो बहुत बड़े कारण थे-सबसे बड़ा कारण तो यह था कि डॉक्टर अम्बेडकर कानून मंत्री रह चुके थे और उन्होंने बहुत ही ऊँची शिक्षापायी थी। इसलिये जनता को उमसें अपार श्रद्धा थी-जनता उनके दर्शन के लिये आयी थी। सभी लोग उनके दर्शनों के इच्छुक थे, इसलिये लाखों की तादाद में वहीं पहुँचकर उन्होंने अम्बेडकर का स्वागत किया।

दूसरा कारण यह था कि डॉक्टर भीमराव अम्बेडकर बौद्ध धर्म ग्रहण करने जा रहे थे। उनमें अचानक धर्म परिवर्तन की भावना आ गयी थी। यह जनता के लिये भी आश्चर्य का विषय था। हजारों बौद्ध ध्वज लहरा रहे थे। उनको खुशी थी कि अम्बेडकर बौद्ध धर्म ग्रहण करना चाहते हैं।

बौद्ध-भिक्षु चिंतामणि ने भी मृदु भाषा में सम्बोधित करते हुए

कहा–“आप सबसे निवेदन है कि आप सभी लोग शान्त रहें। अब दीक्षा कार्य प्रारम्भ होने जा रहा है, इसलिये अपनी-अपनी जगह पर बैठ जायें।”

अम्बेडकर, बौद्ध-भिक्षु के पीले कपड़े पहने आसन पर बैठे थे। बौद्ध-भिक्षु चिंतामणि उनके समाने आकर बैठ गये।

पहले अम्बेडकर का सिर मुंडित हुआ। फिर स्नान के पश्चात् उन्हें श्वेत वस्त्र दिये गये। चिंतामणि ने उनके हाथ में भिक्षा-पत्र दे दिया।

इसके पश्चात् वे दीक्षा देने का आयोजन करने लगे। उन्होंने अम्बेडकर से पूछा–“तुम्हें किसी वस्तु, प्राणी या स्थान से मोह तो नहीं है?”

“नहीं महाराज, अब मुझे किसी चीज का मोह नहीं है।” अम्बेडकर ने जवाब दिया–“अब मैं शान्ति से जीना चाहता हूँ।”

“तुमने संसार से नाता तोड़ दिया है?”

“हाँ, संसार से विरक्त हो गया हूँ।”

“तुम्हारे मन में कोई इच्छा तो नहीं है?”

“नहीं।”

“तो तुम बौद्ध धर्म स्वीकार करने के लिये पूरी तरह तैयार हो?”

“हाँ, मैं बिलकुल तैयार हूँ।”

“तुम सत्य का पालन कर सकोगे?”

“सत्य मेरी माँ है।”

“तुम कटू वाणी सह सकोगे?”

“मेरे लिये अब संसार में कुछ भी कटु नहीं रहा।”

“तुम सर्वथा दीक्षा के योग्य हो। मैं तुम्हें अभी दीक्षा देता हूँ।” उन्होंने कहा। चारों ओर तालियों का ही शोर था। लोग उनके बौद्ध धर्म अपनाने की खुशी में तालियाँ बजा रहे थे।

अब बौद्ध-भिक्षु चिंतामणि ने अम्बेडकर को दीक्षा देना आरम्भ किया। उनके मुँह से निकला–

“बुद्धं शरणं गच्छामि।”

“संघं शरणं गच्छामि।”

“धर्मं शरणं गच्छामि।”

“बुद्धं शरणं गच्छामि।”

बौद्ध-भिक्षु चिंतामणि जो कहते अम्बेडकर उसको दोहराते। सभा में सन्नाटा छाया हुआ था। सभी लोग मौन थे, प्रसन्न थे और दीक्षा समारोह देख रहे थे।

पहली बार अम्बेडकर ने दीक्षा के वाक्य दोहराये। दुबारा भी वे उनका उच्चारण करते रहे। अब चिंतामणि कहने लगे–

'तृतियंपि बुद्धं शरणं गच्छामि।''

''तृतियंपि धर्म शरणं गच्छामि।''

'तृतियंपि संघं शरणं गच्छामि।''

इसके बाद चिंतामणि ने अम्बेडकर से कहा–''तुम्हें कुछ प्रतिज्ञाएं करनी पड़ेगी अम्बेडकर!''

''आपकी आज्ञा का पालन होगा भगवन्।''

1. पितरों का श्राद्ध कभी नहीं करोगे और न हो उनको पिण्डदान दोगे।'' यह भी प्रतिज्ञा मैं करता हूँ।''
2. ''बौद्ध धर्म की निन्दा नहीं करोगे, न कोई ऐसे काम तुम करोगे, जो इस धर्म के विरुद्ध हों।''
   ''इसका ध्यान रखूँगा।''
3. ''सभी जीवों पर दया करोगे और अहिंसा तुम्हारा महान् व्रत होगा।'' ''जी, ऐसा ही होगा।''
4. ''हमेशा सच बोलोगे। बुरा विचार नहीं करोगे। चोरी से भी दूर रहोगे।'' ''बिल्कुल ठीक है भगवन!''
5. ''ब्राह्मणों से सभी क्रियाकर्म नहीं करवाओगे। हर मनुष्य को एकसमान समझोगे और एक ही दृष्टि से देखोगे।''
   इस तरह बौद्ध-भिक्षु चिंतामंणि प्रतिज्ञा पर प्रतिज्ञा करवाते चले जा रहे थे और अम्बेडकर सिर झुकाये सभी कुछ स्वीकार कर रहे थे। सभी लोग वहाँ बैठे उन्हें देख रहे थे।
6. ''मांस और मछली कभी नहीं खाओगे।''
   ''नहीं खाऊँगा।''
7. ''महात्मा बुद्ध पर अपना जीवन न्यौछावर कर दोगे।''
   ''कर दूँगा।''

जब अम्बेडकर ने यह अन्तिम प्रतिज्ञा की तो समस्त सभा में जोर-जोर से तालियां बजने लगीं। अब डॉक्टर भीमराव अम्बेडकर ने बौद्ध धर्म ग्रहण कर लिया है। अम्बेडकर बौद्ध-भिक्षुक बन गये। उनका शरीर भी स्वस्थ नहीं रहता था। अम्बेडकर को मधुमेह की बीमारी थी। वह बहुत पुरानी हो चुकी थी। उसका अधिक-से-अधिक इलाज चलाया गया परन्तु

वह ठीक ही नहीं हुई। इसी कारण वह दिन-पर-दिन दुबले होते जा रहे थे, उन्हें न तो भूख लगती और न कुछ खाते, जो कुछ खा लेते, वह हजम नहीं होता। कमजोरी इतनी बढ़ गयी थी कि चलने-फिरने में भी उन्हें तकलीफ होती थी। इसलिये वह कम ही बाहर आया-जाया करते थे। सारा दिन घर में आराम से गुजारने लगे थे।

उनकी पत्नी शारदा कबीर लेडी डॉक्टर थीं। वह इस निष्कर्ष पर पहुँच चुकी थीं कि यह बिमारी बिल्कुल ठीक नहीं हो सकती। मधुमेह का मरीज इन्जेक्शन लगवाता रहे, दवा खाता रहे, उसे फिर ज्यादा तकलीफ नहीं होती। पिता की बीमारी की यशवंत राव को भी बड़ी चिन्ता थी। यशवंत राव अपनी विमाता शारदा कबीर से यही कहते—"माँ, पिताजी को अस्पताल में भर्ती करा दिया जाये। यह ज्यादा अच्छा रहेगा। वरना इस प्रकार घर में पड़े-पड़े पिताजी और भी ज्यादा बीमार पड़ जायेंगे, उनकी हालत दिन-प्रतिदिन गिरती ही जा रही है।'

शारदा कबीर इस पर हँस देती और यशवंत राव को समझाते हुए स्नेहभरे स्वर में कहने लगतीं—"जो इलाज इनका अस्पताल में होगा, वहीं मैं घर पर कर रही हूँ। वहां ले जाने से कोई फायदा नही, बल्कि इनको परेशानी होगी। यहाँ घर पर आराम से रहते हैं, तुम इनकी चिन्ता-फिक्र बिल्कुल छोड़ दो।"

यशवंत राव चुप हो जाता। अब उसके पिता बूढ़े हो गये थे। उनके शरीर ने भी जवाब दे दिया था। चलने-फिरने में भी वे असमर्थ हो गये थे। यशवंत राव पिता की अधिक-से-अधिक सेवा करता। उनका वह बदन दबाता। उनके सिर पर तेल की मालिश करता। यशवंत राव यह भी देख रहा था कि माता शारदा कबीर रात को सोती भी नहीं। पिता जी के पास वे कुर्सी पर बैठी रहती हैं। समय पर दवा देना और हर तीन घंटे बाद थर्मामीटर लगाकर वह देखना कि कितना ज्वर है? उसे चार्ट में लिखना। बारी-बारी से वह अपनी ड्यूटी पूरी करती रहती थी। उन्हें दवा आदि भी समय पर देती थीं।

यशवंत राव यह भी देख रहा था कि शारदा पिताजी से परहेज पर बहुत अधिक ध्यान दे रही हैं। शारदा कबीर के प्रति यशवंत राव श्रद्धा से भर जाता, वह जब देखता कि उसकी विमाता पिता की देह दबा रही हैं। नौकर नानकचन्द्र स्तू सच्चा स्वाभिभक्त था। वह अधिकांश अपने

मालिक के पास ही बैठा रहता और ईश्वर से उनके लिये मन-ही-मन विनय करता रहता कि भगवान उन्हें लम्बी उम्र दें। जल्दी-से-जल्दी उनके मालिक की बीमारी को अच्छा कर दें, ताकि वह फिर से अपने पैरों पर खड़े हो सकें।

अम्बेडकर का परिवार इस तरह उनकी बीमारी से दुःखी था। सभी को चिन्ता थी। सभी खूब सेवा करते। उनसे सबको श्रद्धा थी और वे वास्तव में श्रद्धा के प्रतीक थे। हमेशा उन्होंने अपने बारे में न सोचकर दूसरों के ही विषय में सोचा था।

अम्बेडकर बिस्तर में बंदी बन गये। वे अब बहुत शिथिल हो गये थे। पत्नी शारदा कबीर की यही राह थी कि वे अधिक-से-अधिक आराम करें। आवश्यकता पड़ने पर ही बोलें। इसलिये लोगों को उनसे मिलने-जुलने पर भी पाबन्दी लगा दी गयी थी।

बौद्ध धर्म के प्रति आस्थावान

बौद्ध धर्म अंगीकार करने से पूर्व वे 'दि बुद्ध एण्ड हिज धम्म' नामक पुस्तक लिख रहे थे, ऐसी उनके शिष्यों की मान्यता है। इस मान्यता में किसी को कोई आपत्ति भी नहीं होनी चाहिये। इस पुस्तक के अन्तर्गत उन्होंने बौद्ध धर्म का उल्लेख किया है।

'दि बुद्ध एण्ड हिज धम्म' डॉक्टर अम्बेडकर की मृत्यु के उपरान्त सन् 1957 में प्रकाशित हुआ था। अपने इस ग्रन्थ में उन्होंने बौद्ध धर्म को अपनी बौद्धिक विवेचना सहित नये ढंग से प्रस्तुत किया है। उसका विश्लेषण भी उनका अपना ही है। उनके अनुयायियों का यह मानना है कि यह ग्रन्थ निष्पक्ष स्पष्ट एवं सरल है। बौद्ध, विद्वानों, बौद्ध देशों, बौद्ध संस्थाओं ने उनके इस ग्रन्थ का स्वागत किया है।

अपने इस ग्रन्थ में डॉक्टर अम्बेडकर ने बौद्ध धर्म को हीनयान और महायान में विभाजित होने की बात को किसी प्रकार का कोई महत्व दिया ही नहीं। क्यों? यह सबसे बड़ा प्रश्न है जिसका उत्तर डॉक्टर अम्बेडकर ने नहीं दिया है इससे स्पष्ट है कि मतभेद तो वहाँ भी था, फिर अम्बेडकर को क्या मिला?

डॉक्टर अम्बेडकर का कहना है कि हीनयान और महायान में विभाजित बौद्ध धर्म एक ही है, हाँ उसकी दार्शनिक व्याख्याएं भिन्न-भिन्न

हो सकती हैं; किन्तु सांसारिक दुःखों का निवारण ही मूलतः धम्म का स्वरूप है, जो दोनों में पाया जाता है। दो बौद्ध धर्म होना सम्भव नहीं है।

अपने इस स्मरणीय कहे जाने वाले ग्रन्थ में डॉक्टर अम्बेडकर ने कुछ प्रश्न उठाकर उनका स्वयं ही समाधान भी प्रस्तुत किया है। पहला प्रश्न उन्होंने बुद्ध के जीवन के सम्बन्ध में ही उठाया है।

प्रश्न है—बुद्ध ने प्रव्रज्या क्यों ग्रहण की?

इसके विषय में परम्परा से यही कथन प्रचलित है कि सिद्धार्थ गौतम ने एक वृद्ध पुरुष एक रोगी तथा एक मृतक के शव को देखा तो इससे उनको वैराग्य हो गया और वे घर को छोंडकर चले गये। उनका संसार से मन ऊब चुका था इसलिये उन्होंने बौद्ध धर्म अपनाया गया और अपना सारा जीवन वैराग्य में गुजार दिया।

डॉक्टर अम्बेडकर ने इस पारस्परिक प्रचलन को स्वीकार नहीं किया हैं। इसके लिये उन्होंने उस समय भी उन सामाजिक और राजनीतिक परिस्थितियों को उत्तरदायी बनाया जो उस समय उनके समक्ष उनके राज्य में उठ खड़ी हुई थीं। उनका कहना है कि सिद्धार्थ चुपचाप सोते से उठकर नहीं गये थे अपितु अपने परिवार वालों की आज्ञा प्राप्त करने के उपरान्त ही उन्होंने घर-बार छोड़ा था। अपने ग्रंथ में डॉक्टर अम्बेडकर ने सिद्धार्थ गौतम के गृहत्याग की घटना को बड़े ही आकर्षक ढंग से प्रस्तुत करने का यत्न किया है। उन्होंने अपनी इस पुस्तक में सिद्धार्थ का पूरा जीवन-परिचय दिया है और बौद्ध धर्म पर प्रकाश डाला है।

प्रचलित परम्परा से हटकर उनके गृहत्याग का विश्लेषण डॉक्टर अम्बेडकर की अपनी परिस्थिति अथवा राजनीतिक उमंग के अनुकूल था, अतः उन्होंने उस रूप में ही उसे प्रस्तुत किया, इसके लिये उन्होंने सप्रमाण कुछ भी सिद्ध नहीं किया है।

अपनी पुस्तक में डॉक्टर अम्बेडकर ने दूसरा प्रश्न यह किया है कि यदि जीवन स्वभावतः दुःख है, तो जीते जी दुःख का अन्त किस प्रकार होगा?

यह धर्म की प्रचलित धारणा है कि जीवन स्वभावतः दुःख है। इसे बौद्ध धर्म की मूल मान्यता कहा गया है। अम्बेडकर का कहना है कि मान्यता बौद्ध धर्म की जड़ पर कुठाराघात करती है, क्योंकि यदि सारा जीवन ही दुःखमय है तो इसी जीवन में उससे छुटकारा कैसे पाया जा सकता है? इससे तो धर्म का उद्देश्य ही समाप्त हो जाता है। डॉक्टर

अम्बेडकर को स्वीकार कर उसका अन्त करने का मार्ग प्रस्तुत किया। उनका कहना है कि जीवन स्वभावतया दुःख है, यह उचित नहीं। अपितु जीवन में दुःख है, यह समझना चाहिये। जीवन दुःख का ही नाम है, इसमें दुःखें के सिवाय और कुछ भी नहीं।

डॉक्टर अम्बेडकर का तीसरा प्रश्न है—आत्मा, कर्म तथा पुनर्जन्म?

ये तीनों विषय न केवल बौद्धों में अपितुम बौद्धेत्तर विद्वानों में भी विवाद के विषय बने रहे। आज भी उसी प्रकार विद्यमान हैं। इन विषयों को लेकर विभिन्न भ्रान्तियों का भी जन्न हुआ है। कुछ विद्वान् स्वीकार करते हैं कि बुद्ध ने 'आत्मा' के अस्तित्व को स्वीकार किया है; किन्तु अम्बेडकर इसे गलत मानते हैं। उनका कहना है कि बुद्ध ने आत्मा को कभी स्वीकार नहीं किया। आत्मा की प्रचलित धारणा का तो बुद्ध ने खण्डन तक किया है। डॉक्टर अम्बेडकर ने 'कर्म' और 'पुनर्जन्म' के सिद्धान्त को स्वीकार किया है।

पुनः प्रश्न उठता है कि यदि आत्मा ही नहीं है तो कैसा कर्म और कैसा पुनर्जन्म? वास्तव में ये दोनों ही गहन गम्भीर प्रश्न हैं। डॉक्टर अम्बेडकर ने अपने ग्रंथ में इन दोनों प्रश्नों का उत्तर दिया है। उनका कहना है कि हिन्दू धर्म में विद्यमान, आत्मा, कर्म और पुनर्जन्म के विचारों को उलझा दिया है; किन्तु डॉक्टर अम्बेडकर ने अपनी बुद्धि के अनुसार इनका निराकरण अपने इस ग्रंथ में किया है; किन्तु वे कितना निराकरण कर पाये हैं; यह विद्वानों के विचार करने की बात है; इसके लिये हिन्दुओं को कोसना न्यायोचित नहीं था।

समस्त संसार में बौद्ध जातक कथाओं का प्रचलन है। उनकी रचनाएँ किसने की औ क्यों की? क्योंकि इन रचनाओं में आत्मा और कर्म तथा पुनर्जन्म की सब बातें पायी जाती हैं। यदि आत्मा नहीं हैं तो अनश्वर कौन है? यदि सब कुछ नश्वर है तो फिर अनश्वर शब्द की उत्पत्ति क्यों हुई? इनका उत्तर डॉक्टर अम्बेडकर की पुस्तक में प्राप्त नहीं है। हो भी कैसे? गृहत्याग, साधना, दुःखों से निवृत्ति के लिये तपस्या-ये सब कर्म ही तो हैं।

चौथा प्रश्न है-बुद्ध ने भिक्षु संघ की स्थापना क्यों की?

डॉक्टर अम्बेडकर पूछते है। कि क्या महात्मा बुद्ध भिक्षुओं को समाज से अलग रखना चाहते थे, इसलिये उन्होंने संघ की स्थापना की? अथवा

क्या उनके मन में भिक्षुओं के रूप में आदर्श समाज-सेवक का भाव उत्पन्न करना था? क्योंकि भिक्षु संघ पर ही तो बौद्ध धर्म का अस्तित्व निर्भर है। उन्होंने भिक्षु संघ और उसके कर्त्तव्यों तथा आदर्शो का अपनी बुद्धि के अनुसार विश्लेषण किया। जिससे कि आज के भिक्षु मात्र स्वकल्याण में ही निरत हैं तो यह महा स्वार्थी हैं। यह भिक्षु का कर्त्तव्य नहीं, उसका कर्त्तव्य समाजसेवा है। उनके मत में भिक्षु की यही कल्पना बौद्ध धर्म के आदर्श से मेल खाती है। इसी को उन्होंने विस्तार से अपनी पुस्तक में स्थान दिया है। अपनी पुस्तक के अन्तर्गत डॉ. अम्बेडकर ने इस बातों पर ज्यादातर जोर दिया है।

उनका मानना है कि यदि भिक्षु संघ अपने कर्त्तव्य का पालन करता रहता तो संसार में आज जो बौद्ध धर्म की स्थिति है वह न होती, वह एक जीवित जागृत है, धर्म होता। इन्हीं विषयों के अन्तर्गत डॉक्टर अम्बेडकर ने धर्म क्या है, अधर्म क्या है, सद्धर्म क्या है, धर्म तथा नैतिकता, पुनर्जन्म, कर्म, आत्मा, ईश्वर, अहिंसा आदि धारणाओं का स्पष्ट एवं सरल विश्लेषण प्रस्तुत किया है। अनेक विद्वानों ने बौद्ध धर्म के विपरीत जो कुछ कहा है अपनी इस पुस्तक में इस प्रश्न के अन्तर्गत डॉक्टर भीमराव अम्बेडकर ने उन सबका खण्डन किया है। उन्होंने यह भी स्पष्ट किया है कि हिन्दू धर्म और बौद्ध धर्म एक नहीं हैं।

डॉक्टर अम्बेडकर का पाँचवाँ प्रश्न--'बौद्ध धर्म में प्रचलित अहिंसा' के विषय में है। इस विषय में भी समाज में अनेक धारणायें और भ्रान्तियाँ प्रचलित हैं। डॉक्टर अम्बेडकर ने उनका निराकरण करने के लिये अहिंसा के अनेक प्रकार के अर्थों तथा व्यवहारों का विश्लेषण किया है और फिर बौद्ध धर्म की अहिंसा की धारणा को स्पष्ट किया है। उनका कहना है कि बुद्ध के मार्ग से उनकी यह विवेचना पूर्णतया मेल खाती है। डॉक्टर अम्बेडकर ने हिन्दू तथा जैन मतों में प्रचलित अहिंसा की धारणा का खण्डन करते हुए दायें-बायें की अपेक्षा बीच में चलने का परामर्श दिया है; अर्थात् अनुपयोगी पशुवध उनकी दृष्टि में हिंसा नहीं है। वे मांसाहार को त्याज्य नहीं मानते। स्वयं बुद्ध ने अनेक बार मांसाहार किया है। यही उनका मध्य मार्ग है।

बुद्ध ने अथवा डॉक्टर अम्बेडकर ने, अहिंसा की यह नई परिभाषा दी है। वह कितनी ग्राह्य अथवा अग्राह्य है, पाठक स्वयं इसका निर्णय करें।

यह पुस्तक उनके मरने के पश्चात् सन् 1957 में प्रकाशित हुई।

डॉक्टर अम्बेडकर ने 14 अक्टूबर, सन् 1956 को बौद्ध धर्म स्वीकार किया था। उसके बाद वे भारत तथा नेपाल के बौद्ध सम्मेलनों में जाते रहे तथा 'दि बुद्ध एण्ड हिज धम्म' पुस्तक के पन्ने भी लिखते रहे। उन्होंने अपनी पुस्तक में बुद्ध धर्म के ऊपर काफी प्रकाश डाला है।

मधुमेह के रोगी तो डॉक्टर भीमराव अम्बेडकर पहले से ही थे। राजनीति और अछूतोद्धार के कार्य में निरन्तर व्यस्त रहने के कारण उनका स्वास्थ्य निरन्तर गिरता गया। एक समय ऐसा भी आया कि जब उनको बिस्तर पर से उठने की भी अनुमति नहीं मिली। उनकी पत्नी डॉक्टर सविता स्वयं चिकित्सक थीं। उन्होंने उनकी उत्तम-से-उत्तम चिकित्सा की व्यवस्था की। वह खुद भी सारी रात और पूरा दिन उनकी सेना में लगी रहतीं है उत्तम-से-उत्तम उनका इलाज करती थीं।

'दि बुद्ध एण्ड हिज धम्म' पुस्तक किसी प्रकार उन्होंने पूर्ण की और पाँच दिसम्बर, सन् 1956 को उन्होंने भूमिका लिख दी।

मानो मृत्यु को उनकी प्रतीक्षा थी। अब वह जीवन से पूरी तरह ऊब चुके थे, जीने की लालसा उनके मन में नहीं रह गयी थी।

5 दिसम्बर की भूमिका लिखने के उपरान्त वे सो गये।

डॉक्टर सविता अम्बेडकर ने सुबह-सुबह अपने पति को देखा। उन्हें अस्वस्थ देखकर उन्हें दुबारा सुलाकर स्वयं प्रातःकालीन नित्य कर्म के लिये चली गयीं। स्थिति चिंताजनक होने के कारण वह बार-बार उनको देखने आती रहती थीं। उन्हें हर समय यही खतरा बना रहता कि कहीं अम्बेडकर को कुछ हो तो नहीं गया।

5 दिसम्बर, सन् 1956 की रात। उस रात उनके सेवक स्तू ने उनके पाँव दबाये फिर सिर में तेल लगाया, जिससे उन्हें थोड़ी-थोड़ी राहत मिली। फिर रेडियों पर अपने मनपसंद गीत सुनने लगे। उस रात उन्होंने थोड़े-से चावल भी खाये थे। उनमें से अपनी एक पुस्तक को अपने पास रखने के लिए कहा। उन्हें अपनी लिखी हुई पुस्तकों से कुछ ज्यादा ही लगाव था।

डॉ. अम्बेडकर ने अपनी पुस्तक 'द बुद्ध एण्ड हिज धम्म' का प्रिफेस व 'इन्ट्रोडक्शन' जो 'टाइप्ड' था मंगवाया। रात देर तक पढ़ते रहे। अत्रे, जोशी व वर्मा सरकार को लिखवाये हुए पत्रों को भी पढ़ा।

उस रात सुदामा बिस्तर के पास ही थर्मस में कॉफी व मिठाई रख गया था। सभी काम रोज की तरह हो रहे थे। किसी को जरा भी संदेह नहीं हो रहा था कि इनकी तबियत खराब है।

उसी दिन की बात है नानकचन्द्र स्तू ने बैठे हुए अम्बेडकर को लिटा दिया। वह विनयी स्वर में कहने लगा–"आपको अपने बुद्ध भगवान की कसम मालिक बाबू! आप बैठा मत कीजिये। आपकी साँस फूलने लगती है। डॉक्टर मालकिन का कहना है कि आप ज्यादा-से-ज्यादा आराम करें।"

"स्तू, अब तू मुझे डाँटने लगा है। क्या तू भी औरों की तरह होता जा रहा है, कम-से-कम तुझे तो मेरे पक्ष में रहना चाहिये।"

"नहीं मालिक!"

अम्बेडकर मुस्कराये और फिर स्नेहभरे स्वर में कहने लगे-"स्तू तू मुझ पर अपना अधिकार समझता है। तू प्यारा ही नहीं, बहुत प्यारा है, इसलिये तू मेरी आँखों का तारा बन गया है। मैं तुझे अपने यशवंत से भी ज्यादा प्यार करता हूँ।"

लेडी डॉक्टर शारदा कबीर कमरे में प्रवेश कर रही थीं। उसने पति की बातें सुन लीं तो हँसकर कहने लगीं।-"मैं डॉक्टर हूँ और स्तू कम्पाउंडर हो गया है। मैं कहती हूँ, यही चिल्लाती हूँ कि अकारण अपने शरीर को तकलीफ मत दो। ज्यादा-से-ज्यादा तुम्हें आराम की जरूरत है, क्योंकि कमजोरी की वजह से तुम्हारा शरीर थक जाता है।"

नानकचन्द्र स्तू अम्बेडकर की देह दबाने लगा, तभी शारदा कबीर ने उसकी छुट्टी कर दी। वह कहने लगीं-"अब तुम जाओं स्तू, यह अब मैं कर लूँगी। रात भी काफी हो चुकी है अब तुम अपने घर चले जाओ। बाकी काम मैं कर लूँगी।"

"आप!।"

"हाँ मैं।" उन्होंने कहा।

शारदा ने सारी रात उनकी सेवा की और जब वे सुबह में नित्य कर्म से निवृत्त होकर लौटीं, तो पाया कि अम्बेडकर की मृत्यु हो गयी थी। शारदा कबीर पति के शव से लिपटकर फूट-फूट कर रोने लगीं। यशवंत राव भी सुनकर दौड़ता हुआ आया और बिलख-बिलख कर रोने लगा। नौकर नाकचन्द्र स्तू भी फूट-फूट कर रोने लगा। सभी लोग उनकी मृत्यु पर फूट-फूट कर रो रहे थे।

शारदा कबीर ने रत्तू को उनके सगे-सम्बन्धियों, मित्रों, सहयोगियों, समाचार-पत्रों तथा अकाशवाणी आदि में समाचार देने के लिये भेज दिया। रत्तू ने जल्द-से-जल्द यह समाचार सभी को पहुँचा दिया। आकाशवाणी ने प्रातःकाल ही डॉक्टर अम्बेडकर के निधन का समाचार दो बार प्रकाशित किया। चारों तरफ यह खबर सुबह-सवेरे आग की तरह फैल चुकी थी।

ज्यों ही दस बजे संसद का अधिवेशन आरम्भ हुआ। सदन की कार्यवाही को स्थगित कर लोक सभा में प्रधानमंत्री पंडित जवाहर लाल नेहरू ने डॉक्टर अम्बेडकर को अपनी श्रद्धांजलि अर्पित की और उसके बाद सदन की कार्यवाही उस दिन के लिये स्थगित करने की घोषणा की। पंडित जवाहर लाल नेहरू वहाँ से सीधे अम्बेडकर के निवास स्थान पर पहुँचे। वहाँ जाकर उन्होंने डॉक्टर भीमराव अम्बेडकर के पार्थिव शरीर को श्रद्धांजलि अर्पित की। उनके साथ कई नेता भी वहाँ उन्हें श्रद्धांजलि अर्पित करने पहुँचे।

भारत सरकार के नेता, जिसमें पंडित गोविन्द बल्लभभाई पन्त, श्री जगजीवन राम, राज्य सभा के उप-सभापति आदि अनेक महानुभाव डॉक्टर भीमराव अम्बेडकर को श्रद्धांजलि एवं पुष्पांजलि अर्पित करने के लिये उनके निवास स्थान पर जमा हो गये थे। वहाँ पहले से ही लोगों की काफी भीड़ जमा हो चुकी थी। सभी उन्हें श्रद्धांजलि अर्पित करने आये थे।

डॉक्टर अम्बेडकर 16 दिसम्बर को दीक्षा समारोह में सम्मिलित होने के लिये बम्बई जाने वाले थे; किन्तु नियति को यह स्वीकार नहीं था। उनके अन्तिम संस्कार के लिये बम्बई ही जाना उचित समझा गया। सभी लोगों ने मिलकर यह फैसला किया था।

उनका शव उनके निवास स्थान से एयरपोर्ट तक सम्मान सहित ले जाया गया, एयरपोर्ट पहुँचने तक शव यात्रा में पाँच घंटे का समय लगा। लाखों लोगों ने उन्हें श्रद्धांजलि दी। उनकी शव यात्रा में लाखों लोगों की भीड़ एकत्रित थी। किसी को पाँव रखने की जगह नहीं मिल रही थी।

रात 9 बजकर 30 मिनट पर हवाई जहाज द्वारा उन्हें बम्बई में ले जाया गया।

उनके शव के साथ उनकी पत्नी के अलावा शंकरानन्द शास्त्री, आनन्द कौशल्यायन, सेवक रत्तू व सुदामा तथा कुछ अन्य व्यक्ति थे। वे लोग शव के साथ जहाज से आये थे।

सुबह तीन बजे जहाज शान्ताकुंज हवाई अड्डे पर पहुँचा। हजारों शोक में डूबे व्यक्ति वहाँ मौजूद थे। उनके शव को दादर तथा जुलूस के रूप में ले जाया गया। लाखों की संख्या में लोगों ने अपने प्रिय नेता के अन्तिम दर्शन किये।

डॉक्टर भीमराव अम्बेडकर के पार्थिव शरीर की अन्त्येष्टि की तैयारियाँ हुई। उनके अन्तिम संस्कार के समय भी लाखों की तादाद में भीड़ एकत्रित हुई थी। जिसमें सभी वर्ग के लोग थे।

मध्याह डेढ़ बजे के लगभग उनकी शव यात्रा आरम्भ हुई। पाँच घंटे तक बम्बई के मुख्य बाजारों तथा स्थानों की यात्रा करती हुई जब यह यात्रा शमशान पर पहुँची तब तक बम्बई का सारा यातायात ठप्प पड़ा रहा। शवयात्रा के गन्तव्य मार्ग पर दोनों ओर यात्रियों की अ पार भीड़ अम्बेडकर के अन्तिम दर्शनों के लिये प्रातःकाल से ही उत्सुकता से प्रतीक्षा कर रही थी। सब ने श्वेत वस्त्र धारण किये हुए थे। यह किंवदन्ती प्रचलित हो गयी कि उस दिन बम्बई के बाजारों में, दुकानदारों के पास सफेद धोतियों का भण्डार ही समाप्त हो गया था। तब लोगों ने श्वेत चादरें खरीदकर अपनी मनोकामना पूर्ण करने का यत्न किया।

सुना जाता है कि इस शवयात्रा में जितनी भीड़ थी, उतनी भीड़ इससे पहले केवल लोकमान्य तिलक की शवयात्रा में देखने को मिली थी, किसी अन्य नेता या महापुरुष की यात्रा में नहीं। लोग पेड़ों पर चढ़कर शवयात्रा के दर्शन कर रहे थे। डॉक्टर भीमराव अम्बेडकर के एक भक्त पचपन वर्षीय बापू अर्जुन पेड़ पर चढ़कर अपने अराध्य के दर्शन करने में लीन थे कि अघटनीय घटना घटित हुई और वे धम्म से ही नीचे आ गिरे तथा तत्कार ही उनके प्राण पखेरू उड़ गये।

अर्थी शमशन पर लायी गयी। उनके एक मात्र पुत्र यशवंत राव ने चिता को आग दी। देखते-ही-देखते चिता धूं-धूं करके ऊँची-ऊँची लपटों में जलने लगी। इस तरह अछूतों का मसीहा चला गयां स्वतंत्र भारत का नया संविधान बनाने वाला भीमराव अम्बेडकर इस नश्वर संसार को त्याग कर हमेशा के लिये विदा हो गयां। भिक्षु श्रेष्ठ भदन्त कौशल्यायन ने अन्तिम संस्कर की सारी रीति बौद्ध मत की परम्परा के अनुसार सम्पन्न करायी।

वहीं पर एक सामान्य-सी शोक सभा हुई। उसमें भिक्षु भदन्त आनन्द कौशल्यायन के अतिरिक्त आचार्य पी.के. अत्रे और दादा साहेब गायकवाड़ दो व्यक्ति बोले थे।

आचार्य अत्रे ने अपनी श्रद्धांजलि में मार्मिक शब्दों में का—"ऐ आकाश के देवताओं! आओ, आकर देखों लो फिर कभी तुम्हें यह दृश्य देखने की नहीं मिलेगां

इस प्रकार एक समाज-सुधारक, अछूतों का उद्धार करने वाला, दलितों, शोषितों के मसीहा के जीवन का पटापेक्ष हुआ। आज दलितों का मसीहा यह संसार छोड़कर जा रहा है।

डॉक्टर भीमराव अम्बेडकर दलित वर्ग के नेता थे। वे उच्च शिक्षा प्राप्त थे। उन्हें पूरे संसार के कानून का अच्छा ज्ञान था। वे देश-सेवक, लोक-सेवक, राष्ट्रभक्त और दलितों के भगवान थे। वे संसार के एक महान् पुरुष थे। उनका अभाव सम्पूर्ण देश को हमेशा खलता रहेगा। उन्होंने युग को एक नई चेतना दी और सभी को एक डोर में बाँधने की पूरी-पूरी कोशिश की। संसार उनका सदा आभारी रहेगा। वह उनसे हमेशा प्रेरणा लेता रहेगा। वे सदा प्रेरणा के प्रतीक रहेंगे। जब तक यह संसार रहेगा तब तक लोग भीमराव अम्बेडकर को याद करते रहेंगे। भारतीय इतिहास में उनका नाम स्वर्णिम अक्षरों में लिखा जा चुका है। आज डॉ. अम्बेडकर का नाम भारत के हर नागरिक की जुबान पर है आज भी लोग कानून मंत्री के नाम से उन्हें याद करते हैं। दलितों का मसीहा मरकर भी अमर है, और हमेशा लोगों के दिलों में वह अमर रहेगा।"

डॉ. भीमराव अम्बेडकर का व्यद्रित्व : पांडित्यपूर्ण

इतिहास और सामाजिक स्थिति का चित्रण करने वाले प्राचीन साहित्य के अध्ययन से पता चलता है कि तप-त्याग की जिस संस्कृति को आर्यों ने द्रविड़ों तथा नागों, जो एक ही मत के लोग थे, ने जन्म दिया था, वह अवान्तर काल में स्वार्थ मूलक वणिक संस्कृति में परिवर्तित हो गयी; यानि वणिक संस्कृति बन गयी, जिसका मुख्य उद्देश्य लाभ ही होता था तथा नुकसान के लिये उसमें कोई जगहनहीं होती। अगर किसी वजह से नुकसान होता भी है, उसे खुद सहन न करके दूसरों से सहन करवाकर अपना लाभ बरकरार रखा गया।

तप-त्याग की संस्कृति की खास बात यह है कि अपना नुकसान होते हुए दूसरों की हानि या अहित को बहुजन यासमाज का नुकसान समझते हुए उसको दूर करने की कोशिश की जाती है।

इस तरह वाणिक संस्कृति शोषण पर आधारित होकर दूसरों के शोषण से अपने को पुष्ट करती रही और आज भी यही क्रम जारी है। एक तरफ मजदूर वर्ग चाहे वह खेतिहर हो या उद्योग-श्रमिक या फिर किसी दूसरी तरह का, जिसके अन्तर्गत काष्ठा, पत्थर तथा मिट्‌टी, धातु के काम करने वाले हर मजदूर शामिल हैं। उनको उसकी मेहनत का पूरा परिश्रमिक न देकर, रोटी, कपड़ा और शिक्षा, स्वास्थ्य आदि के बारे में अनिश्चय की स्थिति उत्पन्न की जाती है तो दूसरी तरफ भव्य मन्दिरों का निर्माण दान देकर प्रतिष्ठा, सम्मान अर्जित किया जाता है। उनकी उदारता के ढोल बजवाने के लिये धर्मशालाएँ, कुएँ बनवाये जाते हैं। अपन जय-जयकार के लिये सड़कों पर वृक्ष लगवाये जा रहे हैं, ठण्डे पानी का प्रबन्ध किया जा रहा है।

ऐसा करके अपनी दानवीरता को लोगों के सामने पेश किया जाता है ताकि लोग कहें कि यह सेठ कितना उदार है, दीन है, समाज का हितैषी है, शुभचितंक है; यानि जिनको चूसकर सम्पदा के अम्बार लगे हैं; उन्हीं लोंगों को अपनी जय-जयकार करने पर मजबूर कर देते हैं। अपने जिन्दाबाद के नारे लगाने पर विवश करते हैं।

जिस वक्त से इस वणिक संस्कृति का जन्म हुआ, तभी से यह क्रम तीव्र गति से आगे बढ़ा है और बढ़ रहा है। लोग लगातार इस कार्य को पूरा करने में लगे हुए हैं।

अगर ये लोग इतने ही सभ्य हैं तों उन्हें (मजदूरों को) उनकी पूरी कीमत मजदूरी की देनी चाहिये, क्योंकि मेहनत को बेचना व खरीदना भी एक व्यापार है, या वणिक वृत्ति ही है, लेकिन जो वणिक संस्कृति को समझते हैं, वे नुकसान होने वाले हालात ही पैदा नहीं करते, बल्कि लाभ वाले पलड़े को भारी रखते हैं। जिसमें सामग्री तो ली जानी चाहिये।

इसी संस्कृति ने मनु द्वारा प्रतिपादित वर्ण-व्यवस्था के प्रथम वर्ण-ब्राह्मण को पठन-पाठन, अध्ययन, अध्यापन और तप-त्याग के दो वर्णों क्षत्रिय-वैश्य परिवारों में रसोईया और उन्हीं द्वारा अपनी दानशीलता के लिये निर्मित धर्मशालाओं, कुओं पर मुंशी और पानी पिलाने की संरचना की, यद्यपि भोजन बनाने वाले मुंशी और पानी पिलाने वाले ब्राह्मण को 'महाराज' से सम्बोधित किया जाता है और पहले भी इसी प्रकार किया जाता रहा है। लेकिन वे राज्यसत्ता तथा मुकुटहीन महाराज थे; यानि उन्हें मूर्ख बनाने की कुटिलताभरी चाल मात्र। फिर भी वे अस्पृश्य नहीं थे।

लेकिन इस वणिक संस्कृति ने ब्राह्मण वर्ण से भी ज्यादा घिनौना व्यवहार उस तथाकथित शूद्र वर्ण से किया गया, जो कल्पित वर्ण-व्यवस्था का चौथा था अथवा आज भी है। खेतों में हल जोतना, बैलों के लिये घास-चारे का इन्तजाम करना, कपड़े सीना, मकान बनाना, बुनाना, लकड़ी का काम करना, तेल पेरना और कपड़े धोना, उन्हें रंगना, रथ हाँकना, बोझा ढोना, यहाँ तक कि पैरों में पहनने के लिये जूते भी बनाना तथा मल-मूत्र उठाना, उन्हें साफ करना भी, इनका स्वाभाविक कार्य बन चुका था। सबसे छोटे काम उन लोगों को दिये गये और उन्होंने किया, फिर भी उन्हें अपमानित किया जाता है।

इन सबके बावजूद उन्हें अछूत भी बना डाला। इस प्रकार सत्ता और वणिक संस्कृति के जाल में मानवीय गुण और नैतिकता उलझकर निष्क्रिय हो गयी। उनक`साथ मानवता का व्यवहार कभी नहीं किया जाता, उनके साथ भी यही नियम अपनाना चाहिये।

जिस ब्राह्मण वर्ण से वणिक संस्कृति के जाल को काटे जाने की प्रार्थना की जा सकती थी, वह पहले ही पाठशाला में याचक, धर्मशाला में मुंशी और प्याऊ पर पानी पिलाने वाला बनाकर बिठा दिया गया था, अतः अछूतपन का विरोध करता ही कौन?

वणिक संस्कृति का ही विकसित रूप सत्ता संस्कृति है। वणिक संस्कृति शीत-शोषण है, जबकि सत्ता संस्कृति उष्ण-शोषण। वणिक संस्कृति आदेश और दण्डात्मक नहीं, परन्तु सत्ता-संस्कृति आदेश और दण्ड द्वारा शोषण की भयंकरता को बढ़ाती है; अर्थात् वणिक संस्कृति गुड़ खिलाकर मारती है, तो सत्ता संस्कृति दण्ड को दण्ड से, आदेश को चाबुक से।

अगर शिल्पी और चर्म-कला के ज्ञाता असवर्ण होते हैं, असवर्ण समझे जाते हैं तो फिर ऋषि सुधन्वा के बेटे ऋभु विश्वन और बाण की गिनती सवर्ण, असवर्ण में से किसमें करें, छूत और अछूत एक में से उन्हें किस वर्ण में माना जाये? ऋग्वेद के प्रथम मण्डल के बीसवें सूक्त का छठा पद्य बताता है कि ऋषि सुधन्वा के तीन पुत्रों ने अपने पिता से शिल्पकला की शिक्षा लेने की आज्ञा माँगी थी। सुधन्वा ने सरलता से ही उन्हें शिल्पकला की इजाजत दे दी। निपुण में निष्णात होने पर उन्होंने लकड़ी की गाय, घोड़े औ कप आदि वस्तुओं की प्रदर्शनी तिब्बत के राजा की राजधानी इन्द्र में आयोजित की थी और अपने युग के महान् शिल्पी कहलाये, फिर भी ऋषि अंगिरा के

गोत्र में उत्पन्न ऋभु विश्वन और बाण बढ़ई बनकर न तो तिरस्कृत हुए और न अपमानित। न ही असवर्ण बने। ना ही अछूत।

जैसा कि कहा गया है कि वैदिक आर्यों के समय स्पृश्य-अस्पृश्य की दीवार न थी, बल्कि व्यवसाय आधार वाली तथाकथित जातियाँ भी नहीं थीं, लेकिन स्मृतिकाल तक आते-आते मनुष्य समाज के व्यवसायपरक वर्ग अस्तित्व में आ गये। याज्ञवल्क्य ने अपने स्मृतियों में यह स्वष्ट किया है–

"मृछण्ड चक्र संयागात्कुम्भकारों यथा घटम्,
करोती तृणमृत्काष्ठै गृहं या गृहकारकः।
हेममात्र मुपादाय रूपं वा हेमकारकः ॥"

उपर्युक्त पद में कुम्भकार, गृहकार राज और हेमकार सुनार आदि नामों से उस समय व्यवसयात्मक आधार पर उन वर्गों के अस्तित्व की पुष्टि होती है, परन्तु उन वर्णों में अस्पृश्यता की बात तब भ नहीं थी। लेकिन व्यवसाय मूलक वर्ण-भेद पर्याप्त विस्तारित हो गया था। ऋण आदान के सन्दर्भ में याज्ञवक्ल्य ने कुछ और भी वर्णों का उल्लेख किया है–

"गोप शौण्डिक शैलूषरक व्याध योषिताम्।
ऋणं दधात्पतिस्तासां यस्माद वृतिस्तदाक्षयाः ॥

ग्वाला, सुर बनाने वाला तथा नट, धोबी और शिकार खेलने वाला-इनकी महिलाओं द्वारा लिया गया ऋण उक्त लोगों को वापस करना चाहिये। यहाँ चरवाहा वर्ग, शराब बनाने वाला वर्ग तथा नट, धोबी, शिकारी आदि भिन्न वर्ग के लिये गिनाये गये हैं। इसी तरह केश-कर्तन कला में लगे लोगों को नापित वर्ग में रखा गया। ये सभी वर्ग स्पृश्य थे, परन्तु इनसे ब्राह्मण, क्षत्रिय तथा वैश्यच वर्ग के लोग रोटी-बेटी का सम्बन्ध नहीं स्थापित करते थे।

यह बात याद रखनी चाहिये कि उत्तर वैदिक ने वर्ण-व्यवस्था की कल्पना अभूतपूर्व ढंग से की और कहा कि विराट पुरुष के मुख से ब्राह्मण, वक्षस्थल से क्षत्रिय तथा उदर से वैश्य, चरणों से शूद्र की उत्पत्ति हुई। विशाल समाज का बँटवारा करने के लिये इससे उत्तम कल्पना की भी नहीं जा सकती थी; यानि वर्ण-व्यवस्था, सर्वशक्तिमन, व्यापक एवं अनन्त सत्तात्मक विराट पुरुष द्वारा उत्पन्न की गयी या बनायी गयी है और यह बात एक मंत्र के जरिये बतायी जा रही है। वे अपौरुषेय हैं। इसका अर्थ यह होता है कि–वेदवाणी मनुष्य की नहीं बल्कि उस विराट पुरुष की है जो सूक्ष्मात्सूक्ष्मतः और अणीयानर्णायतरः है; यानि सूक्ष्म से

भी अति सूक्ष्म और अणु का पोता है, अजर-अमर है, फिर भी बोलता है और साम्य-भावना का खण्डन करता है।

अगर वाकई मनुष्य मनु का पुत्र है और जीव पंक के जरिये व्याप्त जीवाणु के विकसित है, तो मनुस्मृति का निर्माता मनु कोई और है और मनुष्य का जनक, प्रथम पिता कोई और, क्योंकि कोई भी अपनी संतानों में भेद उत्पन्न कर, युद्ध करवाकर, उनको विनाश की तरफ ले जाकर अपनी आँखों से नहीं देख सकता।

लेकिन मनुस्मृति में स्पष्ट रूप से मनुष्य के एक वर्ग को शुद्र घोषित किया गया। नारद स्मृति, पराशर स्मृति तथा याज्ञवल्क्य स्मृति में शूद्रोल्लेख हो, जो उन्होंने की है, तो आश्चर्य की बात नहीं, लेकिन मनुष्य का आदि जनक पिता ऐसा करे, तो आश्चर्य ही नहीं क्षोभ भी उत्पन्न करता है।

वस्तुतः वह मनु और था और सत्तासीन भी था। उसी से सत्ता-संस्कृति के संरक्षण के लिये स्मृति का निर्माण किया। बाद में अनेक मुनियों ने भी वाणिक सत्ता संस्कृति के खूँटे से बाँधकर मनुस्मृति में प्रतिपादित वर्ण-व्यवस्था की पुष्टि की। वह मनु सम्राट था, यह बात पहले भी बता दी गयी है। वैसे भी मनुओं की संख्या चौदह बतायी गयी है, प्रथम मनु के पुत्र हैं मनुष्य। बाकी तेरह तो शासक बनकर अपने अग्रज के पुत्रों को पशुओं की तरह हाँकते रहे हैं। अपनी सत्ता वाली संस्कृति को उनके शोषण से भरते रहे हैं।

यह लोग यह नहीं समझते कि समय तथा युग धर्म...यहाँ धर्म का आशय मत, मजहब तथा दर्शन से नहीं बल्कि स्वभाव से है। दिन, रात, सप्ताह, महीना तथा वर्ष युग की अवधि का बनना काल स्वभाव की क्रीड़ा है, बसन्त, ग्रीष्म एवं वर्षा, शरद और हेमन्त, शिशिर ऋतुओं को वही स्वभाव जन्म देता है। नष्ट करता है।

सूर्य-चाँद का उदय होना तथा अस्त होना कालगति का ही चमत्कार है। हम और हमारा ब्रह्माण्ड परिवर्तनशील है, तब किसी भी मनु तथा मुनि द्वारा निर्मित समाज-व्यवस्था कैसे हो सकती है? जबकि मनीषी अम्बेडकर द्वारा निर्मित विधान सम्राट मनु द्वारा निर्मित विधान से सर्वथा भिन्न है।

यहाँ वर्ण-व्यवस्था व जाति-व्यवस्था के उन्मूलन करने की बात है। समाज के हर पुरुष व महिला को शिक्षित बनाने पर अधिक बल दिया गया है। वणिक संस्कृति के स्थान पर समता संस्कृति की नींव रखी गयी है।

अम्बेडकर की मूल्यांकन

अम्बेडकर को बदनाम करने के लिये कुछ लोगों ने पूरी कोशिश की। उन पर यह भी इल्जाम लगाया कि उनमें देशभक्ति की भावना नहीं थी। यह आरोप गलत है। वे देशभक्त थे। वे अपने देश को आजाद देखना चाहते थे। उन्होंने एक बार कहा था–

"उच्च वर्ण के हिन्दूओं के साथ कुछ बातों से मेरा मतभेद है, लेकिन अपने देश की रक्षा के लिये मैं अपनी जान भी दे दूँगा। देश मुझे अपने प्राणों से भी प्यारा है।"

परतंत्र भारत में उनकी जाति की जो दुर्दशा थी, वही दुर्दशा वे स्वतंत्र भारत में देखना चाहते थे। अम्बेडकर की केवल एक ही ख्वाहिश थी कि आजाद भारत में उनकी जाति को लोगों को भी मानव अधिकार मिलें। नागरिक सुविधाएँ मिलें। गर्मी, सर्दी, वर्षा से उनकी जाति की भी हिफाजत हो सके। उनको भी मान-सम्मान प्राप्त हो, उनका बात-बात पर अपमान न हो ओर उसको सरकारी नौकरियों पर नियुक्त किया जाये।

उनके साथ इन्सानों जैसा सुलूक हो। जानवर जैसा नहीं, अम्बेडकर के यह विचार अनुचित नहीं थे। वे अपने मार्ग पर सही थे। उन्होंने जो कुछ भी किया दलित व मजदूरों की भलाई के लिये किया।

अम्बेडकर गाँधीजी के हमेशा विरोधी रहे। दोनों नेताओं के विचारों में मेल नहीं खाता था। फिर भी गाँधी जी ने इस बात को मान लिया था कि–"अम्बेडकर में त्याग करने की शक्ति थी। उन्होंने समाज में अपना एक अद्वितीय स्थान बना लिया था।"

अम्बेडकर हमेशा अपने कर्त्तव्य-पालन में लीन रहते थे। विकास की पूजा करते थे, परलोक की उन्हें कोई चिन्ता नहीं थी। वे सांसारिक जीवन में ही सुख-सविधाओं को चाहते थे। उन्होंने इन्हीं सुख-सुविधाओं को प्राप्त करने के लिये काफी परिश्रम भी किया।

डॉक्टर भीमराव अम्बेडकर एक महापुरुष थे। वे एक असाधारण मानव थे। वे एक अछूत, उपेक्षित, अशिक्षित और गरीब परिवार में पैदा हुए थे। लेकिन उन्होंने अपनी जाति में क्रान्तिकारी परिवर्तन ला दिया था। उनके जीवन का प्रमुख उदेश्य था अछूतों तथा दलितों का उद्धार करना। उनके जीवन काल में ही सदियों का रोग-अछूतपन भारत भूमि से धीरे-धीरे हटने लगा था। वे अछूतों के रक्षक कहे जाने लगे थे।

अम्बेडकर की जिन्दगी एकदम सादा थी। उनके विचार ऊँचे थे और चरित्र ही उनका बल था। वे ऊँचे ओदहे पर पहुँच गये थे। वे कानून मंत्री थे। मगर उन्हें पद का लालच नहीं था। वह तो केवल जनता के सेवक थे। उन्होंने अपने सिद्धान्त की रक्षा के लिये मंत्री पद को भी ठुकरा दिया था। स्वतंत्र भारत के संविधान पर अम्बेडकर की गहरी छाप पड़ी थी। उसका नाम स्वर्णिम अक्षरों में अंकित हो गया है, जब तक संविधान रहेगा तब तक लोग अम्बेडकर को याद करेंगे।

उनकी इच्छाशक्ति प्रबल थी। वे अपनी धुन के, इरादे के पक्के थे। फ्रांस के नेपोलियन ने एक बार कहा था—"जो मूर्ख होते हैं, वे ही 'असम्भव' में विश्वास करते हैं।

अम्बेडकर भी नेपोलियन के इस विचार से सहमत थे। वे भी किसी काम को असम्भव नहीं समझते थे। वे धीर थे, गम्भीर थे। अपेन मार्ग पर अटल रहे, चट्टान की तरह अटल रहें मार्ग में परेशानियाँ और बाधाएँ भी आयीं लेकिन वे कभी नहीं घबराये। उन्होंने कभी भी हिम्मत नहीं हारी।

उन्होंने कभी पीछे मुड़कर नहीं देखा। सदा उन्होंने अपने लक्ष्य को ध्यान में रखा। इसलिये वे आगे बढ़ते ही रहे। रास्ते में जो रुकावटें आयीं उन्हें अम्बेडकर ने हटा दिया। बड़ी-से-बड़ी मुश्किल से टकराकर वह आगे बढ़ते रहे। उन्हें सिर्फ अपना मकसद ही नजर आता था।

अम्बेडकर कर्मठ थे। उनका ऐसा मत था मनुष्य अपने भाग्य का स्वयं निर्माता होता है। वे हरि नाम को याद करते थे या नहीं, निश्चित रूप से नहीं कहा जा सकता। उन्हें देवी-देवताओं में, स्वर्ग-नरक में कम विश्वास था। वे इन बातों में ज्यादा यकीन नहीं रखते थे।

उन्हें साधु-सन्तों के प्रति कोई विशेष भक्ति नहीं थी। वे इस लौकिक जीवन को सुखी देखना चाहते थे। उन्होंने जिन्दगी में कभी हिम्मत नहीं हारी। हमेशा हौसले के साथ आगे बढ़ते रहे। कोई भी बाधा उनका रास्ता रोकने में असमर्थ थी। वह रुकने वालों में से नहीं थे।

उनके रास्ते में अनेक आँधियाँ व तूफान आये, लेकिन अम्बेडकर में चंचलता नहीं आयी। अस्थिरता नहीं आयी। वे हमेशाा तने रहे। कभी भी झुके नहीं, लड़खड़ाये, मगर गिरे नहीं। वे खड़े रहे। उनमें स्वाभिमान था, वे कोशिश करते रहे। वे अपने रास्ते पर चलते रहे। कभी धीरे, कभी तेज, लेकिन चलते ही रहे। परेशानियाँ एवं विरोधों से जूझते रहे। उन्हें इन सब

में कामयाबी भी मिली और वह जीते भी। जो लोग उनका विरोध करते थे बाद में उन्होंने उनके कार्य को सराहा भी।

उनके जीवनकाल में उन्हें सभी अम्बेडकर साहब कहने लगे। धीरे-धीरे समाज में उनकी इज्जत भी होने लगी। उन्हें बहुत ज्यादा सम्मान भी प्राप्त होने लगा था। उन्हें मान-पत्र भी दिये जाने लगे थे। उनके सम्मान में बहुत-सी सभाएँ भी आयोजित की जाने लगीं। उन्हें सभा में माला पहनाई जातीं, फूल दिये जाते। चारों ओर उनकी जय-जयकार होने लगी। हर कोई उनका गुणगान करता। कितने ही लोगों ने बाबा साहेब कहकर पुकारना शुरू कर दिया। हर कोई उन्हें सम्मान की दृष्टि से देखते थे। जहाँ भी जाते लोग उनका भव्य स्वागत करते।

मृत्यु उपरान्त भारत सरकार ने उन्हें 'भारत रत्न' से सम्मानित किया। वे भारत रत्न ही नहीं विश्व भूषण' थे। उन्होंने एक जाति या वर्ण के उत्थान के लिये ही सिर्फ कार्य नहीं किया, विश्व भर के पिछड़े लोगों का सामाजिक और राजनैतिक स्तर ऊँचा उठाने की उन्होंने प्रेरणा दी।

वे ऐसे महामानव थे, जिन्होंने सहस्त्राब्दियों से दलितों और पिछड़ों को अत्याचार और असमानता की बेड़ियों से मुक्त कराकर उन्हें समानता और सम्मानजनक जीवन-स्तर का अधिकारी बनाया। इसके लिये उन्होंने अन्तिम साँस तक संघर्ष किया। जिस सम्मान के वे वास्तविक अधिकारी थे, यद्यपि वह उन्हें जीते-जी न मिला, मगर उनके महानिर्वाण के पश्चात्, देश की आजादी के 55 वर्ष बीत जाने के पश्चात्, अधिकारभरा उनका सम्मान, जन-जन में बढ़ता जा रहा है, बढ़ता चला जा रहा है और बढ़ता ही जायेगा।

स्वतंत्र लेबर पार्टी की स्थापना

सन् 1936 में बम्बई में चुनाव होने वाले थे। डॉक्टर अम्बेडकर चाहते थे कि इन चुनावों में अधिक से अधिक स्थानों पर अधिकार जताकर सरकारी सीटों को हथियाया जाये। 'महार संगठन' के नाम से कोई गठन गठित करके अधिक सीटें पाने की सम्भावना उसको शायद नहीं थी, इसलिये ऐसे समय में उन्होंने एक नये दल का गठन किया।

जिसका नाम 'इंडिपेन्डेन्ट लेबर पार्टी' रखा गया। अंग्रेजी में भी भीमराव अम्बेडकर का सारा कार्यक्रम चलता था। अग्रेंजों का ही राज्य भी था और भीमराव अम्बेडकर सबसे अच्छे भारतीय नागरिक के रूप में कार्य करते थे। वह एक काबिल इंसान थे, इसलिये अंग्रेज भी उनकी बात को मानते थे और उन्हें पूरा सम्मान देते थे।

एक ओर डॉक्टर भीमराव अम्बेडकर अग्रेंजी सभ्यता के अच्छे समर्थक के रूप में अग्रेंजों में प्रसिद्ध हो गये थे और इसी वजह से अग्रेंज सरकर उन पर मेहरबान भी थी। जाते ही उनके लिये सीट छोड़ दी जाती थी और अम्बेडकर को अपने नेता के रूप में स्वीकार कर लिया।

इसके पश्चात् ही बम्बई असेम्बली में 175 सीटें भी। इन सीटों में से 15 सीटें अछूतों के लिये सुरक्षित थीं।

चुनाव 17 फरवरी को शुरू थी। चुनाव में इंडिपेन्डेन्ट लेबर पार्टी ने अपने 17 प्रत्याशी खड़े किये। 17 प्रत्याशियों में से 15 प्रत्याशी इंडिपेन्डेन्ट लेबर पार्टी के विजयी हो गये थे। इन 15 स्थानों पर विजय को देखकर कांग्रेस खेमे में मातम-छा गया था।

भीमराव अम्बेडकर इन निर्वाचनों से अछूतों के साथ-साथ मजदूरों के भी नेता माने जाने लगे थे। फरवरी में शुरू हुए इन चुनावों में चुने गये प्रतिनिधियों को सरकार बनने में 5 महीने लग गये। क्यों? किसी ने इस

बात पर विचार नहीं किया कि 17 फरवरी को शुरू हुए चुनावों में 19 जुलाई से पहले सरकार का गठन क्यों नहीं हो पाया? वजह बिल्कुल साफ थी...अंग्रेज सरकार इसमें ढील करना नहीं चाहती थी। न ही वो लापरवाही बरतना चाहती थी, इसलिये उन्होंने जल्दी से जल्दी चुनावों की व्यवस्था की थी।

बम्बई में 19 जुलाई सन् 1937 को कांग्रेसी मन्त्रिमण्डल का गठन हो गया। उसके कुछ ही समय बाद डॉक्टर अम्बेडकर ने महाराष्ट्र में प्रचलित 'खसेटी प्रथा' के विरोध में असेम्बली में एक बिल प्रस्तुत किया होता तो सम्भव है वह किसी न किसी तरह मान लिया जाता, किन्तु इस समझदारी की कमी के कारण कांग्रेस बहुमत से उसे अस्वीकार कर दिया। यह उनकी नादानी थी और इसी नादानी की वजह से उन्होंने बिना सोचे-समझे यह कार्य कर डाला था।

कदाचित् डॉक्टर अम्बेडकर भी इस विषय में अधिक गम्भीर नहीं थे अगर अम्बेडकर जैसा नेता किसी बिल को प्रस्तुत करे और इस पर असेम्बली तथा उसके बाहर चर्चा न हो यह तो सम्भव नहीं था। यह तो सिर्फ एक दिखावा था।

उनके समर्थकों का मानना था कि उस समय भी कांग्रेस हुकूमत में मिल-मजदूरों पर मालिकों के अत्याचार बढ़ते जा रहे थे। हम अम्बेडकर के उन समर्थकों को बताना चाहते हैं कि सरकार चाहे कांग्रेस की रही हो, लेकिन मिल-मालिक तो अंग्रेजों के ही पिट्ठू थे—उन अंग्रेजों के अम्बेडकर स्वयं समर्थक थे। फिर भी आन्दोलन तो कुछ न कुछ होना चाहिये। इसलिये मजदूरों की भारी संख्या इकट्ठी होकर अम्बेडकर के पास आयी। उन्होंने अपनी-अपनी समस्याएँ अम्बेडकर के सामने रख दीं।

अब अम्बेडकर के लिये समय आ गया था कि वे श्रमिकों के नेता बनें। मिल-मालिकों के शोषण और अत्याचारों को समाप्त करने को लेकर अम्बेडकर ने एक आन्दोलन चलाया। उन्होंने मजदूरों को हड़ताल करने की सलाह दी। इस प्रकार करने से मालिकों को अच्छा सबक मिल सकता था। मजदूर भी उनकी बात मानने को तैयार थे।

जब मजदूरों ने हड़ताल की तो मिलों के प्रतिनिधि सरकार के प्रतिनिधियों से मिले और उन्होंने भी अपनी समस्यायें प्रस्तुत की। परिणाम यह निकला कि सरकार ने हड़ताल को अवैधानिक करार दे

दिया। लेकिन मजदूरों ने इसको अनदेखा कर दिया और अपनी निर्धारित तिथि पर हड़ताल शुरू कर दी। हिन्दुस्तान के सभी मजदूर हड़ताल पर बैठ गये थे। इससे सभी शहरों में हड़कम्म मच गया।

अम्बेडकर को बम्बई ही नहीं बल्कि पूरे देश के लिये मजदूरों का नेता बना दिया गया था, क्योंकि वह हड़ताल पूरी तरह से कामयाब सिद्ध हुई थी। मिल-मालिक इस हड़ताल को देखकर बुरी तरह बौखला गये थे। उनकी समझ में नहीं आ रहा था कि क्या किया जाये?

अधिकार के लिये एक कदम और

अम्बेडकर ने अपने अधिकारों को पाने के लिये एक नया कदम उठाया कि क्यों न प्रदेश के अधिकारी से मिला जाये जिससे अछूतों की माँगों को कार्य की रूपरेखा दी जाये। इसलिये वे गवर्नर के पास गये। अम्बेडकर ने गवर्नर से पूछा—"जो कानून अछूतों के लिये बना था, उसका क्या हुआ? आपने उसके बारे में क्या सोचा है, इतने दिनों से उस पर कोई गौर ही नहीं किया जा रहा है।"

गवर्नर ने इस बात का धीरे से जवाब दिया—"इस योजना पर सरकार विचार कर रही है। आप धीरज रखिये, बहुत जल्दी-कोई-न-कोई न कोई हल जरूर निकलेगा।"

"विचार कर रही है?"

"हाँ, विचार कर रही है। हम लोग उस तरफ से बिल्कुल बेफिक्र नहीं हैं।"

"कब तक करेगी विचार? आखिर इसका कोई अन्त तो होगा, इतने दिनों बाद भी विचार ही हो रहा है।"

"यह नहीं कहा जा सकता।"

"आप अछूतों को सेना में भर्ती होने का आदेश दीजिये।" अम्बेडकर का स्वर क्रोध से परिपूर्ण था।

"यह आदेश बहुत पहले ही दिया जा चुका है।"

"कब?" अम्बेडकर ने पूछा—"क्या आप सच कर रहे हैं?"

"हाँ। अम्बेडकर, मेरी बात का विश्वास करो, यह आदेश बहुत पहले ही दिया जा चुका है।"

"फिर क्या हुआ?"

"अछूत अभी तक सेना में भर्ती होने के लिये आगे नहीं आये, उनका इन्तजार है। हमारी तरफ से आदेश हो चुका है।"

"उनका इन्तजार है?" वह खामोश हो गये।

"अम्बेडकर, अब तुम्हें और कुछ कहना है?"

" और कुछ?"

"हाँ और कुछ।"

"नहीं।"

परन्तु गवर्नर को उनसे सहानुभूति हो गयी। उन्होंने अम्बेडकर को अपने यहाँ रुका लिया। अम्बेडकर ने सोचा, दो-चार दिन अब यहीं रुकेंगे। क्योंकि वहाँ रहकर उन्हें और भी काम निपटाने थे, जो वहाँ रहने से अच्छी प्रकार निपट सकते थे।

दूसरे दिन वायसराय गवर्नर के यहाँ आये, गर्वनर ने अम्बेडकर की समस्या रख दी। उनको अछूतों के शोषण के विषय में विस्तारपूर्वक सारी बातें समझा दीं।

वायसराय इस पर हँसे और अम्बेडकर से हँसकर पूछने लगे—"अम्बेडकर कहो, अब क्या झगड़ा है? तुम्हारी समस्या अभी तक खत्म नहीं हुई है? बताओ अब क्या समस्या लेकर हमारे पास आये हो?"

"सरकार, एक फरियाद है।"

"फरियाद!" वह चौंके।

"हाँ फरियाद।"

"क्या?" उन्होंने सहानुभूति करते हुए कहा—"जो कुछ भी कहना चाहते हो बिना झिझक हमारे सामने कहो।"

"अपील कौंसिल में आपने हिन्दू, मुसलमान, सिक्ख सभी भाइयों को लिया है फिर अछूतों को ही क्यों छोड़ दिया? क्या आपने भी उनके साथ भेदभाव करना आरम्भ कर दिया, आप भी उन्हें अछूत समझते हैं?"

"सरकार, महारों को भी जनसंख्या के हिसाब से कौंसिल में लिया जाये। योग्यता के अनुसान पद दिया जाये, ताकि उन्हें भी सम्मान से जीने का अधिकार प्राप्त हो सके, उन्हें भी सम्मान मिल सके।"

"मैं कौंसिल का सदस्य तुमको ही मान लेता हूँ अम्बेडकर।" उन्होंने सोचकर कहा।

"यह ठीक है सरकार, लेकिन.......।"

"लेकिन क्या अम्बेडकर?"

"सरकार, अछूतों के तीन सदस्य होने चाहिए।"

"तीन?"

"हाँ तीन।"

"अम्बेडकर तुम तो अभी पहले प्रतिनिध हो। बाकी दो के लिये विचार कर लिया जायेगा।"

"सरकार नौकरी में भर्ती के लिये अछूतों को उम्र की भी कुछ छूट मिलनी चाहिये। परीक्षा का शुल्क भी उनसे कम-से-कम लेना चाहिये। उनमें से एक उच्चधिकारी बना दिया जाये।"

"अम्बेडकर, मैं तुम्हारी यह बात भी मानता हूँ। अछूतों को वह सारे अधिकार दिये जायेंगे जो तुम चाहते हो।"

"वायसराय महोदय, आपका बहुत-बहुत धन्यवाद है। आपसे मुझे यही उम्मीद थी। मेरी समझ में नहीं आ रहा है कि किन शब्दों में आपको धन्यवाद कहूँ, क्योंकि मेरे पास वो शब्द ही नहीं हैं।"

भीमराव जब वायसराय से मिलकर लौटे, तो वह यह सोचकर बहुत खुश थे कि अब अछूत भी सभी अधिकार पायेंगे। उनकी खुशी का ठिकाना नहीं था, उनके कदम जमीन पर नहीं पड़ रहे थे। वह जल्दी-से-जल्दी अछूतों को यह खुशखबरी सुनाना चाहते थे।

डॉ. अम्बेडकर की बौद्ध धर्म में दीक्षा

"बौद्ध धर्म की दीक्षा" डॉ. अम्बेडकर एवं उनके सहयोगियों द्वारा सामाजिक न्याय हेतु आन्दोलन के क्षेत्र में उठाया गया एक महत्वपूर्ण व क्रांतिकारी निर्णय था जिसकी प्रतिक्रिया सिर्फ भारत में ही नहीं बल्कि पूरे विश्व में हुई। अन्त में अम्बेडकर ने हिन्दू धर्म छोड़कर बौद्धधर्म में दीक्षा लेने के लिए 14 अक्टूबर, 1956 का दिन निश्चित कर लिया था। इसके लिए दीक्षान्त समारोह की तैयारी शुरू हो गई। उन्होंने दीक्षा समारोह में भाग लेने के लिए देश के वयोवृद्ध कुशीनारा के भिक्षुक चन्द्रमणि को आमंत्रित किया था। कलकत्ता स्थित महाबोधी संस्था के अधिकारी गण उन्हें पारम्परिक रूप से बौद्ध धर्म में दीक्षित करना चाहते थे जबकि वे इसमें समयानुसार कुछ परिवर्तन की उम्मीद करते थे। अतः मध्यमार्ग निश्चित करने के उद्देश्य से 5 अक्टूबर, 1956 को उन्होंने महाबोधि संस्था के सचिव बली सिन्हा को पत्र लिखा। थोड़ी बहुत प्रतिक्रिया के फलस्वरूप सब कुछ शांतिपूर्वक निश्चित हो गया।

अम्बेडकर वायुयान द्वारा अपनी पत्नी और नानकचन्द रत्तू के साथ 11 अक्टूबर, 1956 को नागपुर पहुँचे। वहाँ शाम होटल में उनके ठहरने की व्यवस्था की गई थी जहाँ अनेक दर्शनार्थियों ने उनके चरण स्पर्श करने की इच्छा प्रकट किया परन्तु उन्होंने ऐसा करने से मना कर दिया। तब दर्शनार्थियों ने उनके चरणों की धूलि अपने मस्तक पर लगाकर अपने उद्धारक के प्रति श्रद्धा प्रदर्शित की। "वैक्सीन संस्थान" के पास चौदह एकड़ जमीन में बने धर्मांतरण स्थल पर दूर-दूर से आकर लोग जमा होने लगे। पुरूषों व महिलाओं के लिए अलग-अलग पंडाल लगे थे। वहाँ पर साँची स्तूप की आकृति भी अंकित की गई थी। पंचशील के नीले, सफेद और हरे ध्वजों से सारा क्षेत्र सुसज्जित था। धर्मांतरण स्थल के आसपास जलपान और जलादि की समुचित व्यवस्था की गयी थी। "समता सैनिक

दल" के स्वयं सेवक सारी व्यवस्था देख रहे थे। इस ऐतिहासिक समारोह में लगभग दस लाख नर-नारियों ने भाग लिया।

धर्मांतरण की पूर्व रात्रि को एक प्रेस कांफ्रेंस आयोजित की गई थी, जिसमें उन्होंने घोषणा की थी कि उनका बौद्ध धर्म बुद्ध के मौलिक सिद्धान्तों पर आधारित होगा और स्वयं को "हीनयान और महायान" जैसी शाखाओं के विवाद से दूर रखेगा। उन्होंने इसे "नवबौद्ध" की संज्ञा दी थी। जब उनसे यह प्रश्न पूछा गया कि वे हिन्दू धर्म को छोड़कर बौद्ध धर्म क्यों ग्रहण करे रहे हैं? तो उनका चेहरा गुस्से से लाल हो उठा था। फिर स्वयं को नियंत्रित करते हुये उन्होंने उत्तर दिया था, "आरक्षण जैसी साधारण सुविधाओं के लिए आप मुझे और मेरे अनुयायियों को क्यों अस्पृश्य बनाये रखना चाहते हैं?" फिर ऐसा करके मैं अपने उस वचन और संकल्प को भी निभाऊँगा, जिसमें मैं गाँधी जी से कहा था कि यद्यपि अस्पृश्ता के बारे में मेरे गांधी जी से गहरे मतभेद थे परन्तु मैं जब भी कोई इसका विकल्प खोजूँगा तो वही राह खोजूँगा जो देश के लिए कम से कम हानिकारक भी होगा। मैंने इस बात का पूरा ध्यान रखा है कि मेरे इस धर्मांतरण से देश के इतिहास और संस्कृति का गौरव कम न हो।"

कुछ क्षण शांत रहकर उन्होंने फिर कहा–"अंग्रेजी राज्य के कारण पीड़ित समूह को ईसाई धर्म अपनाना पड़ा जो कि उनकी अज्ञानता का सूचक है, किन्तु भविष्य में वे ऐसा नहीं होने देंगे। वे स्वयं उन्हें बौद्ध धर्म के सिद्धान्तों व तथ्यों पर अपनी पुस्तकों और भाषणों द्वारा परिचित करागार भारत में बौद्ध धर्म का पथ पुनः प्रशस्त करेंगे"

अगले दिन "विजयदशमी" थी जिसे बौद्ध "अशोकदशमी" कहते हैं। इस शुभावसर पर ही ग्यारह बजे उन्हें बौद्ध दीक्षा ग्रहण करनी थी। आज वे जल्दी ही सोकर उठ गये। उन्होंने गरम पानी से स्नान किया और अपने सचिव नानकचन्द रत्तु को धर्मांतरण स्थल की व्यवस्था देखने के लिए भेजा। रत्तू ने शीघ्र ही दीक्षान्त स्थल से लौटकर वहाँ की समुचित व्यवस्था के बारे में बताया। वे साढ़े आठ बजे सफेद धोती और कुर्ते में पत्नी व रत्तू के साथ कार में बैठकर होटल से दीक्षान्त स्थल की ओर गए। उनकी पत्नी भी सफेद ब्लाउज व सफेद साड़ी पहनी हुई थीं। स्वयं सेवकों ने श्रद्धालुओं के बीच से ले जाकर मंच पर पहुँचाया। मंच पर महात्मा बुद्ध की कांस की प्रतिमा शोभित थी। वहाँ पर महाबोधि संस्था के सचिव डॉ. बली सिन्हा, बौद्धाचार्य एम. संघ रत्न, भिक्षु एच. सद्र लिस्स थेरा और पन्नानंद थेरा

आदि अपनी धार्मिक वेशभूषा चीवर में पहले से ही मंच पर उपस्थित थे। सबसे पहले डॉ. भीमराव अम्बेडकर की प्रशस्ति में एक मराठी गीत प्रस्तुत किया गया। उनके पिता श्री की पुण्यतिथि होने के कारण उनकी स्मृति में खड़े होकर एक मिनट का मौन धारण किया गया। उसके बाद दीक्षा का कार्यक्रम शुरू हुआ। वयोवृद्ध महाथेरा पितावृद्ध महाथेरा चन्द्रमणि ने अपने चार अन्य बौद्ध आचार्यो सहित उन्हें पाली भाषा में ''त्रिरत्न व पंचशील'' ग्रहण कराई तथा डॉ. अम्बेडकर ने अपने हाथों से कमलपुष्प बुद्ध को अर्पित कर तीन बार घुटनों और कोहनियों पर झुककर बौद्धों के अनुसार बुद्ध प्रतिमा के सामने नमस्कार किया। तत्पश्चात् हिन्दू धर्म से उनका सम्बन्ध समाप्त होकर क्रांतिकारी और मानवतावादी बौद्धधर्म से जुड़ गया। अब वे पूर्ण रूप से बौद्ध हो गये थे। उनकी 21 वर्षो की चिरसाधना आज अपने मूर्तरुप में साकार हुई। 2500 वर्षो के बाद बुद्ध ज्योति पुनः भारत में प्रज्वलित कर दी गई थी।

अम्बेडकर ने बौद्ध धर्म ग्रहण करते हुये उद्घोष किया–''मैं असमानता और उत्पीड़न पर आधारित अपने पुरातन हिन्दू धर्म का बहिष्कार करता हूँ। आज मेरा नया जन्म हुआ है। अब मेरा अवतारवाद में कोई विश्वास नहीं रह गया है। यह भी कहना एक भ्रम के अलावा कुछ नहीं कि बुद्ध विष्णु के अवतार थे। मैं अब हिन्दू देवी-देवताओं की पूजा नहीं करूँगा। मैं श्राद्ध भी नहीं करूँगा। मैं बुद्ध के अष्टांगिक मार्ग का पूर्णतया पालन करूँगा। बौद्ध धम ही सच्चा धर्म है और मैं इसके तीन मूल सिद्धान्त प्रज्ञा, करूणा और शील का पालन करूँगा।

इसी अवसर पर बौद्ध धर्म ग्रहण करने पर महाबोधि के सचिव डॉ. वली सिन्हा ने उन्हें और उनकी पत्नी को एक बुद्ध प्रतिमा उपहार स्वरूप भेंट की। इस प्रकार उनकी यह दीक्षा-विधि शांतिपूर्ण ढंग से सम्पन्न हुई।

इसके बाद पांच लाख लोगों ने सामूहिक रूप से स्वेच्छा से बौद्ध धर्म में दीक्षा ग्रहग की। इन दीक्षित होने वालों में नागपुर उच्च न्यायालय के भूतपूर्व मुख्य न्ययाधीश डॉ.एन. बी. नियोगी भी थे। उन सब की ''त्रिरत्न और पंचशील'' के अलावा डॉ. अम्बेडकर द्वारा प्रतिपादित बाईस विशेष प्रतिज्ञाएं भी उन्हें ग्रहण कराई गई।

डॉ. अम्बेडकर का परिनिर्वाण

3 दिसम्बर, 1956 का दिन था। डॉ. अम्बेडकर अपने अध्ययन कक्ष में 16 दिसम्बर, 1956 को बम्बई में होने वाले धर्मांतरण कार्यक्रम (बौद्धधर्म में दीक्षा देने का कार्यक्रम) के बारे में सोचते रहे। शायद उनकी अन्तःप्रेरणा ने उन्हें जीवन के अन्तिम क्षणों का एकहसास कराने लगी थी इसीलिए वे हर अधूरे कार्य को जल्दी से जल्दी पूरा करना चाहते थे। अतः उन्होंनें आलमारी से कार्लमार्क्स की कृति "दास कैपीटल" निकाली तथा अपनी अधूरी कृति 'बुद्ध और कार्लमार्क्स" का अंतिम अध्याय पूरा किया।

रात लिखते रहने में ही बीत गई। उन्हें 4 दिसम्बर, 1956 को राज्यसभा में भी जाना था इसलिए थोड़ा विश्राम करने के बाद वे नित्य कर्म से निवृत्त होकर जलपान किये तथा राज्य सभा के लिए चले गये। वहाँ आम विषयों पर चर्चा होनी थी इसलिए वे अधिक देर तक वहाँ रूकना ठीक नहीं समझे। अतः वह सीधे घर चले आये।

संध्या के समय उन्होंने अपने नये राजनैतिक दल के गठन के बारे में आचार्य पी.के. अत्रे व एस.एम. जोशी को पत्र लिखे। ये दोनों विपक्ष के महारथी नेता थे। उन्होंने पत्रों में रिपब्लिकन पार्टी में सहयोग देने तथा इसकी औपचारिक सदस्यता ग्रहण करने के लिए अनुरोध किया था। वास्तव में वे रिपब्लिकन पार्टी को संकीर्ण सीमाओं से बाहर निकाल कर राष्ट्रीय स्तर पर कांग्रेस को सशक्त विपक्ष देना चाहते थे।

5 दिसम्बर, 1956 का दिन था। काफी सर्द हवाएँ चल रही थीं। वे अन्य दिनों की अपेक्षा आज देर से जगे क्योंकि रात में काफी देर तक रत्तू के साथ काम करते रहे। नानक चन्द रत्तू उनसे विदा लेकर साईकिल से कार्यालय चले गये थे। उधर डॉ. सविता, डॉ. मालवंकर के साथ कुछ सामान खरीदने मार्केट चली गई। परन्तु संध्या तक वे नहीं लौटीं। रत्तू

भी अपने कार्यालय से साढ़े पाँच बजे तक अम्बेडकर जी के पास पहुँच गये थे। डॉ. अम्बेडकर पत्नी के आने के बारे में कई बार नौकरों से भी पूछ चुके थे।

इतनी देर तक पत्नी का अतिथि के साथ बाहर रहना जबकि पति काफी अस्वस्थ चल रहा हो, अच्छा नहीं लगा। जैसे-जैसे अंधेरा चारों ओर फैलने लगा, उनका गुस्सा बढ़ने लगा। डॉ. अम्बेडकर का क्रोध आज चरम बिन्दु पर पहुँच चुका था। सब लोग भय से काँप रहे थे। तभी चोर की तरह अपराध बोध से ग्रस्त श्रीमती अम्बेडकर डॉ. मालवंकर के साथ कोठी में प्रवेश किया। इनको पति के विकराल क्रोध के बारे में नोकरों ने बताया तो कमरे में जाने की हिम्मत नहीं पड़ी। वे भीगी बिल्ली की तरह खिड़कियों के शीशों में से झांक-झांक कर उनके चेहरे के आते-जाते भावों को पढ़ने का प्रयास करने लगी। अन्त में नानक चन्द्र रत्तू के सहयोग से डॉ. अम्बेडकर का गुस्सा रात के आठ बजे समाप्त हुआ।

तभी जैन प्रतिनिधि मंडल उनसे मिलने आया। जैन धर्म एवं बौद्ध धर्म के तत्व दर्शन पर चर्चा करते हुये दोनों के मौलिक अन्तर पर विशद् चर्चा से जैन प्रतिनिधि इन से काफी प्रभावित हुआ। अन्त में उन्होंने प्रतिनिधि मंडल को "जैन और बुद्ध" नामक अपनी कृति भेंट स्वरूप दी तथा अगले दिन के एक कार्यक्रम का निमंत्रण देकर प्रतिनिधि मंडल चला गया। इसके बाद डॉ. मालवंकर भी रात्रि को हवाई जहाज से मुंबई चले गये।

अब उन्हें विश्राम करने की इच्छा हुई तथा नानक चन्द ने तेल डालकर उनके सिर की मालिश की। थोड़ा आराम मिलने के बाद वे "बुद्ध शरणं गच्छामि" का जाप करने लगे तथा रत्तू को मनपशन्द गीतों का रिकार्ड रेडियोग्राम पर लगाने के लिए कहा। तभी रसोइया सुदामा खाना तैयार करके उन्हें भोजन करने केलिए बुलाने आया। उन्होंने सुदामा से थोड़ा चावल लाने के लिए कहा। उसे खाते हुये संगीत की मधुर स्वर लहरियों में खो गये।

फिर वे रत्तू के कंधे का सहारा लेकर अपने अध्ययन कक्ष में गये। उन्होंने आलमारी में से कुछ पुस्तकें निकाली। उनमें से एक पुस्तक को अपनी शय्या के पास की मेज पर रखवाई तभी उनके रेडियोग्राम पर महात्मा कबीर का प्रसिद्ध भजन "चल कबीर तेरा भव सागर डेरा" चल रहा था इसमें वे खो गये थे। उन्होंने नानक चन्द्र रत्तू से कहा अलमारी

में से "बुद्ध और उनका धम्म" की टाइप की हुई प्रस्तावना और परिचय की प्रति निकाल कर रखने को कहा। उन्होंने कहा मैं इन्हें रात में पढ़ूँगा। आचार्य अत्रें एव एस.एम. जोशी के पत्र भी रखने को कहा। उनका भी पुनर्वलोकन करूँगा तब कल इन्हें मेल कर देना।" श्रीमति अम्बेडकर पति के गुस्से से भयभीत थी। वे सोची कि कल सुबह गुस्सा शांत हो जायेगा इसलिए अपने कमरे में जाकर सो गई।

6 दिसम्बर, 1956 की सुबह सबसे पहले श्रीमति अम्बेडकर जगीं तथा उन्होंने खिड़की में से झांककर देखा कि डॉ. साहब के पैर गद्दे पर फैले हुये हैं और वे गहरी निद्रा में सो रहे हैं। इस समय वे उनको जगाना उचित नहीं समझी। थोड़ी देर बाद वे जगाने डॉ. साहब के कमरे में गई। पहले उन्होंने आवाज लगाई लेकिन कोई जवाब नहीं मिला तथा उनका शरीर भी कोई हरकत नहीं कर रहा था। उनको शक होने लगा। फिर तेजी से आवाज लगाई तथा उनका शरीर हिलाया-डुलाया, पर वह निढ़ाल होकर पड़ा था। अब डाक्टर पत्नी ने अपने नजरियों से उन्हें देखा तो हैरान रह गई कि पंछी अपने पिंजरे से उड़ चुका था। ज्ञान का महर्षि धार्मिक, समाजिक और राजनैतिक जगत् में अपना प्रकाश फैलाकर देवलोक में विराजमान हो चुका था। सचमुच एक महान् आत्मा इस मायावी जगत् से उठ गई थी। भारतीय दीन-दुखियों, पीड़ितों, अछूतों एवं अस्पृश्यों के जीवन में आशा की किरणों को बिखरने वाला सूरज, वास्तविक भास्कर के उदय होने से पूर्व ही अस्त हो चुका था।

डॉ. अम्बेडकर के आकस्मिक निधन की सूचना केन्द्रिय सरकार के मंत्रियों, मित्रों, सहयोगियों, रिश्तेदारों एवं गणमान्य व्यक्तियों को भेजी गई। थोड़े ही समय में उनकी मृत्यु का दुःखद समाचार पूरे देश में फैल गया। सभी लोग नेत्रों में आँसू लिये हुए उनके आवास 26, अलीपुर रोड की ओर दौड़ पड़े। सभी लोगों ने यह निर्णय लिया कि दलितों के मसीहा का पार्थिव शरीर अन्तिम संस्कार हेतु इनकी प्रारम्भिक कर्मभूमि मुंबई ले जायी जाये। इसके लिए विशेष विमान की व्यवस्था तत्कालीन संचार मंत्री बाबू जगजीवन राम ने की। पं. जवाहर लाल नेहरू भी स्वयं आँखों में आँसू लिये हुये संवेदना प्रकट करने हेतु 26, अलीपुर रोड आये। इसके बाद अनेक मंत्रियों एवं गणमान्य लोगों ने अपनी शोक संवेदनाएँ प्रकट की। राज्य सभा की बैठक स्थगित कर दी गई।

उनके अंतिम दर्शन हेतु सुबह से ही उनके आवास पर लम्बी भीड़ कतारों में खड़ी रही। शाम को छः बजे उनका पार्थिव शरीर एक सुसज्जित ट्रक पर रखा गया। उनकी शव-यात्रा दिल्ली के प्रमुख मार्गों से होती हुई संसद भवन तक पहुँची। वहां से हवाई अड्डे के लिए रवाना हुई। हवाई अड्डे पर भी बड़ी लम्बी तादाद में दर्शनार्थी इकट्ठा थे।

वहाँ से उनके पार्थिव शरीर को लेकर डकोटा हवाई जहाज मुंबई के लिए उड़ान भरा। मुंबई पहुँचने पर अपने प्रिय नेता के अंतिम दर्शनार्थ काफी संख्या में लोग मौजूद थे। अगले दिन रात्रि को साढ़े सात बजे उनके पुत्र यशवंत राव अम्बेडकर ने अपने पिता की चिता को मुखाग्नि दी तथा उनकी चिता के सामने पचास हजार लोगों ने बौद्ध धर्म की शिक्षा ग्रहण की। इस प्रकार बौद्ध धर्म के अनुसार उनका अंतिम संस्कार कर दिया गया।

अम्बेडकर का शरीर पंच तत्वों में विलीन हो गया परन्तु वे आज भी हमारे बीच अजर अमर है। वे महान विचारक, समाज सुधारक तथा अछूतों के उद्धारक थे। उन्होंने कई पुस्तकों की रचना की है। उनके विचारों, कार्यो एवं पुस्तकों से हमें सदा प्रेरणा मिलती है तथा निरन्तर मिलती रहेगी। हम उस महान् दलित नेता को कोटि-कोटि नमन करते है।

डॉ. अम्बेडकर के जीवन का घटनाक्रम

14 अप्रैल, 1891 :सूबेदार रामजी तथा श्रीमती भीमाबाई अम्बेडकर की चौदहवीं तथा अन्तिम सन्तान के रूप में मध्य प्रदेश, महू छावनी में जन्म।

1896 : बाबा साहब की माता भीमाबाई की मृत्यु।

नवम्बर 1900 : गवर्नमेंट वर्नाकुलर हाई स्कूल, सतारा में प्रवेश।

अप्रैल 1906 : श्री भीखू वालंगकर की पुत्री रमाबाई से विवाह।

जनवरी 1908 : मुम्बई युनिवर्सिटी से मैट्रिक पास किया।

जनवरी 1908 : एलफिस्टन कॉलेज, मुम्बई में प्रवेश लिया।

दिसम्बर 1912 : पुत्र यशवन्तराम का जन्म।

जनवरी 1913 : फारसी और अंग्रेजी विषय लेकर बी.ए. की परीक्षा पास की।

फरवरी 1913 : पिता सूबेदार रामजी अम्बेडकर की मृत्यु।

जुलाई 1913 : पॉलिटिकल साइंस के संकाय (फैकल्टी) में शिक्षा प्राप्त करने के लिए न्यूयार्क विश्वविद्यालय, कोलम्बिया में गायकवाड़ छात्रवृत्ति ली।

सन् 1915 : मुख्य रूप से अर्थशास्त्र (इकॉनोमिक्स) में तथा समाजशास्त्र, इतिहास, दर्शनशस्त्र, मानवशास्त्र, राजनीति के अन्य विषय लेकर एम.ए. पास किया।

मई 1916 : प्रोफेसर गोल्डनवीजर की मानव शास्त्रीय (आंथ्रापोलॉजी) गोष्ठी के सामने भारत में जातियों पर लेख पढ़ा। यही लेख आगे जाकर मई 1917 में इंडियन एंटिकारी में प्रकाशित हुआ। यही लेख डॉ. अम्बेडकर की कृतियों

में सबसे प्रथम पुस्तक के रूप में भी प्रकाशित हुआ था।

सन् 1916 : पी-एच.डी की डिग्री प्राप्त करने के लिए नेशनल डिविडेंट ऑफ इंडिया (एक ऐतिहासिक और विश्लेषणात्मक स्वाध्याय) शीर्षक से एक थीसिस लिखा।

जून 1916 : लंदन स्कूल ऑफ इकॉनोमिक्स ऐंड पॉलिटिकल साइंस, लंदन में पी.एच.डी. का काम सम्पूर्ण करके कोलम्बिया युनिवर्सिटी को छोड़ने के पश्चात् ग्रेजुएट विद्यार्थी के तौर पर दाखिला लिया।

1917 : कोलम्बिया युनिवर्सिटी ने पी.एच.डी. की डिग्री प्रदान की।

जून 1917 : एम.एस.सी. (इकॉनोमिक्स की थीसिस की तैयारी के लिए लंदन में एक वर्ष व्यतीत करने के पश्चात् वह भारत में लौट आये उनकी पढ़ाई का काम पूरा होने से पहले ही यह वापसी महाराजा बड़ौदा द्वारा दी गयी छात्रवृत्ति की समाप्ति के कारण जरूरी हो गयी थी।)

1917 : महाराजा बड़ौदा (गायकवाड़) द्वारा उन्हें मिलिट्री सेक्रेटरी के पद पर इस इरादे से नियुक्त किया गया था कि कुछ समय के अनुभव ग्रहण करने के पश्चात् उन्हें बड़ौदा राज्य का वित्तमन्त्री बनाया जायेगा, किन्तु इसके थोड़े दिनों के पश्चात् ही उन्हें जन्म से नीची जाति का मानकर लोगों द्वारा उनके साथ किये गये दुर्व्यवहार के कारण यह पद छोड़ देना पड़ा।

1917 : भारत में स्मॉल होल्डिंग (अल्पक्षेत्र) और उनके उपायों पर पुस्तक प्रकाशित हुई।

1918 : फ्रांचाइज पर साउथबोरों कमीशन के समक्ष गवाही दी।

नवम्बर 1918 : सिडनहॅम कॉलेज ऑफ कॉमर्श ऐंड इकॉनोमिक्स मुम्बई में पॉलिटि इकॉनोमी (राजनीतिक बचत) के प्राध्यापक (प्रोफेसर) हुए।

जनवरी 1920 : भारतवासी दलित वर्गों के हितैषी 'मूकनायक' साप्ताहिक पत्र (मराठी) का प्रकाशन प्रारम्भ किया।

सितम्बर 1920 : लंदन स्कूल ऑफ इकॉनोमिक्स ऐंड पॉलिटिकल साइंस और इसके साथ-साथ वकालत पढ़ने के लिए ग्रेज-इन लंदन में भी दाखिला लिया।

जून 1921 : युनिवर्सिटी, लंदन द्वारा एम.एस.सी. (इको) की डिग्री हासिल करने के लिए प्राविंशियल डिसंट्रलाइजेशन ऑफ इम्पीरियल फाइनेंस इन ब्रिटिश इंडिया पर लिखा गया थीसिस स्वीकार कर लिया गया।

1922-23 : जर्मनी की ओन युनिवर्सिटी में अर्थशास्त्र की पढ़ाई करने के लिए कुछ महीने व्यतीत किए।

मार्च 1923 : डी.एस.सी. इकॉनामिक्स की डिग्री प्राप्ति के लिए 'प्रॉब्लम ऑफ दि रूपी इनका मूल स्रोत एवं इसका समाधान' नामक थीसिस स्वीकार किया गया, यह थीसिस लंदन की पी.एस.किंग ऐंड कम्पनी ने दिसम्बर 1923 में प्रकाशित किया था। यही थीसिस थेकर ऐंड कम्पनी, मुम्बई द्वारा 'हिस्ट्री ऑफ इंडियन करेंसी ऐंड बैंकिंग, वोल्यूम-1, के शीर्षक से मई 1947 में दोबारा प्रकाशित हुआ।

1923 : वकील बने।

अप्रैल 1923 : भारत वापसी।

जून 1923 : हाईकोर्ट ऑफ ज्यूडिकेचर कोर्ट, मुम्बई में वकालत का व्यवसाय प्रारम्भ किया।

जुलाई 1924 : दतिल वर्गों के उत्थान के लिए बहिष्कृत हितकारिणी सभा की स्थापना की।

1925 : भारत में इम्पीरियल फाइनेंस के प्रान्तीय विकेन्द्रीकरण पर एक विवेचनात्मक पुस्तक 'ब्रिटिश भारत में प्रान्तीय अर्थव्यस्था का विकास' प्रकाशित हुई।

1926 : भारतीय करेंसी (सिक्के) पर रॉयल कमीशन (हिल्टन यंग कमीशन) के समक्ष गवाही दी।

1926 : मुम्बई प्रेसीडेंसी की लेजिस्लेटिव काउंसिल के मेम्बर नामजद (मनोनीत) हुए।

मार्च 1927 : चोवदार तालाब से पानी लेने में अछूतों के अधिकार की उपलब्धि के लिये महाड (रत्नागिरी जिला) पर सत्याग्रह किया।

अप्रैल 1927 : 'बहिष्कृत भारत' नामक एक पाक्षिक पत्र निकालना आरम्भ किया।

मई 1928 : इंडियन स्टेच्युटरी कमीशन (साइमन कमीशन) के समक्ष गवाही दी।

जून 1928 : गवर्नमेंट लॉ कॉलेज, मुम्बई में प्राध्यापक (प्रोफेसर) बने।

1928-29 : साइमन कमीशन की मुम्बई प्रेसीडेंसी कमेटी के सदस्य बने।

मार्च 1930 : अछूतों के मन्दिर-प्रवेश अधिकार की प्राप्ति के लिए कालाराम मन्दिर (नासिक) पर सत्याग्रह किया।

दिसम्बर 1930 : साप्ताहिक 'जनता' पत्र जारी किया।

1932 : गोलमेज कॉन्फरेंस, लंदन में डेलीगेट बने।

सितम्बर 1932 : राम्जे मेकडानल्ड द्वारा कम्युनल अवार्ड में अछूतों के पृथक् निर्वाचन प्रतिनिधित्व के अधिकरों को गाँधीजी की जीवन-रक्षा के लिय छोड़कर, गाँधी के साथ किए गए पूना पैक्ट पर हस्ताक्षर किया और संयुक्त निर्वाचन को मंजूर किया।

1932-34 : इंडियन कांस्टीट्यूशनल रिफार्म सम्बन्धी ज्वाएंट पार्लियामेंट्री कमेटी के मेम्बर बने।

मई 1935 : श्रीमती रमाबाई अम्बेडकर (पत्नी) की मृत्यु।

जून 1935 : गवर्नमेंट लॉ कॉलेज, मुम्बई के प्रिंसिपल और तभी ज्यूरिस प्रूडेंसी के पेरी प्रोफेसर बने।

सितम्बर 1935 : येवाला (नासिक जिला) की कॉन्फरेंस में हिन्दू धर्म छोड़ने के निर्णय की घोषणा की।

दिसम्बर 1935 : ईस्टर की छुट्टीयों के दिनों में जाति-पाँत तोड़क

मंडल, लाहौर (पंजाब) की ओर से की जानेवाली वार्षिक कॉन्फरेंस में अध्यक्षता करने के लिए आमन्त्रित हुए।

1936 : इस अवयसर पर तैयार किए गए प्रधान पदीय अभीभाषण को स्वागतकारिणी कमेटी द्वारा आग्रह किए जाने पर भी नहीं दिया जा सका। यही अभिभाषण 'जातिवाद का उच्छेद' नामक शीर्षक से 1936 में पुस्तक रूप में प्रकाशित हुआ। इस पुस्तक का दूसरा संस्करण 1937 में छपा ओर उस संस्करण में अभिभाषण के मूल विचारों के साथ गाँधीजी के हरिजन में दो लेख, जिनमें गाँधीजी ने डॉ. अम्बेडकर के अभिभाषण की आलोचना की थी और उस आलोचना पर डॉ. अम्बेडकर ने अपना उत्तर दिया था, प्रकाशित हुए थे।

अगस्त 1936 : इनडिपेंडेंट लेबर पार्टी की स्थापना की।

जनवरी 1937 : मुम्बई लेजिस्लेटिव असेम्बली के सदस्य निर्वाचित हुए।

जनवरी 1939 : गोखले स्कूल ऑफ पॉलिटिक्स ऐंड इकॉनोमिक्स, पूना के काले मिमोरियल व्याख्यान पर गवर्नमेंट ऑफ इंडिया एक्ट-1935 में सुझाई गई ऑल इंडिया फेडरेशन स्कीम की प्रखर आलोचना की। यह व्याख्यान मार्च 1939 में फेडरेशन बनाम फ्रीडम शीर्षक के अधीन एक ट्रैक्ट के रूप में प्रकाशित हुआ।

अप्रैल 1942 : ऑल इंडिया शेड्यूल्ड कास्ट फेडरेशन की स्थापना की।

जुलाई 1942 : गवर्नर जनरल ऑफ इंडिया की कार्यकारिणी परिषद् (एक्जीक्यूटिव काउंसिल) में लेबर मेम्बर बने।

दिसम्बर 1942 : पैसीफिक रिलेशन इंस्टीट्यूट के तत्त्वाधान में केनेडा में आयोजित कॉन्फरेंस के अवसर पर इसके भारतीय सेक्शन को भारत में अछूतों की समस्याओं के सम्बन्ध में एक लेख प्रस्तुत किया। यह लेख कॉन्फरेंस की

कार्यवाही में मुद्रित हुआ और दिसम्बर 1943 में मिस्टर गाँधी और अछूतों की मुक्ति (Mr. Gandhi and Emancipation of the untouchables) नामक और जिन्ना के शीर्षक से पुस्तक रूप में प्रकाशित हुआ।

जनवरी 1943 : महादेव गोविंद रानाडे के एक सौ एकवें जन्मदिवस के अवसर पर एक लिखित अभिभाषण पढ़ा। यही अभिभाषण रानाडे, गाँधी और जिन्ना के शीर्षक से पुस्तक रूप में अप्रैल 1943 में प्रकाशित हुआ।

जनवरी 1943 : थॉट्स ऑन पाकिस्तान (पकिस्तान पर विचार) और इसका दूसरा संस्कारण 'पाकिस्तान या भारत का बँटवारा' नामक शीर्षक से फरवरी 1945 में प्रकाशित हुआ। इसी रचना का तीसरा संस्करण भारत का पॉलिटिकल किसका, क्यों और कैसे शीर्षक से 1946 में पाकिस्तान या भारत का विभाजन प्रकाशित हुआ।

अप्रैल 1945 : पीपुल्स एजुकेशन सोसाइटी की स्थापना की।

जून 1945 : 'गाँधी और कांग्रेस ने अछूतों के लिए क्या किया?' पुस्तक प्रकाशित हुई।

अप्रैल 1946 : सिद्धार्थ कॉलेज, बुम्बई का उद्घाटन किया।

जुलाई 1946 : गवर्नर जनरल (वाइसराय) की एग्जीक्यूटिव काउंसिल की सदस्यता को छोड़ दिया।

सितम्बर 1946 : ब्रिटिश गवर्नमेंट के हिन्दुस्तान को आजादी देने के निर्णयानुसार इंडिया में नयी सरदारी (प्रभुत्व) की उत्पत्ति होने पर अछूतों के लिए राजनीतिक हितरक्षण देने के लिए, हिज मैजिस्टी की सरकार और विपक्षी दल के समक्ष प्रयास करने के लिए और कांस्टीच्यूट असेम्बली और अन्तिरित सरकार में अनुसूचित जातियों के पृथक्, प्रतिनिधित्व के लिए, केबिनेट मिशन द्वारा की गई गलती का सुधार करने के लिए लंदन में मिशन ले गए।

अक्टूबर 1946 : इंडो-आर्यन सोसाइटी में शूद्र कैसे और क्यों चौथे वर्ण में गिने गए, इस खोज या अनुसंधान पर 'शूद्र कौन थे' नामक पुस्तक का प्रकाशन किया।

दिसम्बर 1946 : 'एक संयुक्त भारत का आह्वान' संविधान सभा में दिया गया पहला व्याख्यान।

मार्च 1947 : मूलभूत अधिकार, अनुसूचित जातियों के सरंक्षण पर और भारतीय राज्यों की समस्याओं पर एक स्मरण-पत्र जो 'राज्य तथा अल्प संख्याएँ' शीर्षक से प्रकाशित हुआ।

अगस्त 1947 : संविधान असेम्बली द्वारा मसौदा (ड्राफ्टिंग) कमेटी के लिए नियुक्त हुए।

अगस्त 1947 : लॉ मिनिस्टर बनकर नेहरू मन्त्रिमण्डल में शामिल हुए।

अप्रैल 1948 : कृष्ण राव बी. कबीर की पुत्री शारदा कबीर से (दूसरा) विवाह किया।

अक्टूबर 1948 : अछूतों के उद्गम पर एक थीसिस लिखी, जो 'अछूत कौन कैसे?' शीर्षक से पुस्तक के रूप में प्रकाशित हुई।

अक्टूबर 1948 : 'महाराष्ट्र एक भाषायी प्रान्त के रूप में' को भाषायी प्रान्तीय कमीशन (घर कमीशन) को प्रस्तुत किया।

नवम्बर 1948 : ड्राफ्टिंग कमेटी के अध्यक्ष के रूप में संविधान असेम्बली में मसौदा प्रस्तुत किया।

जून 1950 : औरंगाबाद में मिलिन्द महाविद्यालय की स्थापना की।

दिसम्बार 1950 : वर्ल्ड बुद्धिस्ट कॉन्फरेंस, कालम्बों में डेलिगेट बने।

जुलाई 1951 : भारतीय बौद्ध अनसंघ की स्थापना की।

सितम्बर 1951 : 'बुद्ध उपासना पाठ' नामक एक बौद्ध विनय पुस्तिका का संकलन किया।

सितम्बर 1951 : प्रधानमन्त्री द्वारा पार्लियामेंट में यह स्पष्ट घोषणा करने के बावजूद उनकी सरकार (मन्त्रिमंडल) हिन्दू कोड बिल का पूरा साथ देगी, चाहे उसका पतन ही

		क्यों न हो जाए मन्त्रिमंडल का हिन्दू कोड बिल पास करने के प्रयत्नों से पीछे हट जाने के कारण और ऐसे ही कई अन्य कारणों से नेहरू मन्त्रिमंडल से त्यागपत्र दिया।
मई	1952	: मुम्बई के प्रतिनिधि के रूप में राज्यसभा के सदस्य बने।
मई	1952	: कोलम्बिया युनिवर्सिटी के द्वितीय शताब्दी महोत्सव पर स्पेशल कान्वोकेशन पर उन्हें एल.एल.डी. की डिग्री प्रदान की गई।
मई	1953	: सिद्धार्थ कॉलेज, मुम्बई के कॉमर्स और इकॉनोमिक्स विभाग का उद्घाटन किया।
दिसम्बर	1954	: वर्ल्ड बुद्धिस्ट कॉन्फरेंस, रंगून (बर्मा) में डेलिगेट बनाकर गए।
मई	1955	: भारतीय बैद्ध महासभा की स्थापना की।
दिसम्बर	1955	: 'भाषायी राज्यों पर विचार।'
जून	1956	: सिद्धार्थ कॉलेज, मुम्बई के लॉ (कानून) विभाग का उद्घाटन।
14 अक्टूबर,	1956	: नागपुर में एक ऐतिहासिक सम्मेलनोत्सव पर बौद्ध धर्म में दीक्षा ली।
नवम्बर	1956	: काठमांडू (नेपाल) में वर्ल्ड बुद्धिस्ट कॉन्फरेंस में नवबौद्ध के रूप में डेलिगेट।
6 दिसम्बर,	1956	: 26, अलीपुर रोड, दिल्ली अपने निवास-स्थान पर परिनिर्वाण प्राप्त किया।

संदर्भ ग्रंथ

1. दलित मानवाधिकार–रूपचन्द गौतम
2. बाबा साहेब डॉ. अम्बेडकर की संघर्ष यात्रा–डॉ. म.ला. शहारे
3. मीडिया और संस्कृति–रूपचन्द गौतम
4. आजाद भारत में दलित–रूपचन्द गौतम
5. बाबा साहेब डॉ. अम्बेडकर व्यक्तित्व परिचय–श्याम सिंह
6. डॉ. अम्बेडकर का कारवां स्थिति और समीक्षा–डॉ. आर.एम.एस. विजयी
7. युग पुरुष बाबा साहेब डॉ. भीमराव अम्बेडकर–हिमांशु राय
8. सामाजिक न्याय के सजग प्रहरी डॉ. अम्बेडकर–डॉ. म.ला. सहारे
9. डॉ. बाबा साहेब अम्बेडकर के तीन गुरु : महात्मा बुद्ध, महात्मा कबीर एवं महात्मा फुले–डॉ. म.ला. शहारे
10. कांग्रेस और गांधी में अछूतों के लिए क्या किया–डॉ. वी.आर. अम्बेडकर
11. डॉ. बाबा साहब अम्बेडकर का जीवन चरित–धनंजय कीर
12. समता सैनिक दल का ऐतिहासिक संघर्ष–उम्मेद सिंह गौतम
13. दलित पत्रकारिता भाग, 1-2–मोहनदास नैमिशराय
14. विरोधियों के चक्रव्यूह में डॉ. अम्बेडकर–मोहनदास नैमिशराय

अ‍सि. प्रोफेसर (डॉ.) राजेन्द्र प्रसाद वर्मा 'डी. लिट्. (हिन्दी)' का शैक्षणिक योग्यता एवं शोध कार्यों का संक्षिप्त परिचय

नाम	:	डॉ. राजेन्द्र प्रसाद वर्मा (डॉ. आर.पी. वर्मा)
जन्मतिथि	:	01-03-1974 (शब्दों में, एक मार्च सन् उन्नीस सौ चौहत्तर)
पिता	:	डॉ. राम आसरे
माता	:	श्रीमती केवल पत्ती देवी
पत्नी	:	डॉ. (श्रीमती) रेखा वर्मा, एम.ए., नेट, बी.टी.सी., पी-एच.डी. (हिन्दी)
जाति	:	अनुसूचित जाति (चमार)
जन्म स्थान	:	फैजाबाद, अब जनपद-अम्बेडकर नगर (उ.प्र.)
वर्तमान पता	:	27, राजदीप भवन, भगवती विहार, इन्द्रलोक कॉलोनी, कृष्णा नगर, लखनऊ-226023 (उ.प्र.) मोबाइल : 09451100960
सम्प्रति	:	सदस्य–उ.प्र. माध्यमिक शिक्षा सेवा चयन बोर्ड, इलाहाबाद
पूर्व सेवाएँ	:	प्रवक्ता (हिन्दी)–महाप्राण निराला महाविद्यालय ओसियाँ बीघापुर जनपद उन्नाव प्रवक्ता (हिन्दी)–राम सेवक डिग्री कॉलेज, जनपद-ब्राराबंकी प्रवक्ता (हिन्दी)–नगर निगम डिग्री कॉलेज, अमीनाबाद, जनपद-लखनऊ

असि.प्रो. (हिन्दी)–डॉ. अम्बेडकर राजकीय पी.जी. कॉलेज, ऊँचाहार, रायबरेली
असि.प्रो. (हिन्दी)–महाराजा बिजली पासी राजकीय पी.जी. कॉलेज, आशियाना, लखनऊ

शैक्षणिक योग्यता :

1. डी.लिट्. (हिन्दी)	:	लखनऊ विश्वविद्यालय लखनऊ (उ.प्र.) (2007) **नोट :** विश्व की सबसे बड़ी डिग्री डी.लिट्. है। **शोध विषय** आधुनिक ब्रज एवं अवधी काव्य में प्राप्त लोक तत्त्वों का तुलनात्मक अध्ययन।
2. पी-एच.डी. (हिन्दी)	:	लखनऊ विश्वविद्यालय लखनऊ (उ.प्र.) (2002) **शोध विषय** आधुनिक ब्रज काव्य परम्परा में "पारावार ब्रज कौं" काव्य काव्यशास्त्रीय एवं समाज मनोवैज्ञानिक मूल्यांकन।
3. एम. फिल्. (हिन्दी)	:	लखनऊ विश्वविद्यालय लखनऊ (उ.प्र.) (1998-99)। **शोध विषय** हिन्दी साहित्य के विकास में साहित्य सम्मेलन प्रयाग का योगदान।
4. परास्नातक (हिन्दी)	:	बनारस हिन्दू विश्वविद्यालय वाराणसी, (उ.प्र.) (1997)।
5. नेट (हिन्दी)	:	विश्वविद्यालय अनुदान आयोग नई दिल्ली (दि. 2000)।
6. स्नातक	:	इलाहाबाद विश्वविद्यालय इलाहाबाद (1995)।
7. दक्षता मराठी	:	लखनऊ विश्वविद्यालय लखनऊ (उ.प्र.) (2002)।
8. शास्त्री	:	सम्पूर्णानन्द संस्कृत विश्वविद्यालय वाराणसी (2005)।
9. इण्टरमीडिएट	:	यू.पी. बोर्ड इलाहाबाद (1992)।
10. हाईस्कूल	:	यू.पी. बोर्ड इलाहाबाद (1990)।
अध्यापन अनुभव	:	11 वर्षों से भिन्न-भिन्न महाविद्यालयों में असि. प्रोफेसर।
अध्यापन शोध एवं	:	11 वर्षों से शिक्षण एवं शोध कार्य का अनुभव

प्रसार सम्बन्धित कार्यों का अनुभव	स्नातक, परास्नातक, पी-एच.डी., छात्र और छात्राओं को समय-समय पर मार्गदर्शन करना तथा शोध कार्य तथा विभिन्न शोध परियोजनाओं का सम्पादन।
शोध अनुभव कार्य का क्षेत्र :	दलित साहित्य, ब्रज साहित्य, अवधी साहित्य।
विशेषज्ञता :	1. हिन्दी दलित साहित्य 2. आधुनिक काव्य 3. हिन्दी साहित्य का इतिहास 4. ब्रज साहित्य 5. अवधी साहित्य
दिशानिर्देशन :	पी-एच-डी. उपधियों हेतु शोध कार्यों का दिशा निर्देशन।
स्वाध्याय के मुख्य विषय :	साहित्य, दर्शन एवं कला आदि।
भाषा ज्ञान :	हिन्दी, अंग्रेजी, संस्कृत, उर्दू, मराठी, पाली आदि।
शोध पत्रों का प्रकाशन :	प्रतिष्ठित राष्ट्रीय शोध पत्रिकाओं में तथा शोध ग्रन्थों में 95 शोध-पत्र प्रकाशित, 41 राष्ट्रीय संगोष्ठियों में सहभागिता : यू.जी.सी. की राष्ट्रीय शोध संगोष्ठियों में 20 शोध-पत्र प्रस्तुत।
पंचशील शोध साहित्य संस्कृति संस्थान लखनऊ द्वारा प्रदत्त पूर्ण की गयी तीन लघु शोध परियोजनाएँ :	1. अनुसूचित जाति की समस्याएँ एवं समाधान। 2. अनुसूचित जाति की महिलाओं का समाज में योगदान। 3. डॉ. अम्बेडकर का दलितोद्धार आन्दोलन और उत्तर प्रदेश की दलित जातियों पर इसका प्रभाव।
सेमीनार साहित्य/ कार्यशाला कान्फ्रेन्स में प्रस्तुत शोधपत्र :	40
प्रशासनिक अनुभव :	3 जुलाई, 2003 से अद्यतन गौतम बुद्ध पंचशील शोध-साहित्य-संस्कृति संस्थान लखनऊ में अवैतनिक निदेशक।

सम्पादक के रूप में : 1. शोध साहित्य-संस्कृति त्रैमासिक राष्ट्रीय पत्रिका के प्रधान सम्पादक।

2. शोध पत्रिका 'सम्वेदना' के प्रधान सम्पादक।

3. दलित, त्रैमासिक पत्रिका के प्रधान सम्पादक।

शोध कार्य में दक्षता : 1. हिन्दी साहित्य के विकास में साहित्य सम्मेलन प्रयाग का योगदान।

2. आधुनिक ब्रज भाषा काव्य परम्परा में 'पारावार ब्रज कौं'' काव्य का काव्यशास्त्री एवं समाज, मनोवैज्ञानिक मूल्यांकन।

3. आधुनिक ब्रज एवं अवधी काव्य में प्राप्त लोक तत्त्वों का तुलनात्मक अध्ययन।

4. स्त्री जीवन के बदलते प्रतिमानः मैत्री पुष्पा का कथा साहित्य।

5. 21वीं सदी के कथाकारों में बाजारवाद का स्वरूप।

6. लोक संस्कृति की तलाश : शोध का अभिनव आयाम।

अन्तर्राष्ट्रीय/राष्ट्रीय स्तर के सेमिनार/कार्यशाल कान्फ्रेन्स में प्रस्तुत शोधपत्र

1. डॉ. रामशंकर शुक्ल 'रसाल' का उद्धव-शतक, 8 सितम्बर, 2002 'स्पूतनिक' लखनऊ, इन्दौर से एक साथ प्रकाशित।
2. ''साहित्यकार की स्वतंत्रता और सामाजिक दायित्व'' उ.प्र. राजकीय महाविद्यालय एकेडेमिक सोसाइटी एकादशा अधिवेशन 28-29 जनवरी, 2006 राम सहाय राजकीय महाविद्यालय शिवराजपुर कानपुर में आयोजित अधिवेशन में।